FAUNE PARISIENNE.

INSECTES.

Sous presse :

LETTRES ATHÉNIENNES,

Ou correspondance d'un agent du roi de Perse, établi à Athènes pendant la guerre du Péloponèse; traduit de l'anglais par Alexandre-Louis VILLETERQUE, de l'Institut national de France; 4 vol. in-8°. sur carré fin d'Angoulême, caractères cicéro neuf *Didot*, ornés de quatorze portraits gravés par les premiers artistes, et d'une belle carte de la Grèce, revue et corrigée par M. *Buache*, et gravée par Tardieu.

Voyage en Calabre et en Sicile, par JEAN-HENRI BARTELS; dans lequel on trouve des détails nouveaux et intéressans sur la partie de la Calabre qui n'avait point encore été visitée, et sur le gouvernement, les mœurs, les usages, l'histoire littéraire et les antiquités de la Sicile; traduit de l'allemand, et accompagné de notes et observations sur l'histoire naturelle et les antiquités, par A. L. *Millin*, conservateur des antiques, médailles et pierres gravées de la bibliothèque nationale de France; professeur d'histoire et d'antiquités, et membre de plusieurs sociétés savantes.

Cet ouvrage sera orné d'un atlas composé de plusieurs cartes, plans, vues, monumens, médailles, etc. etc.

Géographie Universelle, rédigée sur un nouveau plan, ou description des Empires, Royaumes et Etats du globe, avec celles des Colonies qui en dépendent, ainsi que des mers et des îles de toutes les parties du monde; renfermant les découvertes les plus récentes et les changemens politiques qui ont eu lieu jusqu'à ce jour; par J. PINKERTON : précédée d'une introduction astronomique par S. *Vince*, membre de la Société Royale de Londres, et professeur d'astronomie à l'Université de Cambridge : enrichie de 45 cartes gravées par *Tardieu*, dressées d'après les meilleures autorités et les mémoires les plus récents, par M. *Arrowsmith*, et gravées dans un genre nouveau, et sous sa direction : revues et corrigées par M. *Buache*, membre de l'Institut national de France : terminée par un catalogue des meilleures cartes et des Voyages imprimés dans toutes les langues, et suivie d'un index très-complet, qui donnera à cet ouvrage la commodité d'un dictionnaire. Traduit de l'anglais par C. A. *Walckenaer*, membre de plusieurs Sociétés savantes, d'après l'édition originale en deux volumes in-4°. imprimés à Londres, avec les augmentations et corrections manuscrites communiquées par M. *Pinkerton*, actuellement à Paris.

Ce bel ouvrage sera annoncé par un prospectus, au moment de sa publication.

Voyage à la Louisiane et sur le continent de l'Amérique septentrionale, contenant un Tableau historique de la Louisiane, les observations sur son climat, ses riches productions, ses bois, ses plantes, ses mines; le caractère des sauvages, la manière de vivre avec eux; des remarques importantes sur la navigation et sur les principes d'administration propres à cette Colonie ; avec Cartes.

Voyage dans l'intérieur de l'Afrique, par Frédéric Hornemann, depuis le Caire jusqu'à Syoùah, et au royaume de Fezzan, traduit de l'anglais par A. G. LABAUME, revu et augmenté de notes tirées des auteurs arabes, par L. M. LANGLÈS, membre de l'Institut national de France, et professeur des langues orientales, 1 vol. in-8°. orné de belles cartes gravées par *Tardieu*.

Les personnes qui désireront notre *Catalogue général*, voudront bien nous en faire la demande.

FAUNE PARISIENNE,

INSECTES.

OU

HISTOIRE ABRÉGÉE

DES INSECTES

DES ENVIRONS DE PARIS;

CLASSÉS D'APRÈS LE SYSTÊME DE FABRICIUS;

Précédée d'un Discours sur les Insectes en général, pour servir d'introduction à l'étude de l'entomologie;

ACCOMPAGNÉE DE SEPT PLANCHES GRAVÉES.

Par C. A. WALCKENÆR.

TOME PREMIER.

PARIS,

DENTU, Imprimeur-Libraire, Palais du Tribunat, galeries de bois, n°. 240.

AN XI. — 1802.

PRÉFACE.

Un long séjour à la campagne, non loin de la capitale, m'ayant mis à portée de faire sur l'histoire naturelle des animaux, quelques observations nouvelles, et de rectifier plusieurs erreurs accréditées dans cette partie de la science, j'ai cru ne pouvoir mieux les publier que sous la forme d'une histoire abrégée et d'un catalogue des animaux des environs de Paris. J'ai pensé que cela pouvait être également commode, et aux naturalistes, et à ceux qui veulent le devenir. Il existe sept à huit ouvrages sur les plantes qui entourent cette ville, et il n'y en a pas un seul sur les animaux et les minéraux en général.

Mon dessein était de publier d'abord les quadrupèdes, les oiseaux, et ainsi de suite, dans l'ordre naturel; mais des circonstances particulières m'ont forcé de commencer par les insectes. Je n'ai donc pu donner à cette portion de mon travail, toute la perfection que j'eusse désirée.

J'ai préféré aux avantages de ma réputation, les avantages qui pouvaient résulter, pour la science, de la publication, dans le moment actuel, d'un ouvrage de cette nature.

J'ai suivi le système de M. Fabricius, et je me suis conformé en cela à l'usage général, puisqu'il est aujourd'hui universellement adopté, et que sa nomenclature sert également de commun interprète à ceux qui l'adoptent et à ceux qui la combattent. Ce n'a pas été le seul motif de ma préférence, ainsi qu'on pourra le voir en parcourant cet ouvrage; et je me croirai suffisamment récompensé des peines qu'il m'a coûté, si je puis contribuer à ramener les entomologistes vers l'étude des organes de la manducation, qui seuls, peuvent donner des caractères certains pour les classes et les genres, et conduire enfin à l'établissement d'une méthode naturelle.

J'ai réformé les caractères des classes de ce système qui n'étaient pas assez exacts. J'ai fait la même chose à l'égard de plusieurs genres; et ces corrections sont fondées sur des observations qui me sont propres, ou sur celles qui ont été faites par plusieurs célèbres entomologistes, et que j'ai été à portée de vérifier. Aux caractères des genres, j'ai ajouté l'abrégé de leur histoire et la description de leurs métamorphoses.

J'ai ordinairement traduit la phrase spécifique de M. Fabricius, mais je l'ai augmentée lorsqu'elle ne m'a pas semblé suffisante, et je l'ai entièrement changée quand elle m'a paru inexacte. J'ai cité la meilleure figure de chaque insecte qui me soit connue, et j'ai renvoyé aux ouvrages de Geoffroy et de Fabricius, afin qu'on pût retrouver, au besoin, une description plus détaillée et une synonymie plus étendue.

J'ai adopté les genres nouveaux de Latreille, Paykull et autres entomologistes, qui m'étaient connus, et qui m'ont paru être établis sur des caractères importans, certains, et sur des rapports naturels et bien fondés.

Parmi les parties entièrement nouvelles que renferme cet ouvrage, les naturalistes, je l'espère, en distingueront deux qui y occupent une place assez considérable. La première est l'indication des espèces qui entrent dans les nouveaux genres, les familles des andrènes et des abeilles, dont le savant et estimable Latreille a donné les caractères dans son Histoire naturelle des Fourmis. Il a bien voulu m'en donner la liste et l'accompagner de quelques observations que j'ai publiées. Ce travail, qui m'a été d'un grand secours dans celui que j'ai entrepris récemment sur les andrènes mineuses, servira de base à tous ceux qui voudront approfondir l'histoire de ces insectes, les plus intéressans de tous, et dont les caractères génériques et spécifiques offrent, dans les ouvrages de M. Fabricius et ceux des autres entomologistes, la plus étrange confusion.

L'autre partie, qui m'est entièrement propre, est extraite d'un plus grand ouvrage que j'ai entrepris sur les araignées, et que je compte publier avant peu avec des figures colorées et dessinées avec soin d'après nature. C'est ici le lieu de témoigner publiquement ma reconnaissance aux personnes qui ont daigné me seconder dans mes travaux à cet égard. Le savant professeur Cuvier a bien voulu, à ma prière, faire quelques tentatives pour scruter l'anatomie, encore si obscure, des araignées. Le citoyen Bosc m'a généreusement livré les dessins et les descriptions de plus de vingt espèces de la Caroline, qu'il a faits d'après nature, avec autant d'habileté que d'exactitude. Il m'a prêté, pour les décrire et les faire dessiner, celles qui existaient en nature dans sa nombreuse et riche collection. Plusieurs naturalistes, les citoyens Latreille, Daudin, Dufresne et autres, m'ont communiqué quelques espèces nouvelles. Les administrateurs du Muséum national d'Histoire naturelle m'ont mis à portée de consulter la riche collection confiée à leurs soins, et j'y ai trouvé plusieurs espèces qui m'étaient inconnues. Parmi mes correspondans, je dois sur-tout distinguer MM. Chamisso et Klug, qui ont amassé pour moi, avec un zèle peu commun, toutes les espèces d'araignées que l'on trouve dans les environs de Berlin.

L'impression de cet ouvrage était déjà fort avancé lorsque plusieurs personnes, dont je respecte les talens et les lumières, m'ont représenté qu'il ne serait pas inutile de le faire précéder d'un abrégé des élémens d'entomologie : c'est dans cette vue que j'ai composé le Discours sur les Insectes, qui le précède. J'ai tâché de renfermer dans un petit nombre de pages tout ce qu'il y a de plus intéressant à connaître dans l'histoire des insectes, et de donner plus de précision et d'exactitude à la langue entomologique, en ce qui concerne les organes de la bouche.

C'est aux lecteurs naturalistes à décider si j'ai réussi. Qu'il me soit permis de rappeler aux autres, que s'il a été de mon devoir, en écrivant, de tâcher d'être clair, le leur est de s'efforcer, en me lisant, d'être attentifs. Chaque science a ses difficultés, qu'il faut surmonter; et c'est sur le sommet d'un mont élevé que l'ingénieuse antiquité a placé le séjour des Muses savantes, dont nul adorateur n'approcha jamais sans quelques efforts.

DISCOURS SUR LES INSECTES.

Il est deux manières de considérer une science : on peut l'envisager dans ses rapports avec les besoins de l'homme, ou dans ses rapports avec les autres sciences et avec les moyens qu'elle nous offre de perfectionner notre intelligence ; de soulever le voile qui nous dérobe le plan de cet immense univers, et de contempler dans ses œuvres l'infinie et suprême sagesse qui en est l'auteur. La première manière est celle du vulgaire, la seconde est celle des philosophes et des sages. On doit donc peu s'étonner de voir, d'une part, l'indifférence et même le mépris insensé du commun des hommes pour l'entomologie ou la science des insectes ; de l'autre, l'ardeur et la passion qu'elle a inspirées aux génies du premier ordre. Nulle science, en effet, n'offre plus de mystères curieux à pénétrer, plus de problêmes intéressans à résoudre. Nulle ne nous montre aussi des observateurs plus infatigables, plus ingénieux que les Linné, les Réaumur, les Dégeer, les Swammerdam, les Leuwenhock, les Lyonnet, les Bonnet. Cependant, malgré les travaux de ces grands hommes et de ceux qui, de nos jours, marchent dignement sur leurs traces, les insectes attendent encore un historien. Les matériaux de la science (et quels matériaux!) sont épars et disséminés; nulle main habile ne s'est encore occupée à les rassembler.

Qui donc nous peindra avec des couleurs dignes du sujet, les formes si variées de ces animaux, leurs éclatantes parures, leurs morts et leurs résurrections apparentes, leurs métamorphoses brillantes ou singulières, l'étonnante perfection de leur organisation, la finesse extrême de quelques-uns de leurs sens, la rapidité inexprimable de leurs mouvemens, leurs amours et leurs accouplemens si divers, leur dextérité, leur savante industrie, leur tendre sollicitude pour la conservation de leur postérité, les ruses des uns, la stupidité des autres, la vie triste et solitaire de ceux-ci, les lois et la constitution des sociétés formées par ceux-là? Quel sera le Buffon de cette classe de pygmées, qui dévorent nos fruits, nos moissons, nos vêtemens, et se nourrissent de notre propre substance ; qui nous fournissent le miel, la cire et la soie brillante ; qui prêtent à la teinture sa plus éclatante couleur, et à la médecine la vertu corrosive de leurs cadavres desséchés ; qui nous entourent et s'agitent perpétuellement autour de nous ; et qui enfin, malgré nous, attirent ou distraient notre attention dans tous les lieux de la terre et dans tous les instans du jour ?

Pour développer imparfaitement les merveilles qu'ils nous présentent, il faudrait qu'un génie laborieux y employât plusieurs années ; et il ne pourrait le faire que dans un grand nombre de volumes. Sans autres moyens qu'un zèle ardent et passionné, je n'ai à ma disposition que quelques instans et quelques pages ; mais j'aurai rempli mon but, si je parviens à indiquer les principaux traits de ce grand tableau, et à applanir les premières difficultés que l'on rencontre, lorsqu'on veut en saisir tous les détails.

Examinons donc quelle est la nature des insectes, la place qu'ils tiennent dans l'échelle des êtres, les principaux organes dont ils sont pourvus ; et nous suivrons ensuite ce peuple de protées sous toutes ses formes et ses modifications différentes, depuis sa naissance jusqu'à son entière destruction.

Si vous prenez une mouche, un hanneton, ou tel autre insecte que ce soit, vivant ou récemment expiré, que vous le coupiez en deux ; au lieu de cette liqueur limpide et rouge que vous apercevez après une section pareille dans les quadrupèdes, les oiseaux, les serpens, les reptiles, les poissons, et qui est connue sous le nom de *sang*, vous ne voyez qu'une espèce de sanie épaisse et blanchâtre. Vous ne trouvez pas non plus cette charpente osseuse, composée de plusieurs pièces, qui traverse le corps dans toute sa longueur, que l'on a nommé *colonne vertébrale*. De cette différence dans la nature du fluide nourricier et dans les parties solides, résultent deux grandes divisions dans les animaux, dont la première renferme :

1°. Les animaux vertébrés et à sang rouge : ce sont les quadrupèdes, les oiseaux, les serpens, les reptiles, les poissons.

La seconde comprend :

2°. Les animaux invertébrés et à sang blanc : ce sont les mollusques (1), les vers, les insectes et les zoophites (2).

Mais les insectes se distinguent des vers et des zoophites, en ce qu'ils ont des pattes et des membres composés de plusieurs articulations distinctes et séparées ; tandis que les autres animaux à sang blanc n'ont que des tentacules homogènes, ou n'ont pas de membres du tout. Cette analyse nous fournit cette définition, aussi concise qu'exacte, des insectes :

Animaux sans vertèbres, à membres articulés.

En général, les insectes n'ont pas de cœur ni de vaisseaux sanguins ; il n'y a donc pas chez eux de véritable circulation du fluide nourricier. Mais ce fluide paraît avoir un mouvement irrégulier, produit par l'action organique des vaisseaux qui le reçoivent, et dont la dilatation et la contraction successives contribuent à l'élaborer.

---

(1) Les limaçons, les huîtres, etc.
(2) Les étoiles de mer, les coraux, les méduses, les éponges, etc.

Les excrétions des différentes humeurs, soit celles qui sont nécessaires à la génération, soit celles qui sont nécessaires à la santé de l'animal, s'opèrent aussi immédiatement par des vaisseaux très-déliés, qui sont roulés sur eux-mêmes, et non par des glandes particulières, comme dans les animaux plus parfaits. Puisqu'ils sentent, les insectes ont aussi des nerfs et un cerveau ; ce cerveau, qui est très-petit, est placé immédiatement au-dessus du conduit des alimens ; et des deux branches qui en partent et qui embrassent ce conduit, il se forme au-dessous de lui un cordon nerveux, blanchâtre, qui présente plusieurs nœuds d'où partent les nerfs qui se distribuent dans le reste du corps de l'animal. Ainsi ces nœuds forment autant de centres différents de sensations. Est-il étonnant qu'avec une telle organisation, les insectes restent encore long-tems vivans après avoir été privés de la moitié de leur tête ou de leur corps ? Ils ne meurent que parce que cette mutilation les empêche de prendre de la nourriture ou d'élaborer celle qu'ils ont prise. Si, comme dans les polypes, chaque partie pouvait s'assimiler la substance nutritive, chaque partie serait, comme dans les polypes, un animal entier ou une matière animée, entretenant la vie et prenant sa nourriture à l'intérieur. Dans les animaux plus parfaits, au contraire, il y a un centre unique de sensations qui est dans le cerveau; détachez le du reste de l'animal, plus de sentiment, plus de vie. Comme les autres animaux, les insectes absorbent la partie respirable de l'air et émettent ensuite un gaz délétère qui, recueilli, n'est plus propre à entretenir la vie. Les insectes respirent donc : mais il n'existe chez eux ni côtes, ni diaphragme, ni trachée-artère, ni poumons; ils ne respirent pas par la bouche; ils ont sur les côtés du ventre des ouvertures où aboutissent un grand nombre de petits vaisseaux qu'on a nommé trachées. C'est par ces ouvertures appelées stigmates (*spiracula*), que l'air pénètre dans l'intérieur du corps et se trouve élaboré. Vous les apercevrez facilement dans la sauterelle ou le hanneton. Telle est en général l'organisation intérieure des insectes; mais il y a quelques exceptions à faire, quelques différences à établir. Les crustacées, telles que les crabes, les écrevisses et autres, ont un cœur musculaire et respirent par des branchies, à la manière des poissons. Dans les araignées, les faucheurs et autres insectes de la même classe, on n'a pas encore aperçu de trachées; les fonctions de la circulation, de la respiration, de la nutrition même, ne sont pas bien connues dans cette classe. Cette différence dans les fonctions vitales a déterminé un savant naturaliste à séparer des insectes les crustacées, qui ont des vaisseaux sanguins et un cœur musculaire. Un autre en a distingué aussi les araignées, les scorpions, les cloportes, les scolopendres, les jules, etc. et en a formé une nouvelle classe sous le nom d'arachnides. Mais la crevette, qui est un crustacée, paroit avoir une organisation semblable à celle des autres insectes, et l'anatomie ne nous offre encore aucun caractère certain pour former des arachnides une classe distincte et particulière.

Si toutes les fonctions premières de la vie sont plus simples et moins compliquées dans les insectes que dans les animaux d'un ordre plus relevé, plusieurs des fonctions secondaires le sont beaucoup davantage et sont portées à un plus surprenant degré de perfection. Nulle classe d'animaux ne possède à un plus haut point la faculté de se mouvoir, ni ne la présente sous des formes plus étonnantes et plus variées. Dans tous les êtres vivans, les organes de cette faculté ou les ministres de cette puissance sont les muscles ; il n'en est pas qui en possèdent un plus grand nombre ni de plus forts et de plus vigoureux, comparativement à la masse qu'ils doivent mouvoir, que les insectes. L'observation nous rend cette vérité sensible, et l'anatomie la confirme. Lyonnet a trouvé 4041 muscles dans la chenille du saule, tandis qu'on n'en compte guère que 529 dans le corps humain. Les muscles, dans les insectes, se trouvent, par une conséquence nécessaire de leur conformation, attachés à l'enveloppe du corps, qui est presque toujours dure, écailleuse ; tandis qu'au contraire, dans les animaux plus parfaits, les parties osseuses, solides, qui servent d'attache aux muscles placés dans l'intérieur du corps, se trouvent recouvertes par les parties molles ; ce qui est précisément l'inverse.

Voilà ce que nous apprend l'anatomie sur la nature des insectes. Examinons actuellement leurs organes extérieurs. C'est ici, nouvel adepte, que votre travail va commencer et avec lui vos jouissances.

> Insectes, paraissez . . . . . .
> Venez avec l'éclat de vos riches habits,
> Vos aigrettes, vos fleurs, vos perles, vos rubis,
> Et ces fourreaux brillans, et ces étuis fidèles
> Dont l'écaille défend la gaze de vos ailes ;
> Ces prismes, ces miroirs, savamment travaillés,
> Ces yeux qu'avec tant d'art la nature a taillés,
> Les uns semés sur vous en brillants microscopes,
> D'autres se déployant en de longs télescopes.
> Montrez-moi ces fuseaux, ces tarières, ces dards,
> Armes de vos combats, instrumens de vos arts ;
> Et les filets prudens de ces longues antennes
> Qui sondent devant vous les routes incertaines.
> Que j'observe de près ces clairons, ces tambours,
> Signal de vos fureurs, signal de vos amours,
> Qui guidaient vos héros dans les champs de la gloire,
> Et sonnaient le danger, la charge et la victoire ;
> Enfin, tous ces ressorts, organes merveilleux
> Qui confondent des arts le savoir orgueilleux,
> Chefs-d'œuvres d'une main en merveilles féconde,
> Dont un seul prouve un Dieu, dont un seul vaut un monde.

Vous connaissez le scarabée stercoraire, cet insecte immonde et brillant, ou le carabe doré, qu'on voit courir dans les jardins ; la sauterelle, qui saute et vole dans les prés ; l'éphémère, qui voltige sur les eaux ; l'hémerobe aux ailes de gaze, que l'on trouve sur la surface des feuilles ou sur les vitres des fenêtres ; la redoutable guêpe, ou la diligente abeille ; la grande et rapide demoiselle ; le mille-pieds, que recèle la terre humide ; l'industrieuse araignée ; l'innocent et salutaire cloporte ; le frêle et éclatant papillon ; la puce agile, la punaise à odeur infecte, ou la cigale bruyante du Midi ; la mouche importune, ou le cousin avide de sang. Prenez tous ces insectes, ils vous présentent un modèle de chaque classe ; ils sont communs dans toutes les collections ; et si vous ne pouvez les attraper à l'instant, on se fera un plaisir de vous les sacrifier : leur race est nombreuse, et la nature n'en est point avare. N'espérez pas que la plume ni le burin puissent suppléer à ce que la vue de ces objets pourra vous apprendre. Sans sortir de votre cabinet, vous pourrez devenir métaphysicien avec Descartes, Leibnitz, Hume et Kant ; mathématicien avec Newton et Lagrange ; homme d'état peut-être avec Montesquieu et Machiavel : mais vous ne deviendrez naturaliste qu'en admirant, observant et décrivant vous-même la nature.

En examinant les différens individus qui sont devant vos yeux, vous apercevez une chose qui leur est commune à tous, d'où ils ont tiré le nom qui leur est commun. Leur corps est comme coupé et divisé en plusieurs parties séparées. Vous distinguerez trois de ces parties, dont la postérieure, presque toujours la plus grande de toutes, est l'abdomen (*abdomen*); il est lui-même composé de plusieurs anneaux qui s'enchâssent les uns dans les autres, et il tient immédiatement au corcelet (*thorax*), auquel les pattes (*pedes*) se trouvent attachées; la tête (*caput*) enfin précède le corcelet et en est toujours distincte, excepté dans les crabes, les araignées, les mites et leurs congénères.

Prenez actuellement le scarabée stercoraire ou le carabe doré; jetez vos yeux sur la partie antérieure de la tête, vous y verrez la bouche; vous distinguerez facilement les filets articulés et proéminens, beaucoup plus apparens dans le carabe que dans le scarabée, mais faciles à apercevoir dans tous les deux : ces filets sont les palpes (*palpi*). Deux pièces cornées, crochues et arquées les accompagnent de chaque côté : ce sont les mandibules (*mandibulæ*). Ces parties sont recouvertes en-dessus par une pièce transverse et mobile, insérée au-dessous du chaperon (*clypeus*) ou de la partie supérieure de la tête, qui est la lippe ou lèvre supérieure (*labrum*) ; et en dessous par une substance cornée, échancrée ou découpée en croissant dans le scarabée, formant trois pointes dans le carabe, qui est la lèvre (*labium*), laquelle reçoit dans son intérieur une pièce plus petite, membraneuse, revêtue de poils, et qui suit à-peu-près la figure ou le mouvement de la lèvre : c'est la languette (*ligula*) (1).

Maintenant, avec la pointe très-aigue d'un canif ou d'une forte aiguille, détachez toutes les parties de la bouche de ces deux insectes, en passant votre instrument dans les jointures et en déchirant les muscles

---

(1) Il convient, ce me semble, de bannir à jamais de la langue entomologique ces expressions composées : *labium superius*, *labium inferius*, lèvre supérieure, lèvre inférieure, et d'y substituer celles-ci : *labrum*, lippe, *labium*, lèvre. Je dois prévenir ici, pour bannir toute confusion, que Linné a souvent pris le chaperon (*clypeus*) pour la lippe (*labrum*), et s'est servi du mot *labium* pour exprimer cette partie. Il a aussi souvent appelé *mâchoires* (*maxillæ*), les mandibules. La lèvre (*labium*) a été nommée *menton* (*mentum*) par Illiger et *Ganache* ; par Latreille, qui, ainsi que M. Illiger, a nommé *lèvre* (*labium*) ce que j'appelle *languette* (*ligula*) avec Fabricius et Weber.

qui les attachent. Si votre insecte est récemment expiré, vous pouvez procéder sur-le-champ à cette opération, sinon il faut le laisser ramollir dans l'eau ; alors, si votre dissection a été bien faite, si les matériaux en sont étalés avec soin sur un papier blanc, vous verrez sous les mandibules deux pièces qui leur ressemblent, mais qui sont d'une substance plus tendre : ce sont les mâchoires (*maxillæ*) qui, à leur intérieur, se trouvent garnies d'un lobe interne, que l'on a nommé dent (*dens*). La partie supérieure de chaque mâchoire est cornée, et l'inférieure est membraneuse. Au côté extérieur et à la jonction de ces deux parties, se trouve attaché un des palpes que nous avions d'abord aperçu. Les palpes, qui sont supportés par les deux mâchoires, sont nommés palpes extérieurs (*palpi exteriores*). Dans le carabe, chaque mâchoire en supporte deux ; ceux qui sont couchés immédiatement sur la mâchoire et qui sont composés de deux articles, sont les palpes antérieurs (*palpi anteriores*) ; les autres sont nommés palpes intermédiaires (*palpi intermedii*) : ceux qui sont attachés à la lèvre et à la languette, sont les palpes postérieurs (*palpi posteriores*). Vous voyez aussi que les mâchoires de ces insectes sont composées de plusieurs pièces distinctes qui se réunissent et sont liées de manière à ne faire qu'un corps. C'est là le caractère qui distingue éminemment les insectes de cette classe, que Fabricius a nommée éleuterates (*éleuterata*), d'un mot grec qui signifie *libre*, parce que leurs mâchoires adhèrent moins à la lèvre que dans la plupart des autres classes. Nous les caractériserons ainsi :

ÉLEUTERATES. *Mâchoires nues, composées, palpigères.*

Cette classe renferme les hannetons, les carabes, les cantharides, les charançons, les cerfs-volans, etc. et tous les insectes que le vulgaire comprend sous le nom de *scarabées* ou d'*escarbots* : c'est la plus nombreuse et la mieux connue de toutes.

Si vous examinez ensuite la grande sauterelle, la lippe (*labrum*), qui est large, rhomboïdale et à découvert, frappera vos regards; vous apercevrez aussi facilement les palpes antérieurs et postérieurs, et les mandibules fortes et redoutables, situées aux côtés de la tête. Mais en disséquant la bouche, vous verrez sous les mandibules une espèce de palpe inarticulé qui recouvre la mâchoire, et que par cette raison on a nommé casque (*galea*) (1). Ici les mâchoires sont simples et non composées, c'est-à-dire, que leur corps principal n'est formé que d'une seule pièce. Elles sont à la vérité adhérentes à la lèvre; mais elles sont à découvert, et ne sont point cachées par elle. Tous les insectes qui ont la bouche ainsi conformée, appartiennent à la classe des ulonates (*ulonata*), que nous caractériserons ainsi :

ULONATES. *Mâchoires simples, découvertes, palpigères, surmontées d'un casque.*

Cette classe est une des moins nombreuses, et comprend les sauterelles, les criquets, les grillons, les courtilières, les perce-oreilles, etc.

La dissection de la bouche de l'hémerobe vous offrira les mêmes parties; mais les mâchoires se trouvent réunies à leur base avec la lèvre inférieure qui porte les palpes. Nous établirons donc ainsi les caractères

---

(1) Cette pièce a été nommée *galette* par le citoyen Olivier.

de la classe des synistates, auxquels ils appartiennent.

SYNISTATES. *Mâchoires simples, planes, découvertes, palpigères, coudées et réunies à leur base à une lèvre palpigère.*

Cette classe renferme les hémerobes, les phryganes, les myrméléons, les éphémères; mais ces derniers ne prenant aucune nourriture durant leur courte existence dans l'état parfait, ont les organes de la bouche peu ou point distincts.

La guêpe et l'abeille vous offriront des organes de manducation plus difficiles à disséquer, plus compliqués, mais aussi beaucoup plus curieux que tous ceux des autres classes. Si vous êtes parvenu à détacher, sans les rompre, les différentes parties de la bouche, vous remarquerez bientôt que la lèvre porte à son extrémité une languette qui est très-alongée et est partagée en trois divisions, dont les latérales sont écailleuses et celle du milieu velue dans l'abeille; beaucoup moins longue et ayant la division du milieu plus élargie à son extrémité dans la guêpe : deux palpes composés de quatre articles accompagnent la languette dans l'abeille ; le premier article est long, velu à l'intérieur, et les deux derniers extrêmement courts; ses mâchoires sont de même très-alongées, comprimées, pointues; les palpes qui sont à leur base, très-petits et à peine visibles, tandis qu'ils sont alongés et que les mâchoires sont élargies à leur extrémité dans la guêpe : mais dans tous les deux les mâchoires sont alongées, comprimées et engaînent la lèvre. Ce caractère appartient à tous les insectes de la classe des piezates, que nous caractériserons ainsi :

Piezates. *Mâchoires comprimées, souvent alongées, simples, palpigères, engaînant une lèvre palpigère.*

Cette classe comprend les abeilles, les guêpes, les bourdons, les fourmis, etc. Elle est très-nombreuse. Les insectes qui la composent sont les mieux organisés et les plus intéressans par la diversité de leurs mœurs et la variété de leurs formes.

Dans la grande demoiselle, vous remarquerez d'abord que les mandibules et les mâchoires sont entièrement cachées par la lippe et la lèvre. En disséquant la bouche, vous n'apercevrez pas de palpes à la lèvre, tandis que les mâchoires, au contraire, sont surmontées d'un palpe qui a la forme de la pièce que nous avons nommée *casque*. Vous observerez aussi que ces mâchoires sont très-dentées, et vous aurez pour caractère de la classe des

ODONATES : *Mâchoires cornées, dentées, simples, cachées, palpigères; lèvre sans palpes.*

Cette classe est une des moins nombreuses en genres et en espèces, et ne renferme que les demoiselles, qui se partagent en trois genres.

Les bouches des scolopendres et des jules nous offrent entr'elles des différences que l'on peut appeler *classiques*. Le scolopendre a deux mâchoires, une lèvre inférieure, tandis que le jule n'a pas de mâchoires, mais seulement de très-petites mandibules et une lèvre inférieure fermant la bouche, avec des rudimens de palpes. Mais comme il ne faut pas séparer légèrement des insectes aussi semblables par leur conformation générale, nous les réunirons dans la même classe, à l'exemple de M. Fabricius, sous le nom de *mitosates*; et nous caractériserons ainsi cette classe :

MITOSATES. *Deux mandibules composées, deux mâchoires et deux palpes distincts ou soudés, et réunis avec la lèvre.*

Cette classe, qui ne renferme que les insectes vulgairement compris sous le nom de *mille-pieds*, est une des moins nombreuses et une des moins bien connues.

Rien de plus facile que d'apercevoir, sans aucune dissection, les mandibules en pince et composées de deux pièces dans l'araignée ou le faucheur, ainsi que les palpes attachés au côté des mâchoires. Telle est la bouche des insectes de la classe des unogates, que nous caractériserons ainsi :

UNOGATES. *Deux mandibules en pinces, couvrant deux mâchoires nues, simples, palpigères.*

Cette classe renferme les trombidions, les araignées, les faucheurs, les obises, les scorpions. Vous observerez que dans ces insectes il n'y a point de lippe ou de lèvre supérieure, et que la tête est réunie au corcelet.

Dans le cloporte, vous apercevrez deux paires de mâchoires entièrement cachées par une lèvre inférieure, bifide, dentelée ; ce qui vous donne pour caractère des

Polygnates : *Plusieurs mâchoires en-dedans de la lèvre.*

Cette classe est aussi très-peu nombreuse et mal connue, et renferme les cloportes, les idotés, les monocles.

En examinant la bouche de l'écrevisse, vous la verrez fermée par une suite de pièces qui paraissent faire fonction de mâchoires, et que nous nommerons maxillettes (*maxillettæ*). Vous apercevrez aussi de véritables palpes attachés aux mandibules. Ainsi vous aurez pour caractère des

Exocnates : *Mandibules palpigères, bouche fermée par des maxillettes.*

Cette classe comprend non-seulement l'écrevisse, la crevette, mais encore les autres crustacées marins, dont Fabricius me paraît à tort avoir formé une autre classe sous le nom de *kleistagnathes*.

Vous observerez que la lèvre forme ici un petit feuillet membraneux, qui est inséré sous les mandibules. La plupart des crustacées ont aussi la tête réunie au corcelet.

Telles sont les différentes sortes d'organisations que nous présente la bouche des insectes broyeurs ou pourvus de mandibules et de mâchoires, qui peuvent par conséquent rompre et diviser les alimens solides. Les insectes suceurs, dont nous allons actuellement nous occuper, ayant les organes de la manducation beaucoup plus simples, seront plus faciles à étudier.

Si vous passez une épingle dans le creux de la tête du papillon en-dessous, vous en détacherez aussitôt le filet roulé en spirale qui s'y trouve. Il est composé de deux soies qui, par leur réunion, forment une espèce de cylindre creux. Voilà ce que l'on appelle langue (*lingua*). Ces deux pièces velues, avancées, rebroussées, entre lesquelles elle se trouve contenue, sont les palpes. Telle est la bouche des glossates, que nous caractériserons ainsi :

GLOSSATES : *Langue souvent alongée, quelquefois courte ou nulle, roulée entre deux palpes étoupés* (1).

Cette classe renferme les nombreuses et

---

(1) Étoupé (*stuposus*), formé par des étoupes de poils.

brillantes familles de papillons, de phalènes, de teignes, etc. C'est celle dont les peintres se sont plu davantage à retracer des images fidèles, et dont les espèces peuvent par conséquent être déterminées avec le plus de certitude et de facilité. Plusieurs tels que certains bombix et autres, ont la langue très-courte ; d'autres en sont entièrement dépourvus, et cet organe essentiel de la nutrition manque entièrement dans les cossus, parce que, dans leur état parfait, ils sont destinés par la nature, à ne prendre aucune nourriture. La classe des synistates nous a déjà offert, dans l'éphémère, un exemple semblable, et celui-ci ne sera pas le dernier. La lippe et la lèvre manquent entièrement dans toute la classe des glossates.

Cette pièce droite, articulée, repliée en-dessous, et collée contre la poitrine, que vous appercevez dans la punaise ou dans la cigale, se nomme bec (*rostellum*) ; ce bec est creusé en gouttière, et recèle trois soies (*setae*), qui, réunies, forment le suçoir (*haustellum*) : quelquefois ce bec n'offre à sa partie supérieure qu'une simple ouverture, par où passe le suçoir : vous remarquerez qu'il n'est accompagné d'aucun palpe, et vous caractériserez ainsi la bouche des

RYNGOTES : *Suçoir renfermé dans un bec, sans palpes* (1).

Cette classe renferme les cigales, les pu-

---

(1) Fabricius a donné le nom de *bec* (*rostrum*) à l'ensemble des organes de la nutrition dans les ryngotes, c'est-à-dire, au bec et au suçoir réunis. Ce que j'appelle *bec*, il l'appelle *la gaîne du bec* (*vagina*). Les soies qui, par leur réunion, forment un organe bien distinct, n'ont pas pour lui de nom particulier, et s'appellent simplement *les soies du bec* (*setæ*). Ainsi, il a exprimé par un mot simple un organe essentiellement complexe. Dans les antliates, au contraire, qui offraient, comme dans les ryngotes, un suçoir composé d'une ou plusieurs soies, renfermé dans un fourreau, il a pris un autre parti et a appelé ce fourreau une *trompe* (*proboscis*), et l'assemblage des soies qui le renferment, un *suçoir* (*haustellum*). Mais lorsque ce fourreau, au lieu d'être labié, membraneux, rétractile, comme dans les mouches, s'est trouvé roide, corné, pointu, comme dans les bombilles, il a perdu son nom et sa nature; et ce fourreau et le suçoir réunis ne sont plus, pour M. Fabricius, qu'un suçoir (*haustellum*) : ainsi, comme dans les ryngotes, un organe complexe se trouve alors exprimé par un mot simple, la trompe devient, pour M. Fabricius, la gaîne du suçoir (*vagina*) : et comme

naises, les membracis, les nèpes, les naucores, etc.

Vous remarquerez qu'il y a, dans ces insectes, une lippe qui recouvre la partie supérieure du bec; mais la lèvre manque dans tous, aussi bien que dans les glossates. Il faut observer aussi que la puce qui se

---

parmi les antliates à trompe membraneuse et rétractile, il y en a dont les soies du suçoir en engaînent d'autres, et ont quelque analogie avec la trompe cornée, roide des bombilles ; il donne aussi à ces soies le nom de *gaîne du suçoir* (*vagina*) : ainsi, suivant lui, une portion de ses antliates ont une trompe et un suçoir (*proboscis et haustellum*), [ce dernier organe étant encore composé de deux parties distinctes, la gaîne (*vagina*) et les soies (*setæ*)] et une autre portion a un suçoir sans trompe), (*haustellum absque proboscide*). Il est résulté une grande confusion de ces dénominations. Nous croyons avoir de beaucoup simplifié, à cet égard, la terminologie. Tous les caractères de la classe des ryngotes et de celle des antliates se trouvent rectifiés dans cet ouvrage, d'après ce point de vue. J'observerai, en terminant, que le mot ROSTRUM, dont M. Fabricius s'est servi pour exprimer les organes de la bouche dans les ryngotes, ayant été employé très-souvent par lui dans une toute autre signification, il faut y substituer celui de *rostellum*. (*Voyez* à ce sujet, la note insérée p. 231 de ce volume.)

trouve renfermée dans cette classe a deux pièces écailleuses qui accompagnent son bec, et qu'elle se rapproche encore de la classe suivante par la nature de sa métamorphose.

Vous ferez facilement sortir du creux de la bouche d'une mouche ramollie, vivante, ou récemment expirée, le tube inarticulé, charnu, terminé par des bourrelets renflés qu'elle contient. Ce tube se nomme trompe (*proboscis*); il est creux, et renferme, comme le bec des ryngotes, un suçoir (*haustellum*), composé de plusieurs soies; mais la trompe est souvent dure, roide, pointue, et non rétractile dans les cousins, les bombilles, etc. : enfin cette trompe, ou ce suçoir, sont toujours accompagnés à leur base de deux palpes articulés; il vous est donc bien facile de distinguer les antliates, non-seulement des ryngotes, mais de tous les autres insectes, par les caractères suivans.

ANTLIATES. *Suçoir renfermé dans une trompe; deux palpes.*

Cette classe est nombreuse, et renferme les mouches, les taons, les sirphes, les cousins, etc. Elle souffre plusieurs exceptions qu'il est nécessaire de faire connaître : la trompe des conops, et sur-tout des myopes, paraît en quelque sorte articulée ; et ces insectes forment, sous ce rapport, le passage des ryngotes aux antliates. L'hippobosque se distingue de tous les autres insectes de cette classe, par une trompe sans suçoir, qui paraît dépourvue de palpes ; enfin, ainsi que l'éphémère, les cossus, et quelques autres glossates, les œstres et les henops, dans les antliates, sont dépourvus des organes de la nutrition, et n'ont ni trompe ni suçoir apparens. Nous devons dire aussi que les poux et les mites, genres encore peu connus, mal décrits, ne se réunissent qu'imparfaitement à cette classe, et qu'ils n'y sont placés que parce qu'ils ne sauraient l'être plus convenablement ailleurs.

D'après l'examen et l'analyse que nous venons de faire, on voit que toutes les parties de la bouche, dans les insectes, quelque variées qu'elles paraissent d'abord, peuvent se réduire aux suivantes.

1. *La lippe* (labrum), autrement nommée lèvre supérieure, qui manque dans les glos-

sates (1) et les antliates (2); qui se trouve dans tous les insectes broyeurs, les éleuterates (3), synistates (4), piezates (5), odonates (6), mitosates (7), unogates (8), polygnates (9), exocnates (10); et qui recouvre la partie supérieure du bec des ryngotes (11).

2. *La lèvre* (labium), qui est portée par la gorge (*gula*), et qui accompagne les mâchoires en-dessous dans les éleuterates, les ulonates, les unogates; qui les cache entièrement dans les odonates et les polygnates; qui est au contraire engaînée et cachée dans les piezates par ces mêmes mâchoires; qui est réunie et soudée avec elles dans les synistates, et dans plusieurs genres de la classe des mitosates; qui manque entièrement dans les ryngotes, les glossates et les antliates; et qui n'est enfin, dans les exocnates, qu'un petit feuillet membraneux.

3. *Les mandibules* (mandibulæ), qui sont

---

(1) Les papillons, etc. (2) Les mouches, les cousins, etc. (3) Les hannetons, les scarabées, etc. (4) Les hémerobes, etc. (5) Les abeilles, les guêpes. (6) Les demoiselles ou libellules. (7) Les mille-pieds. (8) Les araignées, les scorpions. (9) Les cloportes, etc. (10) Les écrevisses, les crevettes, etc. (11) Les punaises, les puces, etc.

au nombre de deux dans les éleuterates, les ulonates, les synistates, les piezates, les mitosates, les odonates; qui manquent entièrement dans les ryngotes, les glossates et les antliates, et qui sont armées d'un onglet dans les unogates, et sont palpigères dans la seule classe des exocnates.

4. *Les mâchoires* (maxillæ), toujours palpigères, qui ne se trouvent que dans tous les insectes pourvus de mandibules, et ne se rencontrent pas dans ceux qui en sont dépourvus; qui manquent dans les jules, où elles paraissent être nulles ou peu distinctes; qui sont toujours au nombre de deux seulement, excepté dans ceux de la classe des polygnates; qui enfin sont composées dans les éleuterates, et simples dans toutes les autres classes.

5. *Les maxillettes* (maxillettæ), qui sont particulières à la classe des exocnates, et manquent dans toutes les autres qui concourent, comme les mâchoires, à la manducation, mais dont le mouvement, au lieu d'être transversal, se fait dans le sens de la lèvre inférieure.

6. *La languette* (ligula), qui ne se trouve que dans les insectes pourvus de mandibules,

très-courtes dans la plupart, mais qui, dans certains piezates, tels que les abeilles, est très-alongée, et a alors une grande analogie avec la langue des glossates.

7. *La langue* (lingua), composée de plusieurs soies réunies, particulière aux glossates, et qui diffère du suçoir des ryngotes et des antliates, parce qu'elle est molle, flexible, et le plus souvent obtuse à son extrémité, et roulée en spirale.

8. *Le bec* (rostellum), toujours dur et composé d'articulations distinctes, et particulier à la classe des ryngotes.

9. *La trompe* (proboscis) d'une seule pièce et sans articulations distinctes, mais tantôt molle, labiée, rétractile, tantôt roide, dure et pointue à son extrémité, et qui est particulière aux antliates.

10. *Le suçoir* (haustellum), qui est formé par l'assemblage de soies fines et roides renfermées dans le bec des ryngotes et dans la trompe des antliates, et qui ne se trouve que dans ces deux classes.

11. *Les palpes* (palpi), qui se retrouvent dans tous les insectes au nombre de six, de quatre et de deux, excepté dans les ryngotes et quelques antliates ; qui sont nommés *anté-*

rieurs s'ils sont attachés à la mâchoire et couchés sur elle ; *intermédiaires*, lorsqu'ils sont au nombre de quatre et ne sont pas immédiatement couchés sur la mâchoire, mais sur les antérieurs ; qui enfin sont nommés *postérieurs*, lorsqu'ils sont attachés à la lèvre ou à la languette.

Tels sont les organes qui, dans les insectes, vous donneront les caractères les plus certains et les moins variables pour les distribuer en classe et en genre, et qui vous fourniront les plus sûres indications sur leurs mœurs et leurs habitudes ; ce sont à-la-fois les parties les plus importantes et les plus difficiles à étudier. Nous arriverons plus facilement et plus promptement à la connaissance des autres.

Près des yeux, qui sont de deux sortes dans les insectes, vous apercevrez facilement des filets articulés, mobiles, insérés sur le chaperon, très-longs et très-déliés dans le carabe, l'écrevisse, et qui ne sont, dans la demoiselle ou la mouche, que des soies fines et à peine visibles : l'araignée et le faucheur n'en ont point ; ces filets sont les antennes (*antennæ*). En considérant leur nombre, leur absence ou leur présence, on a divisé les insectes en trois grandes classes, de la manière suivante :

1°. *Les tétracères, ou insectes à quatre antennes;*

Qui comprennent les exocnates et les polygnates, c'est-à-dire tous les crustacées, les écrevisses, la squille et les cloportes.

2°. *Les dicères, insectes à deux antennes;*

Qui comprennent les éleuterates, les ulonates, les synistates, les glossates, les ryngotes, les antliates, les mitosates, c'est-à-dire, les scarabées, les demoiselles, les hémerobes, etc. les papillons, les punaises, les mouches, les mille-pieds.

3°. *Les acères, ou insectes sans antennes;*

Qui ne comprennent que les unogates, les araignées, les faucheurs, les scorpions, etc.

La forme, si variée des antennes, qui sont figurées en fil, en soie, en massue, en chapelet, en crochet, en peigne, en scie, etc. le lieu de leur insertion, le nombre et la configuration de leurs articles ont fourni à tous les entomologistes d'excellens caractères pour distinguer les genres; et ces parties dans les insectes, réclament, par leur importance, toute votre attention.

Par-dessus le corcelet, se trouvent attachées les ailes, (*alae*) sur la considération desquelles Linné a établi une méthode encore suivie par un grand nombre d'entomologistes.

Si vous écartez les étuis coriaces et dures, que l'on a nommés élytres (*elytra*), que vous présente le scarabée, vous apercevrez qu'il y a dessous des ailes transparentes et gazées comme celles des autres insectes, qui sont reployées transversalement. Tel est le caractère des coléoptères (*coleoptera*) de Linné : cette classe répond à celle des éleuterates.

Dans la punaise, les élytres sont molles et à moitié membraneuses, et les aîles sont croisées l'une sur l'autre ; c'est-là le caractère de la classe des hémiptères (*hemiptera*), qui renferment nos ryngotes et nos ulonates.

Mais Olivier, et avant lui Degeer, s'apercevant de la composition peu naturelle d'une classe qui renfermait des insectes à mâchoires et des insectes à bec, des insectes broyeurs et des insectes suceurs, ont établi une nouvelle classe, dont la sauterelle, que vous avez sous les yeux, vous offre un modèle : vous y voyez deux ailes inférieures pliées longitudinalement, recouvertes par deux autres ailes non-ployées, qui sont plus opaques que celles qu'elles recouvrent, et repré-

c

sentent en quelque sorte des élytres molles et membraneuses. Cette classe, qui est celle des orthoptères (*orthoptera*), répond exactement à celle de nos ulonates.

Séparez actuellement les unes des autres, les ailes de l'abeille, dont les inférieures sont plus courtes et souvent tellement fixées aux supérieures, qu'elles semblent n'en être pas distinctes; vous apercevrez quatre ailes nues, membraneuses et d'égale consistance. Tel est le caractère des hymenoptères (*hymenoptera*), classe qui répond exactement à celle des piezates.

La demoiselle et l'hémerobe, vous offrent aussi quatre ailes nues et d'une égale consistance; mais elles sont très-régulièrement veinées, ou pour mieux dire réticulées, et semblables à une gaze. Tel est le caractère des nevroptères (*nevroptera*), qui comprennent la classe des odonates et celle des synistates, en en retranchant les genres lépismes et podures : les insectes qui les composent n'ayant jamais d'ailes, ne peuvent se trouver, dans cette méthode, réunis avec des insectes qui en sont pourvus.

Dans le papillon, vous voyez quatre ailes recouvertes d'une poussière écailleuse. Tel est le caractère des lépidoptères (*lepidoptera*), qui répondent à la classe des glossates.

Jusqu'ici nous avons toujours vu les ailes au nombre de quatre dans les insectes ; la mouche, que vous avez sous les yeux, ne vous offre que deux ailes, accompagnées en-dessous de deux filets courts, qu'on a nommés balanciers (*halteres*), et qui sont terminés par une petite masse ovale. Tel est le caractère des diptères, qui répondent à la classe des antliates, en exceptant les poux et les mites qui, n'ayant point d'ailes, se trouvent, dans ce système, placés dans les aptères (*aptera*) ou insectes sans ailes. Cette dernière classe comprend les exocnates, les polygnates, les mitosates, les poux et les mites, qui font partie des antliates, le lépisme et la podure, qui se trouvent dans les synistates ; c'est-à-dire, des insectes très-différens par leurs mœurs, leurs habitudes, leur conformation générale, et les organes de la bouche.

Le système de l'auteur, justement célèbre, de l'Histoire abrégée des Insectes des environs de Paris, diffère peu de celui de Linné ; seulement il comprend dans la classe des coléoptères celle des orthoptères d'Olivier, que Linné réunissait avec les hémiptères, et enfin il réunit dans une seule et même classe les hymcnoptères et les nevroptères, qu'il appelle tétraptères à ailes nues, par opposition avec les lépidoptères, qu'il appelle tétraptères à ailes farineuses. Sa classe des aptères est la même que celle de Linné : il en est de même de celle des hémiptères, sauf les retranchemens déjà indiqués.

Les ailes vous fourniront d'excellens caractères accessoires ; mais gardez-vous de leur accorder une confiance qui ne leur est pas due, et une importance qu'elles n'ont pas : elles ne sont, sur-tout, rien moins que propres à déterminer les classes avec précision. Les ailes des fulgores, des membracis, des cigales, des tettigones, des psylles, des aleyrodes, des pucerons, des thrips, des kermès et des cochenilles, qui sont d'égale consistance, sont bien différentes des ailes moitié coriaces, moitié membraneuses, des notonectes, des corises, des nèpes, des naucores et des réduves, des acanthies, des punaises, qui font aussi partie des hémiptères. Les friganes ont les veines ou nervures de leurs ailes bien différentes de celles des demoiselles, des hémerobes et des autres nevroptères. Les classes des insectes ailés vous offrent un grand nombre de genres qui n'ont point d'ailes du tout, ou qui n'ont pas le nombre d'ailes qui caractérisent leurs classes. Ainsi un très-grand nombre de coléoptères n'ont point d'ailes sous leurs élytres, et le carabe doré, que vous avez sous les yeux, vous en offre un exemple, que, dans cette classe, je pourrais multiplier jusqu'à satiété : la ligée aptère, l'acanthie grillon, l'acanthie des lits, ou la punaise proprement dite, en sont aussi entièrement dépourvues. Il y a deux espèces d'éphémères, qui n'ont que deux ailes au lieu de quatre. Vous trouverez même des insectes ailés et des insectes sans ailes dans la même espèce ; ainsi la femelle du lampiris, ou vert-luisant, est aptère, et son mâle a deux ailes et deux étuis comme tous les autres coléoptères. Les neutres des fourmis n'ont point d'ailes ; plusieurs espèces de mutilles en sont également privées. Dans les lépidoptères, les femelles du bombice antique, du bombice paradoxe, du bombice gonostigme, n'ont pas le moindre vestige d'aile, et celle du bombice zone n'en a que des rudimens. Les femelles de l'ichneumon audacieux, dont la larve se loge dans l'intérieur de l'œuf de l'araignée, celle de l'ichneumon de la charmille sont pareillement dépourvues d'ailes ; et même dans plusieurs espèces de ce genre, elles manquent entièrement dans les deux sexes, tels que dans l'ichneumon fourmi, l'ichneumon agile, l'ichneumon pédiculaire, l'ichneumon des mites, l'ichneumon pédestre ; enfin, l'ichneumon réticulaire a des moignons au lieu d'ailes. Quelques hippobosques, et même quelques mouches, sont entièrement dépourvus d'ailes, ou n'en ont que des vestiges.

Mais si la considération des ailes n'est pas d'une assez grande valeur pour déterminer avec précision les classes et les genres, elle est extrêmement propre à faciliter la connaissance des unes et des autres : examinez sur-tout avec soin les veines ou nervures des ailes dans les piezates et les antliates, et vous en tirerez de grands secours pour distinguer, sur-le-champ, les genres et les espèces qui paraissent d'abord se ressembler.

Jetez actuellement un coup-d'œil sur les pattes (*pedes*), et avec un peu d'attention, vous apercevrez facilement les quatre parties principales qui les composent : proche le corcelet vous trouverez la hanche (*coxa*), qui est formée de deux pièces, la rotule (*patella*) et le trochanter (*trochanter*); la cuisse (*femur*) vient ensuite; la jambe (*tibia*) forme la quatrième articulation, et enfin le tarse (*tarsus*), qui est composé lui-même de plusieurs articulations distinctes, dont le nombre et la forme doivent être étudiés, et qui, sur-tout dans la classe des éleuterates, fournissent d'importans caractères pour la distinction des genres et des espèces. Dans les crabes, les écrevisses, etc., le bras (*brachium*), ou jambe antérieure, a cinq pièces, la rotule, le trochanter; le carpe (*carpus*), la main (*manus*) terminée par deux doigts (*digiti*), dont le supérieur est mobile; les autres pattes ont une pièce de plus, le carpe est alongé, à deux articles. Les scorpions ont leurs bras comme ceux des crabes; mais c'est le doigt intérieur de leur main qui est mobile. Vous pouvez observer que, dans l'araignée, la hanche, la jambe et le tarse sont formés de deux pièces, de telle sorte que la patte a sept articulations. Les jules et les scolopendres ont leurs pattes composées de six articulations.

La considération du nombre des pattes

peut encore servir à diviser les insectes en quatre grandes classes.

1. *Les myriapodes, ou insectes à un grand nombre de pattes;*

Qui comprennent tous ceux qui ont plus de dix pattes, tels que ceux de la classe des mitosates ou mille-pieds, les polygnates ou cloportes, etc.

2. *Les décapodes ou insectes à dix pattes;*

Qui comprennent les exocnates, ou crustacées, tels que les crabes, les écrevisses, etc.

3. *Les octopodes ou insectes à huit pattes;*

Qui comprennent tous les unogates, tels que les araignées, les faucheurs et quelques antliates, plusieurs espèces de poux et de mites.

4. *Les hexapodes ou insectes à six pattes;*

Qui comprennent tous les autres insectes, les éleuterates, les ulonates, les synistates, les piezates, les odonates, les glossates, les ryngotes et les antliates.

Nous avons analysé toutes les principales parties de l'insecte, jetons actuellement un coup-d'œil sur son existence passée.

In nova fert animus mutatas dicere formas
Corpore....

Peut-être vous êtes-vous procuré, dans

le dessein de les voir éclore et de les nourrir, les produits de l'accouplement de ce bombix si connu sous le nom de *ver-à-soie* : ce sont de petits œufs ronds. Voilà l'état primitif de tout insecte. S'il en est tels que le cloporte, le puceron, le scorpion, l'hyppobosque et certaines mouches qui paraissent sortir vivants ou dans l'état de nymphe et de larve, du ventre de leurs mères, ces dernières cependant ne sont pas plus vivipares que la vipère. Ainsi que dans ce reptile, les œufs éclosent dans le ventre même de la femelle ; et il n'y a de véritablement vivipares que les animaux à mamelles, les quadrupèdes et les cétacées (1). Des œufs, dont nous avons parlé, vous avez vu sortir et grandir peu-à-peu un ver. L'insecte, dans cet état, se nomme larve (*larva*) (2). Parvenu à son dernier accroissement, ce ver s'est filé une prison dorée. Lorsque vous l'avez ouverte, au lieu d'un animal mobile, jaunâtre, vous apercevez un corps immobile et brun. Dans cet état, cet insecte se nomme nymphe

---

(1) Les baleines, les cachalots, etc.
(2) La larve des glossates, papillons et autres, prend souvent le nom de *chenille* ou de *ver* ; celle des antliates, mouches, etc. celui de *ver*.

(*pupa*) (1). Enfin, lorsqu'au bout d'un certain tems cette nymphe brise son enveloppe et qu'elle paraît, avec ses quatre ailes blanchâtres, capable de reproduire son espèce et peupler vos nourriceries de sa nombreuse postérité, elle prend le nom d'insecte (*insectum*).

Presque tous les insectes passent par ces trois différens états, c'est-à-dire que presque tous subissent trois métamorphoses. Ne prenez pas cependant ce mot dans un sens rigoureux; il n'y a point là de véritable métamorphose, ce n'est toujours que le même animal sous différens degrés de modifications. La nature s'écarte ici, peut-être, de son plan général, beaucoup moins que vous ne pensez. Qui vous a dit que vous ne tirez pas aussi votre origine d'un œuf? Avez-vous réfléchi aux différentes métamorphoses que vous avez subies dans le sein maternel? La grenouille et la salamandre, dans l'état de têtard, ne vous offrent-elles pas une véritable larve ou une nymphe différente en tout de l'animal parfait?

---

(1) La nymphe des glossates et autres insectes, prend souvent le nom de *chrysalide* ou de *fève*.

Aucun insecte, ni même aucun animal dont le sang est plus froid que le milieu dans lequel il vit, ne couve ses œufs, ni ne peut les vivifier par la chaleur de son corps; c'est donc de la chaleur plus ou moins grande de l'air que dépend le moment de la vivification des œufs des insectes : mais ils ne diffèrent pas moins, à cet égard, que par leur couleur, leur forme, la disposition de leur groupe, les tégumens qui les recouvrent. Il ne faut qu'une ou deux heures, dans un tems favorable, pour faire éclore l'œuf que vient de pondre la mouche carnassière; il faut six à neuf mois après la ponte des œufs de la phalène mouchetée, pour voir naître ses larves. On pense bien que le tems que les insectes vivent dans l'état de larve ou nymphe, varie aussi suivant les espèces; mais on aurait tort de croire que la durée de la vie des insectes, dans leur état parfait, se mesure, comme dans les quadrupèdes, sur le tems qu'ils ont employé pour y parvenir. L'éphémère, qui reste jusqu'à deux et trois ans sous l'état de larve, ne vit souvent pas une heure sous l'état d'insecte parfait; tandis que le papillon du chardon vit beaucoup plus long-tems, quoiqu'il n'existe que huit jours sous l'état de larve. Le hanneton ordinaire, dont la larve vit quatre à cinq ans sous terre, a une plus courte existence que la mouche carnassière, à qui dix-huit jours suffisent pour subir toutes ses métamorphoses. Le genre de vie et l'organisation des larves diffèrent aussi, dans presque tous les insectes, de l'animal dans son état parfait. Ainsi, la chenille hideuse, aux mâchoires fortes et destructives, donne naissance à l'éclatant papillon dont la trompe innocente et flexible se déploie dans le sein des fleurs les plus délicates, sans les blesser et sans altérer leur fraîcheur. Les larves de ces sirphes si bien parés, de ces mouches si brillantes, qui ne voltigent que sur les plantes, étaient des vers hideux, passant leur vie dans la fange et se nourrissant des matières les plus dégoûtantes. Une grande partie des insectes de toutes les classes, qui voltigent autour de vous avec tant de vivacité, et se disputent l'empire des airs, ont vécu dans l'état de larve et de nymphe, dans le sein de l'eau, respirant par des branchies, à la manière des poissons, ou enfoncés et presqu'immobiles dans l'intérieur de la terre, à la manière des vers, dont plusieurs d'entr'eux ne peuvent être alors qu'imparfaitement distingués.

Les organes de la digestion sont plus développés et plus volumineux dans les larves que dans l'insecte parfait; mais on n'aperçoit ni à l'intérieur ni à l'extérieur ceux de la génération, et aucune larve d'insecte ne saurait se reproduire.

On a comparé, assez improprement ce me semble, le tems que l'insecte passe sous l'état de larve à l'enfance, sous celui de nymphe à l'adolescence, et sous celui d'insecte parfait à l'âge viril.

Nulle classe d'animaux ne subit, au reste, dans les premiers périodes de son existence, un accroissement aussi considérable que les insectes : vingt-quatre heures après sa naissance, la larve de la mouche ou lispe purgative, pèse cent cinquante-cinq fois son poids primitif; et parvenu à son entier développement, la chenille du cossus ligniperde pèse soixante-douze mille fois autant qu'en sortant de l'œuf.

Le tems où les insectes se convertissent en nymphes est toujours pour tous un tems critique, et qui les obligent à différentes précautions. Ainsi, les crabes, quoiqu'ils ne fassent que changer de peau, s'enfoncent alors dans les eaux; les pagures se retirent dans des coquilles univalves, qui doivent désormais leur servir de maisons; les larves des cassides, des lémes, hideuses et dégoûtantes, se recouvrent alors de leurs excrémens gluants; et celles des cigales, des cercopis, de leur écume blanchâtre. Les larves des melolontes, des cétoines, des cerfs-volans, des bembex, des tenthrèdes, des rhagions, des asiles, des tipules, des stomoxes, des taons, des sirphes, de plusieurs papillons, s'enfoncent dans la terre pour se changer en nymphes. Plusieurs, telles que celles de certains papillons, des chrysomèles, des galeruques, des coccinelles, se suspendent avec de la colle ou de la soie, et leur nymphe reste aussi immobile et attachée à un fil, ou collée avec une matière gluante, à un corps quelconque, jusqu'à ce qu'elle devienne insecte parfait. Mais plusieurs ont besoin, pour passer cet âge périlleux, des plus grandes précautions. Les larves des friganes, des semblis, s'enferment dans des tuyaux alongés, composés de petites coquilles, de petites pierres, et de tiges morcelées de plantes aquatiques, qu'elles lient et réunissent ensemble avec un art admirable. La larve de l'alucite des grains réunit en un cylindre où elle se renferme, les grains de seigle ou de froment; celles des teignes, des pirales se renferment dans des fourreaux composés avec de la laine, des lichens, ou des parties de végétaux, ou enfin avec la soie qu'elles ont filée. Les larves des bombix, des tipules, des attelabes, des hémerobes, des cimbex, des diapères, des girins, des puces, des myrméléons, des priones, se filent une coque de soie pour se transformer en nymphes. Enfin, les hylées, les andrènes et la nombreuse tribu des abeilles qui se partage en plusieurs genres, non-seulement se pratiquent, avec une savante industrie et par de pénibles travaux, des retraites où les larves qui doivent provenir de leurs œufs trouvent une nourriture et une retraite assurées; mais ces mêmes larves se filent encore dans l'intérieur même de leur loge une coque de soie, pour subir plus en sûreté leur double métamorphose.

Quoique les insectes de chaque genre aient un mode particulier et constant de se métamorphoser, cependant ce mode varie quelquefois dans le même genre. Ainsi, les larves de plusieurs espèces de charançons, telles que celles des charançons du frêne, de l'osier, du plantain, de l'oseille, du charançon cynare, se filent une coque de soie pour se transformer en nymphes, tandis que celles de plusieurs espèces du même genre se composent une enveloppe avec une matière gommeuse, ou s'enfoncent simplement en terre, comme la larve du charançon du grain ce fléau du laboureur, et celle du charançon paraplectique, qui vit dans les racines de la phélandrie aquatique. Les larves des tenthrèdes à antennes pectinées, se filent une coque de soie comme les cimbex ; tandis que toutes celles des autres espèces de ces deux genres paraissent s'enfoncer simplement en terre pour subir leurs métamorphoses. Quoiqu'il soit vrai, en général, que toutes les chenilles de bombices et de noctuelles se renferment dans une coque pour se transformer, il en est cependant, tels que le bombice gammica, le bombice zig-zag, la noctuelle potagère, dont les chrysalides sont nues et sans coque. La plupart des larves d'ichneumons s'enfoncent, pour subir leurs transformations, dans l'intérieur des végétaux et des corps d'animaux dont ils se nourrissent : mais celles de plusieurs espèces, telles que les larves des ichneumons pelotonné, globulaire, alvéaire, grégaire; et celles de l'ichneumon de l'oignon se renferment, pour cet effet, dans de petites coques d'une soie fine, blanche, jaune ou brune. Parmi les fourmis, il n'y a que les larves des espèces qui sont pourvues d'aiguillon, qui filent une coque de soie pour se transformer en nymphes. Enfin, on voit les insectes de la même espèce différer à cet égard, suivant les sexes; et la larve du mâle de la cochenille se renferme dans une coque, tandis que celle de la femelle est toujours agile et nue. Aussi, les différences les plus importantes que l'on peut établir dans les insectes, relativement à leur métamorphose, ne sont pas dans le mode ni les circonstances particulières, mais dans la nature même de leurs transformations.

1. Ainsi, les exocnates (les écrevisses, les crabes, etc.), les mitosates (les millepieds, etc.), les polygnates (les cloportes, etc.), les unogates (les araignées, etc.), les poux et les mites parmi les antliates, et généralement tous les aptères de Linné,

excepté la puce, sortent de l'œuf insectes parfaits, et changent seulement de peau durant le cours de leur existence. Ils sont regardés alors comme des insectes à métamorphose complète (*metamorphosis completa*). J'observerai, cependant, qu'il y a une distinction à faire à cet égard entre ces différens insectes; les jules, les scolopendres, les cloportes paraissent acquérir, en avançant en âge, un plus grand nombre de pattes; ce qui n'a pas lieu dans les exocnates et les unogates. Ce genre particulier de métamorphose mériterait bien, ce me semble, d'être distingué par un nom particulier.

2. Les ulonates (les sauterelles, les grillons, etc.), les ryngotes (les punaises, les cigales, les pucerons, etc.), une grande partie des synistates (les hémerobes, les éphémères, etc.) sortent de l'œuf, non pas précisément dans l'état de larve des autres insectes, mais dans l'état d'insecte encore imparfait. Leur larve, si on peut appeler ainsi leur premier état, n'a pas encore de vestiges d'ailes. Leur nymphe n'en a que l'ébauche. Cette seconde métamorphose se nomme métamorphose demi-complète (*metamorphosis semi-completa*). Mais les nym-

phes des femelles de cochenille, ainsi que nous venons de l'observer, ressemblent beaucoup à l'insecte parfait, et appartiennent, sous ce rapport, à la classe des insectes à métamorphose demi-complète; tandis que celles des mâles se renferment dans une coque, et font à cet égard le passage de cette classe à la suivante.

3. Les éleuterates (les scarabées, les hannetons, etc.), les piezates (les guêpes, les abeilles, les fourmis, etc.), les myrméléons, parmi les synistates, offrent une larve très-différente de l'insecte parfait : elle est vermiforme ou ovale, et pourvue de mâchoires ou de mandibules. La nymphe est toujours immobile et ne prend aucune nourriture, mais ses pattes sont libres. Tels sont les caractères des insectes à métamorphose incomplète (*metamorphosis incompleta.*)

4. Les glossates (les papillons, les phalènes, les teignes, etc.) ont une larve vermiforme, pourvue de fortes mâchoires, dont l'insecte parfait est dépourvu. Cette larve est connue sous le nom de *chenille*. Leur nymphe, que l'on nomme aussi *chrysalide*, est immobile comme celle des éleuterates et des piezates; mais ses pattes ne

sont pas distinctes, et sont, au contraire, enveloppées dans une pellicule mince, qui laisse apercevoir leur forme ainsi que celle des antennes et de la tête. C'est là le caractère des insectes à métamorphose enveloppée. (*metamorphosis obtecta*).

5. Enfin, les antliates (les mouches, les cousins, etc.), à l'exception des poux et des mites, offrent, au sortir de l'œuf, une larve sans pattes et susceptible de se mouvoir. La nymphe est immobile, et sa peau forme une coque, qui non-seulement enveloppe toutes les parties de l'insecte, mais ne laisse pas même apercevoir la forme de ses pattes ni d'aucune de ses parties. Tel est le caractère particulier des insectes à métamorphose resserrée (*metamorphosis coarctata*) (1).

---

(1) Il me semble que c'est à tort que l'on a critiqué MM. Fabricius et Swammerdam sur ces différentes dénominations. Lorsque l'œuf de l'insecte se transforme sur-le-champ en insecte parfait, ils ont vu là, avec raison, une métamorphose *complète*. Quand au contraire cet œuf ne produit qu'un insecte à demi-parfait, mais agile et courant, ils y ont vu une métamorphose *demi-complète*. Lorsqu'enfin, pour parvenir à leur dernier état, les insectes ont besoin de se transformer en une nymphe immobile, qui offre l'image de l'insecte, ou très-distincte, ou enveloppée, ou tellement resserrée

Tels sont les points de vue les plus importans sous lesquels on peut considérer les insectes, et qui ont le double avantage de faire connaître leur nature, et les bases sur lesquelles on a fondé toutes les méthodes destinées à établir quelque ordre dans la nombreuse nomenclature de ces êtres innombrables. Sans doute, les différentes considérations que fournit chacune de ces bases, peuvent servir à éclairer et fortifier l'usage de celle sur laquelle on a établi un système quelconque ; mais si l'on ne veut pas s'égarer, il faut en choisir une. Lorsque par le désir d'une perfection imaginaire, on

---

qu'on ne peut plus distinguer aucune de ses parties, ils ont nommé ces différentes métamorphoses *incomplètes, enveloppées, resserrées*. D'autres entomologistes n'ayant pas considéré l'insecte relativement à ses métamorphoses, mais les métamorphoses relativement à l'insecte, ont pris l'ordre inverse ; et lorsque l'œuf se transformait en un insecte parfait, ils n'y ont point vu de métamorphose ; elle a été pour eux nulle. Elle est devenue, au contraire, métamorphose complète, quand, après être sorti de l'œuf, l'insecte devient une nymphe immobile avant de parvenir à son état parfait. Tout cela revient au même ; mais je trouve du côté de Swammerdam et Fabricius, plus de précision dans les idées, plus d'exactitude dans les expressions.

cherche à les combiner entr'elles, on s'engage dans une route qui, sans être plus sûre et moins sujette à des aberrations et des écarts, est beaucoup plus pénible et plus embarrassante; qui n'aboutit enfin qu'à un labyrinthe inextricable. On ressemble à un botaniste qui voudrait classer les plantes d'après une méthode fondée à-la-fois sur leurs racines, leurs fleurs, leurs feuilles, leurs cotylédons, et sur la manière dont elles croissent et se développent; et qui, pour la rendre plus parfaite, poussant l'analyse jusqu'au plus petit détail, établirait un ordre particulier pour une mousse ou un fucus dont l'organisation s'éloignerait, par quelque point, des caractères qu'il aurait établis dans ses coupes principales.

Avec ces connaissances préliminaires, vous pouvez étudier la nature. Entrez dans son temple; non pas dans ce vaste Muséum où sont savamment rangés et habilement préparés tant de cadavres brillans : dans cette somptueuse sépulture, vous ne retiendriez que des noms, des formes et des couleurs; vous n'y verriez que l'immobilité et la mort. Le temple de la nature est, dans cet espace immense et sans limite, où elle se montre à vous dans toute sa pompe et sa fraîcheur, pleine de vie, d'harmonie et de majesté. C'est là, lorsque le zéphir du printems aura fait sentir son souffle régénérateur, que vous pourrez, au milieu des myriades d'insectes qui vous entourent, examiner et étudier les merveilles qu'ils vous présenteront, enrichir la science de nouvelles découvertes, et, voyageur fortuné dans un monde inconnu, nous raconter ensuite les mœurs et les habitudes merveilleuses de quelque peuple nouveau, dont la relation sera lue ou écoutée avec délices par ceux qui sont dignes de l'écouter ou de la lire.

Contemplez cette innombrable quantité d'êtres qui vous montrent la vie multipliée tant de fois et sous des formes si diverses! voyez-les voltiger dans les airs, courir sur la terre, s'agiter sur les plantes, tourbillonner dans les eaux! Admirez d'abord leurs couleurs, qui égalent ou surpassent l'éclat des fleurs dont ils font leur habitation ou leur chambre nuptiale! elles charment vos yeux et doivent aussi servir à votre introduction. Lorsqu'en effet vous aurez vu voltiger ce papillon qui présente sur ses ailes, quatre cercles bleuâtres, si brillamment colorés, et si semblables à ceux qu'on observe sur les plumes resplendissantes de la queue de l'oiseau de Junon, pourrez-vous oublier le nom d'*œil de paon*, qui lui a été donné en français, et celui de *Io*, qu'on lui a imposé en latin ? Le papillon citron, du jaune le plus éclatant ; la cétoine dorée, d'un vert luisant et métallique ; la chrysis enflammée, au corcelet d'un vert brillant, au ventre couleur d'or et de feu ; tous ces insectes aperçus de loin, n'offriront-ils pas sur-le-champ à vos yeux les caractères qui distinguent leur espèce, et ne vous rappelleront-ils pas les noms qui servent à les désigner ? En voyant les couleurs ternes et sombres de ces ténébrions, de ces aphodies, de ces dermestes, de ces noctuelles, de ces bombices, vous présumerez, avec raison, qu'ils habitent des lieux obscurs, qu'ils chérissent les ténèbres et fuient la lumière. Ces brillans buprestes, ces guêpes bariolées, ces papillons si richement parés, ne vous indiquent-ils pas, au contraire, qu'ils recherchent les regards du soleil et ne redoutent pas le feu de ses rayons ? Examinez sur ce vert gazon, au pied de ce rosier dont les boutons vont s'épanouir, le papillon latone, le plus petit des deux nacrés, agiter sur la fleur chamarrée et veloutée de la pensée, qu'il préfère à toutes les autres, ses ailes d'argent, resplendissantes de tout l'éclat des rayons de l'astre du jour : dites-moi s'il est dans la nature un plus délicieux assemblage de couleurs, et si l'être qui végète et celui qui est doué de la vie peuvent se montrer à vous sous des formes plus riantes, et vous présenter l'image d'une plus aimable et plus ravissante harmonie ?

Mais la manière dont tant d'êtres entretiennent et prolongent une vie qu'ils viennent de recevoir de la bienfaisante chaleur du printems, doit d'abord vous occuper.

Un peuple innombrable de pucerons immobiles et paresseux, attachés aux plantes où ils ont reçu le jour, les percent de leurs petits becs et se nourrissent de leur substance. Les larves des cerfs-volans, des bostriches, des priones, des capricornes, des lamies, des rhagies, des callidies, des lepture; celles des hépiales et de certaines phalènes, rongent l'intérieur du bois et dévastent souvent des forêts entières. Les criquets et les sauterelles voraces qui possèdent plusieurs estomacs, coupent l'herbe des prairies et les tiges des plantes, et furent plus d'une fois considérés comme un des plus puissans instrumens de la vengeance divine. Les taupes-grillons armés de scie, sapent les fortes tiges des choux nourrissans, et morcèlent les racines des plantes potagères; les gribouris, les lagries, les galeruques, les lourds hannetons, des chenilles de toutes les formes et de toutes les couleurs, dépouillent les arbres et les plantes de leurs feuilles. Que de fois les larves des bombices processionnaires, des bombices à livrée et des bombices disparates, ont désolé le cultivateur! Le grillon, qui se décèle par son cri importun, le blaps tout noir redouté des superstitieux, des bataillons entiers de la fourmi voleuse, dérobent et consument les provisions de tous les habitans du globe; et ceux de la zone torride ne peuvent parvenir que difficilement à soustraire leurs cuirs, leur sucre, leur farine à l'appétit vorace des kakerlacs. Les teignes se nourrissent de la laine de nos vêtemens et du parenchyme des végétaux; les lentilles, les pois, les vesces, certains palmiers sont dévorés par les bruches, les attelabes, et les charançons à rostre effilé, dont la larve, ainsi que celle de l'alucite, dévore le froment, consume souvent la nourriture des nations, et les réduit aux horreurs de la famine. Les diapères, les tétratomes, les ips, les lyctes, les micétophages se rassasient de la substance charnue des champignons : enfin les abeilles industrieuses, les brillans papillons, les ichneumons sveltes, les mouches vivaces, les syrphes bruyans, les bourdons velus, les guêpes ardentes, les chrisomèles et les cétoines luisantes, les trichies, les liques applatis, les tilles, les milabres, les cérocomes, les notoxes, les cistèles, les mordelles, les ripiphores, les leptures, les molorques, les nécydales, les clairons, etc. se disputent les fleurs qui viennent d'éclore. D'un autre côté, les bousiers immondes, les carabes voraces, les nicrophores à odeur de musc, les syrphes, les escarbots, les dermestes, les nitidules, les opâtres, et les larves de plusieurs espèces d'insectes, sur-tout celles des mouches, des syrphes, avec leurs mâchoires, leurs tarières, et tous les instrumens dont la nature les a pourvus, divisent et consument cet animal privé de vie, dont la lente putréfaction eût infecté l'air, et engendré des miasmes mortels.

Mais voyez avec quel instinct particulier chacun d'eux prend part à ce grand festin de la nature ! Examinez cette abeille plonger ses mâchoires effilées jusqu'au fond de cette corolle, déployer et replier sans cesse sa languette autour de ses étamines, se saupoudrer de leur poussière jaunâtre, ne quitter cette fleur que pour se précipiter dans une autre dont elle semble encore vouloir, à la hâte, pomper tout le suc et dérober toute la substance ; en voyant cette ardeur que votre approche même ne saurait troubler, ne devinez-vous pas que de grands soins l'occupent, que d'importans projets l'agitent, et qu'elle contribue à l'existence et au bien-être d'un peuple entier ? tandis qu'au contraire le papillon insouciant, divague dans les airs, incertain de la route qu'il doit tenir, se pose sur une fleur et s'envole, y revient et part encore : brillante image de l'oisiveté frivole, qui, après avoir épuisé tous les plaisirs, ne cherche qu'à prolonger pendant quelque tems son inutile existence. Ce bousier lourd et immonde qui se traîne avec peine, ne vous dénote-t-il pas qu'il est né pour habiter cette bouse où il trouve sa nourriture, où il élèvera sa postérité ? N'apercevez-vous pas que son corps ramassé, que ses pattes courtes et fortes sont destinés à en remuer et à en soulever la masse gluante ? Mais ce carabe ou cette cicindelle brillante, aux pattes minces et déliées, au corps svelte, aux mâchoires avancées, qui court avec rapidité sur la terre, ne vous présente-t-il pas l'image de l'animal agile et affamé qui cherche de tout côté sa proie ?

Bientôt en effet l'équilibre des êtres serait détruit, et ces petits animaux suffiraient pour faire rentrer dans le cahos le globe que nous habitons, s'ils ne trouvaient pas dans tous les autres êtres, sur-tout dans ceux de leurs classes, et jusque dans les plantes, des ennemis qui leur font une guerre perpétuelle, et qui tous contribuent sans cesse à en diminuer le nombre et à prévenir leur dangereuse multiplication. Les silènes muscipules les retiennent par la viscosité de leurs tiges. Leurs têtes, saisies par les fleurs des apocins, y restent engagées malgré tous leurs efforts. Ils sont arrêtés dans leur vol et poignardés par les épines des cactiers. Ils meurent dans la fleur de l'arum muscivore : et lorsqu'ils veulent s'attaquer à celle de la dionée, elle se referme sur eux et les écrase.

L'homme trouve dans les crabes, les homars, les langoustes, les écrevisses, un mets délicieux qu'il recherche avec avidité. Il est, en Amérique, de grands quadrupèdes qui ne mangent uniquement que des fourmis, et qui en ont reçu le nom de myrmécophages. Enfin, un grand nombre des poissons, des amphibies et des oiseaux, ne se nourrissent que d'insectes, et consument chaque jour une quantité innombrable d'individus de toutes les espèces. Mais c'est dans ceux de leurs classes, ainsi que je l'ai déjà observé, qu'ils trouvent les plus redoutables de tous leurs ennemis, et les destructeurs les plus nombreux et les plus actifs. Plusieurs d'abord sont particuliers à chaque insecte : il n'est pas d'animal si petit qui ne soit le monde où naissent, vivent, et meurent plusieurs autres animaux. Ainsi vous distinguerez très-facilement à l'œil simple, sur le corps des scarabées stercoraires, ou celui des phalangistes, ou de quelques gros bourdons, une quantité innombrable de mites qui se nourrissent de leur substance, et qui tiennent aussi leur place dans nos descriptions comme dans l'histoire de ces animaux. Les diplolèpes, les ichneumons élèvent leur larve aux dépens des chenilles, dans le corps desquelles ils ont eu l'adresse de glisser leurs œufs, et leur donnent ainsi la mort. Les larves des rhagions, des syrphes, des coccinelles, des hémerobes, ne se nourrissent principalement que de pucerons. Enfin les araignées, à l'ombre des bosquets et dans les plus obscures retraites; les staphilins, les manticores, les carabes, les élaphres, les scarites, les cicindelles, les mantes, les truxales, les réduves, sur la terre; les jules et les scolopendres, dans le sein même de la terre; les hydrophiles, les dityques, les notonectes, les corises, les naucores, les crustacées, dans les eaux; les guêpes, les sphinx, les asiles, les empis, les demoiselles, les panorpes, les raphidies, les philanthes, dans les airs, fondent sur tous les autres insectes, s'en saisissent et les dévorent.

Quelle diversité aussi dans les moyens d'attaque et de défense! Les crabes, les grands hydrophiles, les priones gigantesques, les cerfs-volans cuirassés par leurs élytres, ou munis de pointes, de pinces, ou de cornes menaçantes, redoutent peu l'attaque d'autres insectes; et si on les saisit, cherchent à vous échapper par la force de leurs muscles, ou se défendent avec les armes dont la nature les a pourvus. D'autres plus faibles, sont aussi plus timides; et à l'approche du danger, se laissent tomber, et se jouent ensuite de toutes vos recherches; ou s'ils ne peuvent vous échapper, ils resserrent aussitôt leurs pattes, restent immobiles, et contrefont le mort; tels sont les buprestes, les vrillettes, les birrhes. D'autres se dérobent à une perte certaine par leur agilité; ainsi certains gribouris, les charançons, les puces sautent à des distances considérables avec la rapidité de l'éclair. Il en est qui suintent de leurs corps des humeurs âcres, puantes et corrosives, qui éloignent ou tuent ceux qui veulent les attaquer; tels sont les carabes, les blaps, les hydrophiles, les méloés, les chrisomèles. Les silphes et les boucliers vomissent une humeur noire et fétide. Les araignées, les scorpions, les solpuges, les abeilles, les guêpes, les fourmis, versent dans la blessure produite par la morsure de leurs mandibules ou par la piqûre de leurs dards, un poison subtil et pénétrant. La chenille du bombix disparate, repousse les attaques de l'homme par le venin seul de ses poils, qui causent, lorsqu'on les touche, une démangeaison insupportable. Les larves du cimbex du saule, du cimbex fémoral, lancent, lorsqu'on veut les prendre, à plusieurs pieds de distance, une eau caustique et verdâtre. Il est des insectes qui cherchent à épouvanter leurs ennemis par plusieurs moyens qui leur sont particuliers. Ainsi le carabe pétard, en s'enfuyant, lance avec bruit une vapeur corrosive ; les malachies déploient leurs vésicules rouges ; la chenille queue fourchue, agite ses deux longues queues ; celle du papillon machaon fait sortir ses deux cornes jaunes ; les mantes menacent de leurs pattes antérieures, aiguës et courbées en faucille ; et les perce-oreilles, de leur double dard : les staphilins et les thrips recourbent l'extrémité de leur abdomen.

Les organes de la nutrition ou du mouvement servent aussi de défense à plusieurs ; tous les insectes à mandibules et à mâchoires les emploient également pour mordre ceux qui les attaquent, et pour diviser leurs alimens. Les réduves, les punaises, les corises, les nèpes, et sur-tout les noctonectes, font usage de leur bec comme d'une épée redoutable, pour percer l'ennemi auquel elles veulent échapper, comme celui qu'elles veulent mettre à mort pour s'en nourrir. La trompe acérée des taons, des stomoxes, des cousins, des empis, des asiles, les rend redoutables aux hommes et aux plus grands quadrupèdes. Les mouches à trompe molle et rétractile, les papillons à langues inoffensives, qui ne sont pourvus d'aucun moyen de défense, échappent au danger par la vivacité de leurs ailes et les sinuosités sans nombre de leur vol capricieux. Il est d'autres insectes qui, timides ou traîtres, n'osent confier leur existence qu'à l'obscurité de la nuit ; tels sont les phalènes, les grillons, les blaps, les cerfs-volans, les priones et un grand nombre d'espèces d'araignées. Plusieurs aussi doivent leur salut à leur ressemblance avec certaines plantes, et se confondent, par leurs couleurs, avec les corps sur lesquels ils vivent. Il est des mantes qui ressemblent parfaitement à une feuille verte, et des bombix à des feuilles mortes. Plusieurs chenilles sont semblables par leurs couleurs et les rugosités de leur peau, à des branches mortes ; elles savent encore les imiter par la roideur et la direction oblique qu'elles donnent à leur corps. La nèpe paraît, au premier coup-d'œil, un morceau de jonc desséchée; le cloporte armadille se roule en boule et ressemble à une graine luisante; les cochenilles et les kermès se confondent tellement avec les tubérosités des végétaux sur lesquels ils vivent, qu'il a fallu la sagacité des plus habiles naturalistes pour découvrir que c'étaient de véritables animaux. Plusieurs insectes sont si petits, qu'ils se dérobent à toutes les recherches ; d'autres, quoique très-grands pour leurs classes, trouvent des moyens de sûreté dans la forme de leur corps. Ainsi les punaises les plus grandes se logent dans des fentes où aucun autre animal ne saurait pénétrer. Il est des insectes qui ne sont redevables qu'à leur industrie seule, de la conservation de leur vie. Ainsi les pagures, et particulièrement le diogène et le bernard, qui ne sont pas revêtus par tout le corps d'une tête dure comme les autres crustacées, s'emparent, peu après leur naissance, de quelque coquille vide univalve, qui devient une citadelle où ils se réfugient en cas de besoin, et qu'ils traînent avec eux toute leur vie. Le crabe-nain et le pinnotère se tapissent sous les valves mêmes des coquilles occupées par leurs habitans. Les larves des teignes de la cire et du miel vivent en sûreté sous les longues galeries de soie qu'elles se pratiquent dans l'intérieur même des ruches, et trompent la vigilance du peuple redoutable dont elles dérobent les précieux produits. Les larves des semblis, des friganes traînent toujours avec elles leurs cabanes cylindriques, dont quelques-unes sont composées de tant de coquilles diverses et de tant de morceaux de végétaux différens, qu'elles suffiraient pour exercer le savoir du plus habile conchiliologiste et du plus savant botaniste réunis. Les larves des éphémères se creusent au fond de l'eau, dans le sable, des trous où elles se mettent à l'abri de la dent meurtrière des poissons. C'est surtout dans la classe encore si peu connue des piezates, qu'il faut chercher les chefs-d'œuvres du Créateur, les insectes sur lesquels il a imprimé toute sa puissance et toute sa grandeur. Quelle perfection dans leur organisation! que de merveilles dans leur industrie! Examinez les tarières des ichneumons, les scies des tenthrèdes, les dards des cinips, les dents des fourmis. Voyez cette abeille dont la peau écailleuse est encore défendue par des poils, ces pattes en palettes qui roulent la cire et doivent la pétrir, ces mandibules dentées, ces mâchoires, cette languette, cet aiguillon enfin, redoutable instrument de douleur et de mort. Considérez cette ville si bien fortifiée, remplie d'une quantité innombrable de demeures semblables occupées par des habitans tous soumis à une même police, à une même volonté, travaillant tous sans relâche pour le bien commun, toujours prêts à se défendre, au péril de leurs jours, contre ceux qui voudraient violer leur asyle ou faire une irruption dans leurs états.

Mais oublierai-je de vous mentionner, vous que les naturalistes ont si peu ou si mal observés, que les poëtes n'ont point chanté, dont le nom seul inspire un injuste dégoût, dont le seul souvenir fait pâlir la beauté, ô industrieuses araignées ! quels prodiges ne m'offrez-vous pas dans les embûches que vous tendez à vos ennemis, et dans le soin de votre propre conservation ! Non, jamais je ne me lasserai d'admirer vos réseaux de soies coutournés en cercles si réguliers, étendus en tapis, suspendus en drapeaux, courbés en dômes, prolongés en longs tuyaux ; ces feuilles, ces fleurs que vous attachez ensemble, que vous ployez avec tant d'art et de tant de manières différentes ; ces fils innombrables dont vous couvrez et la terre et les plantes dans les derniers jours d'automne ; ceux que vous fixez jusqu'au sommet des arbres les plus élevés ; ceux qui voltigent dans les airs, et auxquels vous vous suspendez pour vous transporter aux terres lointaines ; ces galeries souterraines tapissées d'une soie si blanche, dont la porte s'ouvre si facilement et se referme si exactement à votre volonté : enfin ces globes argentés par le moyen desquels vous respirez l'air, et voyagez, naïades heureuses, au sein même des eaux. Puissé-je trouver assez de tems, assez de loisir pour faire connaître les formes, les couleurs si variées, les mœurs et les habitudes si étonnantes du peuple nombreux que vous formez ; depuis la gigantesque aviculaire, redoutable, dit-on, aux oiseaux mêmes, qu'enfante la zone torride, jusqu'au petit et faible individu, brillant d'or et d'azur, que foule aux pieds l'habitant des rives de la Seine, et dont la fourmi fait sa proie !

Si vous découvrez dans les insectes un instinct si sûr, des mouvemens si prompts, si bien dirigés, reconnaissez donc en eux des sens subtils et perfectionnés : la vue, l'odorat et le toucher le sont incontestablement plus que les autres. Voyez cet œil de mouche ou de papillon, il ne vous offre d'abord qu'une surface lisse et globuleuse ; mais avec le secours d'une forte loupe ou d'un microscope, vous découvrirez bientôt qu'il présente un nombre infini de facettes qui sont autant de yeux différens : on en a compté dix-sept mille trois cent cinquante-cinq sur l'œil d'un papillon; douze mille cinq cent quarante-quatre sur celui d'une demoiselle ; vingt-cinq mille quatre-vingt-huit sur celui d'une mordelle. Ils sont dans presque tous, durs et immobiles, et mobiles seulement dans les écrevisses et dans quelques genres de la classe des exocnates. Examinez actuellement avec soin le front de la guêpe ou de l'abeille, il vous sera facile d'y apercevoir trois petits points noirs et brillans; ils ont reçu le nom de yeux lisses ou stemmes (*stemmata*). Je puis vous assurer, d'après des expériences qui me sont propres, que ce sont de véritables yeux qui servent à l'insecte pour se diriger dans la situation verticale, et à le guider dans l'obscurité de la nuit. Ces yeux ne sont point taillés en facettes, ils sont durs et polis, et d'une substance homogène. Tous les insectes de la classe des éleuterates et des ryngotes, à la réserve des cigales ou tettigones, n'ont point de yeux lisses : mais les piezates, les antliates, les ulonates, c'est-à-dire les abeilles, les mouches, les demoiselles, réunissent ces deux sortes de yeux ; et remarquez que ce sont précisément ceux dont les mouvemens sont les plus prompts et les plus rapides, et qui ont besoin de se diriger en tous sens.

Les araignées n'ont point des yeux taillés en facettes; les leurs sont toujours lisses; mais on peut en distinguer de deux sortes : les uns, quoique durs, paraissent avoir une cornée, un iris et une prunelle bien distincts, et les deux gros yeux antérieurs des sauteuses sont de ce genre; les autres, beaucoup plus petits, n'offrent qu'une surface homogène et semblable aux yeux lisses des autres insectes. Le nombre et la position de ces yeux varient suivant les différentes classes et les différens genres, et quelquefois dans la même espèce. La mutille de Sibérie mâle a un œil lisse, et la femelle n'en a pas. Il n'y a peut-être pas dans toute la nombreuse classe des insectes, une seule espèce qui soit aussi favorisée relativement à l'organe de la vue, que l'éphémère haltéré. Il a quatre yeux à réseaux, dont deux sur le sommet de la tête, taillés en un très-grand nombre de facettes; il a en outre trois yeux lisses dans le milieu du front: il n'est cependant destiné qu'à vivre quelques heures dans cet état. Ainsi souvent ceux que la nature a comblés des plus belles facultés, se voient promptement enlevés au monde, dont ils auraient fait l'ornement et les délices.

Le toucher réside principalement dans les antennes presque toujours très-alongées dans les insectes dont le corps est dur ou revêtu de poils, et qui n'habitent pas dans les eaux. Les tarses et les palpes dans tous les insectes, la languette des éleuterates et des piezates, la langue en spirale des glossates, la trompe charnue de quelques antliates, le suçoir de ceux dont la trompe est dure, et celui du bec des ryngotes, sont ensuite les principaux organes du toucher.

Quant à l'organe de l'ouie, on n'en a encore découvert le siége que dans les écrevisses, et il se trouve à la base des antennes.

Il paraît exister chez beaucoup d'insectes; il en est même où il est très-exquis. Des faits assez nombreux sembleraient prouver que certaines espèces d'araignées ne sont pas insensibles aux charmes de la musique.

Tout semble démontrer que l'odorat existe chez tous les insectes, puisque tous savent choisir la nourriture qui leur est propre, et qu'un grand nombre sait la trouver lorsqu'on l'a dérobée à leurs yeux : mais on ne connaît pas d'une manière plus certaine le siége de l'odorat que celui du goût : quelques naturalistes ont cru qu'il était situé dans les stigmates. En suivant ici l'analogie qui nous montre que la nature a toujours rapproché le sens de l'odorat de celui du goût et des organes de la manducation, je croirais plutôt que c'est à la base des palpes, ou des antennes, que ce sens réside.

Vous avez vu toutes ces peuplades si différentes entr'elles, pourvoir à leur subsistance : le moment est venu où elles doivent reproduire leur espèce. C'est alors que les insectes se parent de leurs plus brillantes couleurs, que plusieurs même voient développer en eux de nouveaux organes. Ainsi les termes, auparavant dépourvus d'ailes, n'acquièrent qu'à cette époque la faculté de s'élever dans les airs. Chacun aussi a sa manière de se faire entendre, et d'appeler vers lui l'autre sexe embrâsé des mêmes désirs. Les femelles des lampires émettent des anneaux de leur abdomen, une lueur phosphorique qui brille le soir dans l'ombre des bocages; celles des fulgores, de certains taupins, illuminent alors les airs, et ressemblent à des astres errans. Les cigales, par le moyen d'un organe particulier, aussi singulier que merveilleux, font entendre leur chant rauque et monotone; les blaps, les criquets, les sauterelles, par le frottement de leurs ailes; les grillons, par celui de leurs cuisses postérieures, font retentir les champs, les prairies de leur *strideur* incommode. Les priones, les lamies, les rhagies, les callidies, les leptures produisent un bruit aigu en frottant leur corcelet avec leur elytre; et les lèmes, les criocères se procurent un son à-peu-près semblable, en frottant aussi contre leurs étuis les derniers anneaux de leur abdomen: enfin les vrillettes, les pimelies frappent en cadence avec leur poitrine, les corps sur lesquels ils se trouvent. De toutes parts on s'agite, on s'appelle, on s'approche.

Les tipules, les cousins, les mâles des fourmis se rassemblent en troupes, et exécutent alors, au déclin du jour, leurs danses aériennes. Pour choisir sa compagne et pour satisfaire l'ardeur qui le consume, chacun se dépouille de son instinct vorace ou solitaire, et oublie même le soin de sa propre conservation : le termès mâle, auparavant si lâche et si poltron qu'il recule devant le plus faible ennemi, fier et courageux à cette époque, livre des combats furieux pour la conquête d'une femelle. La libellule ou demoiselle, saisit la sienne avec ses deux crochets, la force de plier en anneau son ventre et de joindre au sien ses organes régénérateurs. Les fourmis, les abeilles, les guêpes, les cousins volent et s'unissent dans les airs aussi rapidement que la pensée. L'éphémère, après être resté quatre ans sous l'état de larve, se transforme en automne, s'élève au-dessus des eaux, s'accouple et meurt. Le syrphe bruyant plane long-tems sur sa femelle, qui se nourrit de la fleur, fond sur elle, agite ses ailes et disparaît.... l'hymen est accompli. Le lourd hanneton, au contraire, reste plusieurs jours sur le dos de sa compagne, la partie postérieure tuméfiée et gonflée dans son ventre. Plusieurs punaises, certains bombices, et un grand nombre de teignes et les perce-oreilles, nous présentent aussi des exemples d'accouplement long-tems prolongé ; mais les deux sexes ne sont pas placés l'un sur l'autre, et sont opposés l'un à l'autre et sur une même ligne. Les hirtées ou mouches de Saint-Marc s'unissent de même, l'anus joint à l'anus, la tête tournée du côté opposé ; leur accouplement dure plusieurs heures. Les jules et les scolopendres s'unissent sur deux lignes parallèles. C'est la femelle de la puce qui se pose sur le ventre du mâle, sa bouche collée contre sa bouche, ses pattes enlacées dans les siennes. L'éphémère mâle, dans l'accouplement, se trouve aussi placé sous sa femelle. Dans la plupart des insectes, c'est ordinairement le mâle qui introduit ses parties de la génération dans celles de la femelle ; mais la mouche commune, au contraire, fait entrer un long tuyau dans le corps de son mâle, qui cependant est placé sur son dos.

Dans presque tous les insectes, les organes de la génération sont situés à la partie postérieure de l'abdomen ; mais dans la libellule, ceux du mâle le sont à sa base entre lui et le corcelet. L'araignée femelle les a sous le milieu de la partie antérieure du ventre, et uniques; l'araignée mâle les a doubles, et situés au bout des palpes. Les cyclopes mâles ont les leurs doubles et placés au bout des antennes; les cyclopes femelles les ont sous le ventre, et uniques. Les écrevisses mâles ont les leurs situés à la base du premier article des pattes postérieures, et les femelles, à la base des deux pattes qui forment la troisième paire, de manière qu'ils sont doubles dans les deux sexes. Les faucheurs ont les organes de la génération uniques, et le mâle et la femelle les ont placés sous la bouche. Dans les hydrachnés ou mites aquatiques, les organes de la génération des mâles se trouvent placés dans le canal de la queue, et ceux de la femelle, sous le ventre; mais c'est la femelle qui pose ses parties sur celles du mâle; elle l'entraîne avec elle, et ils nagent ainsi accouplés dans les eaux.

Les parties de la génération ne sont pas les seules qui puissent faire distinguer les mâles des femelles: d'abord dans presque tous les insectes, la femelle qui est chargée par la nature non-seulement du soin de mettre au jour, mais de protéger aussi sa postérité, est aussi beaucoup plus grosse et plus forte que le mâle, et se fait reconnaître par des instrumens offensifs et défensifs dont elle est pourvue, et qui ont été refusés aux mâles. Cette règle souffre cependant plusieurs exceptions; et les mâles des lucanes non-seulement sont plus grands que leurs femelles, mais leurs mandibules sont plus alongées et plus redoutables. L'écrevisse mâle a ses pinces plus grandes et plus fortes que celles de la femelle. Une espéce de zonite mâle a les mâchoires presque aussi longues que les antennes; celles de la femelle sont beaucoup plus courtes. Un grand nombre d'araignées mâles, sur-tout dans la famille des sauteuses, ont le crochet des mandibules beaucoup plus alongé que celui de leurs femelles; et ces mêmes mandibules, au lieu d'être verticales et droites comme chez elles, sont dirigées en avant, et souvent courbées. Les femelles de certains dityques ont des sillons enfoncés sur le dos, qui souvent sont même garnis de poils, ce qui aide les mâles, dont le dos est lisse et n'offre rien de semblable, à se mieux cramponner dans l'accouplement. Ces derniers ont, pour cet effet, les pattes antérieures garnies de larges palettes qui manquent absolument aux premières. Le frelon criblé mâle a, pour le même objet, une dilatation aux pattes antérieures. Dans un grand nombre d'espèces, les antennes des mâles sont beaucoup plus alongées. Ainsi le lamie triste mâle, a les antennes deux fois plus longues que celles de la femelle; il en est de même du callide ondé. Les cousins mâles ont les palpes plus alongés que ceux des femelles. Dans tous les genres de la grande famille des abeilles, les mâles ont constamment les antennes composées de treize articles, tandis que les femelles n'en ont que douze; beaucoup de ces dernières ont les pattes postérieures plus dilatées. Presque tous les mâles des abeilles mégachiles, sur-tout les cardeuses, ont l'anus denté ou échancré, tandis qu'il est entier dans les femelles. La tête des mâles et le corcelet, dans certains scarabées, plusieurs géotrupes et plusieurs bousiers, sont revêtus de cornes souvent très-longues, dont leurs femelles sont dépourvues. Les mâles des abeilles mégachiles mâçonnes se distinguent de même des femelles par la présence de deux cornes dont leur front est orné, et qui manquent à ces dernières. Ces différences, je le sais, exciteront plus d'un malin sourire et plus d'un coupable souvenir; mais si nous pouvions en découvrir et la cause et le but, elles ne manqueraient pas de faire naître notre admiration. Les brentes femelles ont le rostre plus alongé que les brentes mâles. Beaucoup de mâles de phalènes, de bombix, de mutilles, d'ichneumons, ainsi que nous l'avons déjà observé, ont des ailes, tandis que leurs femelles sont aptères. Quelquefois enfin le mâle et la femelle ont des couleurs si peu semblables, qu'on les prendrait chacun pour deux espèces différentes : ainsi la femelle de la mouche de Saint-Marc est entièrement noire, tandis que le mâle est d'un beau rouge. Le mâle de l'abeille mégachile murale a le corps tout noir, les ailes bleues; sa femelle a le dessus du corps roux et les ailes blanches. L'araignée sysiphe est chamarrée de blanc, de rouge et de brun; son mâle est d'un noir uniforme, et n'a de commun avec elle que sa forme et la couleur de ses pattes. Ces différences, qui sont très-apparentes, frappent sur-tout ceux qui ne sont pas familiarisés avec l'étude de la nature; mais le naturaliste sait que la couleur, la grandeur varient dans les animaux, suivant l'âge, le climat, l'individu; et il est bien plus surpris de voir les antennes du mâle du dermeste pelletier, en massue alongée, cylindrique et solide, tandis que la femelle les a en massue perfoliée, quoique dans tout le reste tous les deux soient entièrement semblables. Il est enfin encore plus étonné de voir que les cochenilles femelles ont un bec, tandis que les mâles en sont dépourvus.

Il n'y a que parmi les insectes, qu'il existe en quelque sorte un troisième sexe qui est neutre, et n'est ni mâle ni femelle, qui est dépourvu de la faculté de reproduire, et de qui cependant dépend la conservation de l'espèce, sur qui roulent tous les soins et les travaux qu'elle exige: tels sont les neutres des abeilles, des guêpes, des eucères, des termès, des fourmis. Mais il n'existe pas dans cette classe de véritables hermaphrodites, comme dans celle des molusques, où les limaçons, et quelques autres espèces, s'unissent par un double accouplement, fécondent et sont fécondés.

Presque tous les insectes ont besoin de l'accouplement pour produire; l'araignée nous offre encore une exception à la règle commune : elle n'a besoin que d'un seul accouplement pour faire plusieurs pontes, même d'une année à l'autre. Les pucerons et les monocles femelles fécondées par le mâle, produisent des petits qui ont la faculté d'engendrer sans accouplement; faculté qui, pour les premiers, se perpétue à l'égard de leurs descendans jusqu'à la neuvième génération. Des naturalistes pensent qu'il suffit à la reine abeille, d'un seul accouplement pour la féconder durant tout le reste de sa vie.

La fécondité de la plupart des insectes est prodigieuse ; la reine abeille pond jusqu'à douze mille œufs. Réaumur a compté jusqu'à deux mille larves dans le corps de la mouche vivipare. Leuwenhoek donne, en trois mois, huit cent mille enfans à la grosse mouche bleue. Lyonnet, en n'admettant dans la ponte d'une phalène qui provient de la chenille à brosses, qu'à-peu-près un sixième de femelles, compte néanmoins près d'un million et demi de descendans à la troisième génération.

Les mâles meurent peu après la fécondation. Plusieurs même, tels que ceux des abeilles, des faucheurs, perdent, dans l'accouplement, l'instrument de la génération, qui reste dans le corps de la femelle; d'autres sont tués par leurs ingrates femelles. Les cantharides féroces ouvrent le ventre à leurs mâles et les dévorent. C'est au péril de leur vie que les mâles de certaines araignées goûtent les plaisirs de Vénus; il leur faut, aussitôt l'acte accompli, se dérober par une prompte fuite à l'instinct vorace de leurs féroces compagnes,

« Qui semblent à regret sentir la volupté. »

Mais il en est, dans ce genre, dont les amours sont tranquilles et douces, et que l'on voit passer par tous les degrés du désir et toutes les nuances de la tendresse: il est remarquable que ce sont précisément celles qui se distinguent par des soins plus assidus, un dévouement plus entier envers leur postérité; tandis que les autres, au contraire, l'abandonnent facilement à l'approche du moindre danger. Ainsi, parmi ces animaux, les mauvaises épouses sont aussi des mères peu affectionnées; et celles qui nous offrent les modèles de l'attachement conjugale, nous montrent aussi celui de la tendresse maternelle.

Les abeilles neutres qui n'éprouvèrent jamais les feux d'amour, qui sont sans moyens de se reproduire, qui ne semblent vivre cependant que pour des êtres auxquels elles n'ont point donné le jour, se vengent en quelque sorte de leur impuissance, et mettent à mort, après que leur reine a été fécondée, les mâles de leur ruche, qui ne sont plus à leurs yeux que des êtres inutiles. Les termès travailleurs, qui sont comme les abeilles neutres, inhabiles à la génération, abandonnent à leurs ennemis, après le tems de l'accouplement, leur mâle, alors privé d'ailes et de courage; mais la femelle reconnaissante, désormais reine et souveraine de l'état, objet de l'amour et de la sollicitude de tous, le prend sous sa protection, et lui accorde un refuge sous son énorme abdomen grossi par la fécondation.

Les femelles de presque tous les insectes qui survivent après la ponte de leurs œufs, vont vous offrir, dans les soins qu'elles prennent de leur postérité, un spectacle plus étonnant et plus admirable que tout ce que vous avez observé.

Les nombreux et savans travaux de l'abeille vous sont connus: ces alvéoles si régulièrement formés, cette cire, ce propolis si habilement préparés, l'ordre admirable de cette nombreuse monarchie, cette subordination de chacun, ce zèle et cet empressement de tous, c'est l'espoir de voir naître et de nourrir ceux qui doivent perpétuer l'espèce qui produit tout cela ; ôtez-leur ce puissant véhicule en leur enlevant leur reine, et vous verrez bientôt s'introduire dans cet état la confusion et l'anarchie, puis la désolation et la mort qui en sont la suite inévitable. Voyez-vous ces fourmis porter, promener çà et là ces larves blanchâtres que vous croyez à tort être leurs œufs ; cherchez à leur enlever ces gages chéris de leur tendresse, et vous verrez bientôt ces animaux timides braver le trépas pour vous les arracher, ou ivres et comme fous, tourner, aller, venir et chercher de tout côté l'objet aimé confié à leurs soins. Examinez encore l'araignée porte-sac, si sauvage et si craintive, comme toutes ses congénères, traîner, attaché à son ventre, le sac blanchâtre dans lequel elle a enveloppé ses œufs. Si vous le lui arrachez elle ne s'enfuira pas, mais elle tournera autour de vos doigts ravisseurs, ne perdant pas de vue son précieux dépôt, et épiant le moment favorable pour s'en saisir et le reprendre. Cette autre qui vous présente la couleur jaune-claire unie au plus beau carmin, l'araignée couronnée, se laissera mutiler et expirera dans les tourmens plutôt que d'abandonner la feuille sur laquelle repose ses œufs, qu'elle a eu soin de recouvrir d'une soie fine et blanchâtre. Les forficules restent constamment aussi sur leurs œufs, et aucun motif de crainte ne saurait les leur faire abandonner. Le cloporte transporte les siens jusqu'à ce qu'ils soient éclos, dans une fossette placée sous la poitrine.

Mais si d'un côté les exemples de courage et de dévouement maternels dont les insectes nous offrent l'exemple, émeuvent notre sensibilité; de l'autre la prévoyance et l'industrie qu'ils montrent pour défendre leur progéniture contre les intempéries de l'air ou des ennemis étrangers, excitent notre admiration.

Remarquons d'abord l'instinct merveilleux et l'adresse de plusieurs à placer leurs œufs dans l'endroit où la larve qui en sortira doit trouver une nourriture facile et abondante. Les blessures que les cynips, les diplolèpes, les psylles, les thrips, les pucerons font avec leur bec ou avec l'aiguillon de leur anus, aux feuilles, aux tiges et aux racines des plantes, feront extravaser des sucs végétaux et produiront des tumeurs où leurs œufs se trouveront renfermés, et qui serviront de nourriture à leurs larves. L'amande succulente de la noisette servira d'aliment à la larve provenue de l'œuf qu'un charançon a su y introduire. Certains grillons enfoncent en terre, avec le long sabre qu'ils portent à l'extrémité de leur abdomen, leurs œufs au pied même de la plante qui doit nourrir la nymphe qui en proviendra; d'autres les attachent à la tige de ces mêmes plantes. Les tenthrèdes avec leur scie introduisent les leurs dans l'intérieur des végétaux qui sont propres à la nourriture de leurs fausses chenilles; et les callidies, dans le même but, percent même le bois avec leurs tarières. Le papillon dépose ses œufs sur les feuilles de l'arbre ou de la plante dont sa chenille se nourrit de préférence. Au moment où le pommier étale avec pompe ses belles fleurs blanches, la pyrale pomone qui a goûté les jouissances de l'amour et est devenue mère, dépose un seul œuf sur chaque fleur fécondée ; tous ceux qu'elle a ainsi placés seront bientôt enveloppés et défendus par les fruits qui vont croître, et dont chacun, lors de sa maturité, se trouvera servir d'abri et de pâture à la larve qu'il a protégé et fait éclore. Quel accord dans les tems, les moyens, les effets ! quelle harmonie entre les différens êtres de la nature, prouvée par la dépendance de la floraison d'un arbre avec l'existence et la conservation de l'espèce d'un faible insecte ! Je pourrais rapporter un grand nombre d'exemples de ce genre ; mais je me contenterai des plus marquans et des plus connus. Ainsi, c'est sur nos lits, dans nos maisons que les puces avides de sang et les punaises dégoûtantes placent leurs œufs ; et le pou attache les siens avec tant de force à la flottante chevelure de l'homme, que toute l'industrie de ce dernier ne peut parvenir à les en détacher. Plusieurs mites introduisent les leurs dans la peau des animaux, et sont peut-être la cause de plusieurs maladies. La mouche des cerises dépose sur le bigarreau les œufs d'où sortiront ces vers blanchâtres qui se nourriront de l'amande de son noyau. La mouche solstitiale pond les siens sur les fleurs de la bardane, et chacune des semences aigrettées de ce chardon, devient le lieu où une larve de cette mouche se nourrit, croît et se métamorphose. L'ypsolophe de l'olive dépose ses œufs sur cet arbre précieux, et sa larve aussi se nourrit de son amande. Le cynips psène introduit les siens dans l'intérieur de la figue ; mais sa larve, au lieu d'être nuisible à ce fruit délicieux, en hâte la maturité, et lui donne encore plus de saveur. Les ranâtres placent leurs œufs garnis de poils, dans les tiges des plantes aquatiques. Les œstres introduisent, au moyen de leurs tarières, les leurs dans le corps des animaux ; leurs larves se nourrissent aux dépens des plaies qu'elles leur causent, et elles se métamorphosent dans leur fiente ou dans leur fumier. Plusieurs teignes, les anthrènes, les dermestes, placent leurs œufs dans les fourrures ou sur le corps des animaux desséchés, et dévorent souvent en une nuit la précieuse collection que le naturaliste a rassemblée, pendant plusieurs années, avec beaucoup de peine, de soin et de dépense. La mouche vivipare dépose des larves qui sont écloses dans son ventre, sur les corps des animaux fraîchement tués, et précipite ainsi, durant l'été, la corruption des viandes de nos boucheries. La mouche stercoraire pond sur la fiente récente des animaux et sur-tout sur les excrémens de l'homme, ses œufs garnis de deux ailerons qui doivent les empêcher de s'enfoncer trop avant dans le milieu dégoûtant où leur larve serait suffoquée. Les tipules, les libellules dont les larves sont aquatiques, laissent tomber dans les eaux les œufs qui doivent les produire. Ceux du cousin ont besoin, pour éclore, de surnager à la surface de l'eau; il les agglutine ensemble et leur donne la forme d'un bateau. Les ténébrions enfin déposent les leurs dans la farine, où la jeune fille ira chercher leur larve blanchâtre, pour en nourrir le chantre harmonieux du printems. Les trombidions et les mites aquatiques attachent leurs œufs au corps des dityques et des hidrophiles, qui les engraissent ensuite de leur substance. Les trichodes alvéaires et apiaires placent les leurs dans l'intérieur des ruches, dont le miel et la cire doivent leur servir de nourriture. Mais c'est sur-tout les ichneumons, dont l'adresse et les procédés variés qu'ils emploient pour introduire leurs œufs dans l'intérieur des plantes ou des animaux qui servent de nourriture à leur larve, qui doivent exciter notre admiration. Ainsi, la femelle de l'ichneumon compagnon recourbe sous son ventre sa longue tarière pour percer le nid des guêpes solitaires, et y introduit les germes de sa postérité. Celle de l'ichneumon audacieux place les siens dans le nid des araignées; et l'ichneumon des araignées, dans le corps même de ces insectes. L'ichneumon manifestateur perce de sa tarière la tige des ormes, et y renferme ses œufs. L'ichneumon de l'oignon en fait de même à l'égard de toutes les alliacées. Les femelles des ichneumons turionelles, résinelles, placent leurs œufs dans le corps des chenilles des phalènes, qui portent le même nom. Le fène jaculateur, insecte peu différent des ichneumons, introduit les siens dans les larves des abeilles et des sphex. L'ichneumon privilégié et l'ichneumon saturé enfoncent les leurs dans l'intérieur de la larve des bombix; le premier dans celle du bombix du saule, et le second dans celle du bombix vinula, cette terrible destructrice des forêts européennes. L'ichneumon scutellé plonge les siens dans la coque du bombice chrysorrhoé; l'ichneumon pectinicorne, dans la chenille du bombix du chêne; l'ichneumon ramicorne, dans les chenilles des phalènes ; l'ichneumon cutané, dans le corps des chenilles mineuses des rosiers ; l'ichneumon des teignes, dans les teignes qui dévorent nos fourrures. La larve de l'ichneumon du genevrier vit dans l'intérieur du corps de celle de la tipule du même nom ; celle du seigle, dans les larves des insectes qui rongent le seigle. Cet ichneumon, qui forme sur les arbres et les murs de si jolies petites coques jaunes, et qu'on a nommé ichneumon pelotonné, dépose ses œufs dans le corps de la chenille du papillon blanc du chou. Un œuf de papillon suffit à la larve de l'ichneumon des œufs. L'ichneumon des mites cache ses œufs dans l'intérieur du corps des mites. L'ichneumon cynipède dépose les siens dans les larves des cynips, qui forment les galles du saule pentandrie. Une espèce d'ichneumon introduit ses œufs dans le corps des pucerons, dont il a tiré son nom : sa larve, malgré son extrême petitesse, est encore souvent destinée à nourrir celle d'un cynips ou d'un autre ichneumon (l'ichneumon agile), qui savent introduire dans son corps leurs œufs, comme il a introduit le sien dans celui du cynips ; alors le destructeur est lui-même détruit, l'assassinat est vengé par l'assassinat, et, des pucerons morts, on voit sortir des cynips ou un ichneumon agile, au lieu de l'ichneumon des pucerons dont la larve subit le sort de l'insecte qu'elle dévorait. Quelle finesse! quelle perfection n'existe-t-il pas dans les tarières propres à percer ces atômes, dans les instrumens nourriciers qui doivent peu-à-peu en ronger l'intérieur et ménager les organes de la vitalité! Nos grossiers organes se refusent à la contemplation d'êtres aussi fugaces, et l'imagination même se fatigue à les concevoir.

Les insectes ne se contentent pas de placer leur postérité dans le lieu même où la larve doit prendre sa nourriture, et dans celui où elle se trouvera le plus à l'abri de tout péril, mais ils entreprennent les plus pénibles travaux et bravent tous les dangers pour veiller et pourvoir à sa conservation.

Le bousier pétrit et roule sans cesse la boule qui contient ses œufs. Ce genre d'insecte, ainsi que celui du lethrus, nous offrent l'exemple, singulier dans cette classe, de mâles qui aident leurs femelles dans les soins qu'elles prennent de leur postérité. Les nicrophores se réunissent en société.

Lorqu'ils aperçoivent une souris, une taupe ou quelque autre petit quadrupède mort, ils lui creusent en commun un tombeau où ils l'enterrent, afin qu'il puisse servir de nourriture aux larves des œufs qu'ils y déposent. Le taupe-grillon pétrit, agglutine la masse de terre dans laquelle il a déposé ses œufs. Les femelles du myrméleon formivore et du rhagion vermilion, confient les germes de leur postérité au sable mobile : les larves qui en proviendront y formeront ces cônes renversés ; précipices où tomberont, et seront dévoués à une mort certaine, tant de fourmis laborieuses, tant de pucerons inactifs. Il n'est pas une espèce d'araignée qui n'ait une manière particulière d'envelopper ses œufs et de les garantir avec de la soie. La femelle du bombice disparate et celle du bombice chrysorrhoé font à leurs œufs une couverture épaisse des poils de leur propre corps. Les mantes recouvrent les leurs d'une matière gommeuse qui se dessèche et se durcit. Qui n'a plus d'une fois admiré les édifices pyramidaux ou souterrains composés d'une si grande variété de matériaux, que les fourmis construisent pour élever leur postérité ? Le philanthe apivore creuse avec ses mandibules et ses pattes des cavernes souterraines, dans chacune desquelles il place une larve à laquelle il porte, hélas! pour seule et unique nourriture, le plus précieux, le plus industrieux peut-être de tous les insectes, l'abeille. Un grand nombre de sphex, de bembex, de pompiles font de même un trou avec leurs pattes antérieures ou leurs longs aiguillons courbés; ils ne le referment et n'y déposent leurs œufs qu'après y avoir mis une araignée ou une chenille à laquelle ils ont donné la mort. La guêpe resserrée fait des petits nids en terre, place un œuf dans chacun, l'emplit de miel, le bouche et l'abandonne. D'autres guêpes vivent en sociétés plus ou moins nombreuses. Ainsi, les guêpes-frelons et les guêpes communes construisent dans les vieux murs ou les troncs d'arbres et sous terre, des édifices soutenus par des piliers, et apportent aux larves qui y sont placées, les produits de leur chasse. La guêpe gauloise de l'Europe, la guêpe à carton fin, et celle à carton grossier de Cayenne, construisent différens édifices d'une matière papyracée ou semblable à du carton, qu'elles attachent aux branches d'arbres.

Mais quelle variété de mœurs, et quel prodige de prévoyance, de tendresse, d'industrie, ne nous montre pas la seule tribu des abeilles ! Les hylées, les andrènes se contentent de creuser la terre ou de pratiquer des trous qu'elles polissent, et qu'elles enduisent de gluten et de gomme, et d'y déposer leurs œufs avec la pâtée nécessaire à la larve qui en doit éclore. Il faut aux abeilles des demeures plus compliquées, une industrie plus savante : les unes, solitaires, n'ont que deux sortes d'individus; d'autres vivent en sociétés composées de mâles, de femelles et de neutres. Parmi les premières, il en est qui, parasites, ne travaillent point elles-mêmes, mais savent mettre à profit le travail des autres; tels sont la plupart des abeilles nomades, quelques abeilles mégachiles, et entr'autres l'abeille conique noire, qui dépose ses œufs dans les nids des autres abeilles. D'autres, véritables pionières, se creusent des galeries sous terre, comme les hylées et les andrènes, et placent plusieurs nids les uns sur les autres. La grosse abeille violette qui fait partie du nouveau genre xilocope, pratique les siens dans le bois. Toutes ces abeilles récoltent la poussière des fleurs, avec les poils dont leurs pattes postérieures sont garnies ; tandis que d'autres la recueillent avec des espèces de brosses soyeuses dont leur ventre est hérissé. Ainsi toutes les abeilles mégachiles cardeuses, telles que la mégachile maculée, ramassent avec ces brosses sur les plantes labiées, des poils cotonneux, les roulent ensuite en petites boules, et les portent entre leurs pattes dans leurs nids pour en consolider les parois. Les abeilles mégachiles coupeuses, tapissent leurs demeures des feuilles des plantes ou des pétales de leurs fleurs, qu'elles taillent à cet effet avec leurs mandibules. La mégachile centonculaire fait dans les siennes une tenture verte avec des feuilles de rosier ; et la mégachile du coquelicot revêt son trou avec la pourpre éclatante de la fleur, dont elle a reçu le nom. D'autres enfin, les abeilles mégachiles maçonnes, bâtissent leurs habitations avec du sable et du mortier : ainsi la mégachile murale construit les siennes dans les murailles et les pierres.

Quel plus admirable spectacle ne nous

offrent pas celles qui vivent en société ! ce ne sont plus des nids ou des demeures isolées, éparses, des individus solitaires, passant leur vie dans une triste et sauvage indépendance : ce sont des villages entiers, des villes considérables, des états réglés soumis à des lois immuables, à une police réglée, qui présentent l'image de plusieurs sociétés dont les individus se secourent, se protègent, se nourrissent mutuellement. Il en est qui, moins nombreuses, et composées cependant d'individus plus forts et plus robustes, ne survivent pas aux rigueurs de l'hiver, et dont les autres résistent aux plus terribles frimats, et envoient au-dehors d'innombrables colonies. Parmi les premières, examinez ces gros bourdons si velus, dont l'éclatante fourrure est chamarrée de jaune, de noir, de blanc et de roux. Voyez les sociétés formées par les bourdons hypnicoles, qui établissent leurs habitations dans les mousses; celles du bourdon noir à derrière couleur de feu, qui construit les siennes dans les pierres : contemplez enfin les demeures souterraines du bourdon terrestre. L'Europe ne nous présente d'autre exemple des secondes, que cette abeille mellifère qui, dans nos vastes forêts, pratique ses savantes constructions dans le creux des arbres, que nous recueillons dans des ruches, et que j'ai déjà si souvent rappelée à votre souvenir. Mais l'abeille indienne, plus petite, offre dans l'antique Asie des sociétés aussi nombreuses, des règles non moins admirables, et produit des rayons composés d'une cire et d'un miel non moins délicieux, et non moins précieux. Enfin l'Amérique admire sur le sommet de ses arbres élevés, les nids de l'abeille almathée, qui fabrique cette cire brune, avec laquelle s'éclaire l'habitant de ces climats. Quelles que soient les merveilles que nous présentent les abeilles, le voyageur qui parcourt, en Asie ou en Afrique, les contrées brûlantes de la zône torride, contemple avec plus d'étonnement encore les prodigieux édifices que les termès pratiquent sur les arbres ou sous terre, et qu'ils remplissent d'une gomme nourrissante.

Les termès, les fourmis, les abeilles, les guêpes et leurs congénères, ne sont pas les seuls parmi les insectes qui n'abandonnent pas leurs œufs après qu'ils sont éclos, et qui soignent les larves et les nymphes qui en proviennent ; plusieurs autres espèces prennent aussi soin de leur postérité. Ainsi l'araignée porte-sac, la tarentule jadis si redoutée, mènent toujours avec elles leur nombreuse postérité, la reçoivent et l'emportent avec précipitation sur leur dos à l'approche du moindre danger. D'autres araignées tendent des toiles pour leurs petits, leur coupent et dissèquent leur proie, et restent constamment auprès d'eux pour les défendre. La punaise du bouleau conduit et dirige les siens en troupeaux. Le perce-oreille reste avec les siens jusqu'à ce qu'ils soient suffisamment grands pour chercher eux-mêmes leur nourriture. Les chenilles et les kermès, après avoir recouvert leurs œufs d'une matière cotonneuse, restent couchées et meurent sur leur précieux dépôt : leurs corps deviennent la première nourriture des larves. Enfin tous les insectes couronnent leur bienfait envers leur postérité, encore renfermée dans l'intérieur de l'œuf, ou déja grande, en leur procurant des abris qui doivent les garantir des rigueurs de l'hiver.

Il approche, l'hiver ! des vents impétueux, de noires tempêtes le précèdent et l'annoncent. Bientôt enfin il opprime la nature entière de son froid destructeur. Alors plus d'amours, plus de combats, plus de travaux ; tout a cessé, tout a disparu, les végétaux sont sans verdure et les insectes sont sans vie : mais leurs larves sont enfoncées dans les trous ou les cavernes qu'elles se sont creusées, ou sont enveloppées dans la laine, la bourre ou la soie qui sont leurs ouvrages. La prévoyance et l'industrie des mères ont mis en sûreté les œufs et les jeunes déjà éclos : tout est préparé pour le prochain réveil de la nature, et le printems verra renouveler les mêmes phénomènes qui se sont répétés pendant des siècles sans nombre.

Cependant plusieurs espèces qui vivent en société savent se garantir de la calamité générale : tels sont les fourmis, les abeilles qui, durant cette saison, vivent dans une torpeur semblable à celle que ressentent les poissons, les reptiles, et même quelques quadrupèdes. Les femelles des guêpes-frelons, des guêpes vulgaires et des bourdons, survivent seules à la destruction de l'état entier qu'elles formaient, et restent engourdies au fond du nid qui fut leur ouvrage. Les guêpes, comme si elles prévoyaient que le froid va terminer leur existence et que leurs travaux sont désormais inutiles, tuent et arrachent des cellules, vers la fin de l'automne, les larves et les nymphes qui ne pourraient subir que dans quelque tems leurs dernières métamorphoses. Mais parmi les insectes même qui sont condamnés à une destruction annuelle, il en est souvent qui parviennent à se dérober à la rigueur de leur destin. Tel, dans un désastre universel, il se trouve presque toujours quelques hommes qui, plus heureux ou plus adroits, échappent aux malheurs qui ont accablé tous les autres. C'est ainsi que, dans le froid le plus rigoureux, j'ai vu plusieurs espèces de charançons, de coccinelles, de chrysomèles et de carabes encore en vie et simplement cachées sous des pierres et à la racine des plantes; que j'ai trouvé de gros staphilins dans des nids qu'ils s'étaient pratiqués dans la mousse, et des rhagions dans des retraites qu'ils s'étaient ménagées sous des écorces de chêne. Toutes les enveloppes de végétaux recèlent en hiver beaucoup de petites espèces de la classe des éleuterates. Beaucoup d'araignées résistent aux froids les plus intenses, enveloppées dans des nids de soie dont elles ne sortent qu'au printems, ou se réfugient dans des coquilles vides dont elles ferment l'embouchure. Plusieurs espèces d'insectes naturellement solitaires, se trouvent alors réunies. D'autres, qui vivent presqu'en société ou dans les mêmes lieux, dans ce danger commun, se pressent et s'entassent comme pour se protéger mutuellement. Ainsi, dans les grands froids, on trouve en grand nombre, au pied des arbres, les punaises aptères agglomérées en un seul et même monceau : et les chrysomèles potagères, si agiles autrefois, qui vivent disséminées sur les plantes, se retrouvent, en hiver, immobiles, mais ramassées ensemble sous des pierres, au nombre de vingt ou de trente. Beaucoup d'araignées, de cloportes, de petites tipules, évitent les effets de l'air glacé, en se réfugiant dans l'atmosphère plus doux des caves, et des cavités souterraines. Un grand nombre de mouches résistent à l'hiver, dans l'intérieur des appartemens, rassemblées et renfermées entre les fentes des fenêtres. Il arrive même quelquefois que la chaleur momentanée du soleil, dont les rayons brillent sur la surface éclatante de neige et de glace dont la terre est couverte, fait éclore de petites tipules qui, par la prestesse de leurs mouvemens, semblent se hâter de jouir du peu d'instans d'une existence que la rigueur de la saison, le vent glacé du nord, ou l'absence de l'astre qui les fit naître vont bientôt leur enlever. Ainsi danse cette folâtre jeunesse, qu'un tremblement de terre, le carnage de la guerre, une épidémie, ou les désastres d'une révolution qui se prépare, vont pour jamais ravir à la clarté du jour.

Malgré les exceptions que j'ai indiquées, on peut assurer cependant que le nombre des insectes qui résistent aux rigueurs du froid, est infiniment petit, en comparaison de la multitude innombrable qui y succombe, et qui, dans nos climats du moins, aux approches de l'hiver, jonchent la terre de leurs petits cadavres, et lui rendent, par une prompte décomposition, les élémens qu'ils en ont tirés.

Telle est la fin de tout être vivant; telle sera donc aussi la vôtre, faibles mortels qui méprisez et leurs courtes vies, et leurs travaux fragiles, et leur obscure industrie. Ah! cessez de vous enorgueillir de la faculté et de la puissance qui vous élèvent au-dessus d'eux : n'ont-ils pas aussi des facultés que vous ne possédez pas, et une puissance qui leur est propre? Ce vaste intervalle qui vous en sépare, qu'est-il donc auprès de celui qui vous éloigne à jamais de l'être des êtres, qui les créa ainsi que vous? Qu'est-ce que l'instant de votre vie auprès de l'infinie éternité? Quel témoignage de votre pouvoir et de votre génie, ce globe sur lequel vous vous agitez opposera-t-il à cette force qui créa et qui conserve tant de mondes; à cette intelligence qui les gouverne, et dont toute l'intensité et tout l'éclat se déploient et brillent dans les merveilles que me présente un seul insecte! Admis un instant à une des scènes de cet admirable spectacle, le quitterez-vous sans avoir cherché à le regarder? Le livre de la nature sera donc ouvert à vos yeux, et vous ne chercherez pas à en lire une seule page, à en comprendre une seule ligne ! Est-il de plus sublimes occupations ? Est-il un moyen plus efficace d'appaiser, ou de faire disparaître, les passions qui vous dévorent ? Est-il enfin de plus douces et de plus faciles jouissances ? J'en atteste tous ceux qui se sont rendus dignes de les éprouver : qu'ils nous disent de quel sentiment délicieux ils se sentent pénétrés, lorsque, dans la contemplation de la moindre plante ou du plus petit animalcule, ils découvrent, pour la première fois, quelques-uns des moyens que la nature emploie pour la conservation et la reproduction des êtres. Ainsi, dans notre tendre enfance, nous épions avec attention, nous recueillons avec amour les gestes, les regards, les moindres paroles d'une tendre mère ; et notre faible raison aime à y démêler les motifs de ses soins bienfaiteurs, et de sa tendresse prévoyante.

Hommes sensibles qui voulez jouir de la nature, artistes, poëtes qui voulez la peindre, étudiez-la ! Philosophes, qui prétendez expliquer la raison des choses, apprenez d'abord à les connaître ! L'étude des êtres et des substances est la base de toutes les autres ; et celui qui veut en approfondir une partie, ne doit être étranger à aucunes d'elles.

CARACTERES DES CLASSES ET DES GENRES (1).

ELEUTERATES. (*Eleutherata.*)

COLÉOPTÈRES (*coleoptera*). Linn., Geoff.

Mâchoires nues, composées, palpigères.

I. *Antennes insérées sur un rostre.*

Tarses à quatre articles.

III. CALANDRE (calandra).

Mandibule large, voûtée, tronquée; antennes brisées, dernier article de la massue spongieux, rétractile. *Voyez* l'appendix.

III. RHINCHÈNE (rhynchœnus). *Curculio.* Linn., Geoff.

Mâchoires cylindriques, unidentées; antennes brisées; massue de trois articles. *V.* l'appendix.

---

(1) J'ai réformé dans ce sommaire quelques caractères de genres que j'avais adoptés d'après M. Fabricius et autres, sans les avoir suffisamment examinés.

111. LIXE (lixus) *Curculio*. Linn., Geoff.

Palpes très-courts, à dernier article en alène; mâchoires courtes, cornées, entières; antennes brisées; massue de trois articles. *V*. l'appendix.

111. COSSONE (cossonus). *Curculio*. Linn., Geoff.

Mandibule arquée; antennes brisées; massue d'un seul article. *V*. l'appendix.

111. CHARANÇON. (curculio) Linn., Geoff.

Mâchoire unidentée, en massue, à premier article très-long.

Ibid. Mâchoire courte, cornée, dilatée à son extrémité, tronquée; antennes brisées; massue de trois articles. *V*. l'appendix.

110. ATTELABE (attelabus). *Curculio attelabus*, Linn. *Becmare* (rhinomacer), Geoff.

Rostre alongé, courbe; machoire bifide; antennes grossissant vers leur extrémité.

109. ANTHRIBE (anthribus). Geoff. *Curculio*, Linn.

Mâchoire bifide; languette bifide; antennes à articles arrondis; les trois derniers oblongs, plus épais; le dernier pointu.

HYLESIN (hylesinus). *Colyte*, Geoff.

Rostre presque nul; antennes rompues; massue pointue, de trois articles. *V*. l'appendix.

II. *Antennes en massue lamellée.*

Tarses à cinq articles.

95. LUCANE (lucanus). Linn. *Platycère* (platycerus), Geoff.

Languette bifide, en pinceau; antennes en masse pectinée.

DES CLASSES ET DES GENRES. cxj

2. SCARABÉE (scarabeus). Linn., Geoff.

Lèvre échancrée, extrémités alongées, portant les palpes; point de languette; antennes en masse feuilletée.

1. GÉOTRUPE (geotrupes) Scarabée (scarabeus), Linn., Geoff.

Lèvre ovale, poilue, entière, cornée; antennes en massue feuilletée.

3. ONITIS (onitis). Scarabeus, Linn. Bousier, Geoff.

Palpes postérieurs comprimés, velus; mandibules membraneuses; languette bifide, à lanières ovales; antennes en masse feuilletée.

4. BOUSIER (copris). Scarabeus, Linn. Bousier, Geoff.

Mandibules comprimées, membraneuses; languette bifide; lanières linéaires dentées à leur extérieur; antennes en masse feuilletée.

5. ATEUCHE (ateuchus). Scarabeus, Linn. Bousier (copris), Geoff.

Mandibules courtes, membraneuses, arrondies, ciliées; languette bifide; lanières aiguës; antennes en masse feuilletée.

6. APHODIE (aphodius). Scarabeus, Linn., Geoff.

Mandibules membraneuses, comprimées; lèvre cornée, arrondie sur les côtés, portant les palpes à son extrémité; antennes en masse feuilletée.

12. TROX (trox). Scarabeus. Linn. Geoff.

Palpes, quatre, grossis à leur extrémité; mâchoires bifides; antennes en masse feuilletée.

91. Hanneton (melolontha) *Scarabeus*. Linn. Geoff.

Mâchoires courtes, cornées, multidentées à leur extrémité; antennes en masse à feuillets.

89. Trichie (trichia). *Scarabeus*. Linn. Geoff.

Palpes, quatre, filiformes; mâchoires bifides; antennes en masse à feuillets.

90. Cétoine (cetonia). *Scarabeus*. Linn., Geoff.

Mâchoires soyeuses à leur extrémité; languette coriacée, échancrée, couvrant les palpes; antennes en masse à feuillets.

105. Sinodendron (sinodendron). *Scarabeus*. Linn., Geoff.

Palpes filiformes; languette cornée, portant les palpes à son extrémité; antennes en masse feuilletée.

51. Dorcatôme (dorcatoma). *Scarabeus*. Linn., Geoff.

Palpes, quatre, inégaux, en forme de hache; mâchoires bifides; tarses à cinq articles.

III. *Antennes en massue perfoliée.*

A. Tous les tarses à cinq articles.

10. Birrhe (birrhus). *Birrhus*, Linn. *Cistella*, Geoff.

Palpes égaux, à dernier article obtus, tronqué, un peu plus gros; languette bifide, à lanières conniventes.

39. Trichodes (trichodes). *Attelabus*, Linn. *Clairon*, Geoff.

Palpes inégaux, grossissant vers leur extrémité; languette courte, échancrée, premier article des tarses très-court.

DES CLASSES ET DES GENRES. cxiij

46. DERMESTE (dermestes). Linn., Geoff.

Palpes inégaux, filiformes; mâchoires bifides; languette cornée, obtuse.

118. SCAPHIDIE (scaphidium). *Silpha*. Linn.

Palpes inégaux, filiformes, à dernier article pointu; mâchoires membraneuses, bifides.

8. SPHÉRIDIE (spheridium). *Dermestes*. Linn., Geoff.

Palpes inégaux, filiformes; languette carrée, échancrée.

56. BOUCLIER (peltis). *Silpha*. Linn.

Mâchoires unidentées; languette tronquée, dilatée à son extrémité.

54. NÉCROPHORE (necrophorus). *Silpha*, Linn. *Dermestes*, Geoff.

Languette crénelée, échancrée, cordiforme.

55. SILPHE (silpha). Linn. *Peltis*, *bouclier*, Geoff.

Mâchoires unidentées; languette dilatée, bifide; massue des antennes alongée.

32. HIDROPHILE (hydrophilus). Linn., Geoff.

Palpes filiformes; mâchoires bifides; languette légèrement échancrée; premier article des tarses très-court.

* 31. SPERCHÉ (spercheus).

Palpes, six, filiformes; lèvre cornée, carrée.

94. THROSQUE (throscus). *Dermestes*, Linn. *Taupin*, Geoff.

Palpes, quatre, filiformes; les trois derniers articles arrondis, plus gros; massue des antennes dentée.

h

121. Engis (engis). *Silpha, dermestes.* Linn.

Palpes, quatre, à derniers articles subulés.

B. Les quatre tarses antérieurs à cinq articles, les postérieurs à quatre.

9. Anasitôme (anasitoma). *Dermestes.* Linn.

Palpes inégaux, filiformes; languette courte, bifide, à lanières arrondies.

117. Tetratôme (tetratoma).

Palpes inégaux, renflés; mâchoires membraneuses, bifides; lanières arrondies.

123. Diapère (diaperis). Geoff. *Chrysomela*, Linn.

Palpes presque filiformes; mâchoires bifides; languette cylindrique, portant les palpes à son extrémité.

C. Tous les tarses à quatre articles.

106. Apate (apate). *Dermestes*, Linn. *Bostrichus*, Geoff.

Palpes égaux, filiformes; mâchoires unidentées; languette membraneuse, tronquée.

116. Tritôme (tritoma).

Palpes antérieurs en forme de hache; lèvre échancrée.

122. Criptophage (cryptophagus). *Dermestes*, Fab.

Palpes inégaux, filiformes; mâchoires entières, arrondies à leur extrémité.

119. Ips (ips). *Silpha, dermestes*, Linn

Palpes égaux, filiformes, à dernier article obtus, tronqué; mâchoires bifides; languette échancrée.

DES CLASSES ET DES GENRES. CXV

112. COLYDIE (colydium). *Dermestes*, Linn.

Palpes égaux, en massue; languette bifide.

120. TRIPLAX (triplax). *Silpha*, Linn.

Palpes, quatre, inégaux, en forme de hache; mâchoires très-courtes, cornées, bifides.

43. PSOA (psoa).

Palpes inégaux, à dernier article plus gros, ovale.

IV. *Antennes en massue solide.*

A. Tous les tarses à cinq articles.

7. ESCARBOT (hister). Linn. *Attelabus* (*escarbot*), Geoff.

Mâchoires unidentées; lèvre cornée, cylindrique, entière.

11. ANTHRÈNE (anthrenus). Geoff. *Birrhus*, Linn.

Palpes inégaux, filiformes; mâchoires linéaires, bifides; lèvre entière.

128. STÉNE (stenus). *Staphilinus*, Linn., Geoff.

Palpes inégaux, à dernier article plus long, pointu.

36. ELOPHORE (elophorus). *Silpha*, Linn. *Dermestes*, Geoff.

Mâchoires cornées, membraneuses à leur extrémité; lèvre cornée, carrée, portant les palpes à son extrémité.

57. NITIDULE (nitidula). *Silpha*, Linn. *Dermestes*, Geoff., Linn.

Palpes filiformes; mâchoires cylindriques, membraneuses; lèvre cylindrique, entière, portant les palpes dans son milieu.

B. Tous les tarses à quatre articles.

107. BOSTRICHE (bostrichus). *Dermestes*, Linn.

Mâchoires cornées; lèvre cylindrique, portant les palpes à son extrémité.

115. LYCTE (lyctus). *Dermestes*, Geoff.

Palpes très-courts, filiformes; mâchoires membraneuses, bifides.

C. Tous les tarses à trois articles.

49. COCCINELLE (coccinella). Linn., Geoff.

Palpes antérieurs en forme de hache, les postérieurs filiformes.

V. *Antennes flabelliformes.*

A. Tous les tarses à cinq articles.

50. PTILIN (ptilinus). Linn., Geoff.

Palpes presqu'égaux, filiformes; mâchoires bifides; languette courte, légèrement échancrée.

52. MELASIS (melasis). *Elater*, Linn.

Palpes en massue, à dernier article ovale; languette membraneuse, entière.

B. Les quatre tarses antérieurs à cinq articles, les postérieurs à quatre.

114. HYPOPHLÉE (hypophleus).

Palpes égaux, en massue; mâchoires membraneuses, unidentées; languette filiforme, portant les palpes dans son milieu.

DES CLASSES ET DES GENRES. cxvij

85. Ripiphore (ripiphorus) *Mordella*, Linn.

Palpes inégaux, filiformes; mâchoires très-courtes, ovales; languette pointue.

VI. *Antennes grossissant à leur extrémité.*

A. Tous les tarses à cinq articles.

19. Trogosite (trogosita). *Tenebrio*, Linn. *Platycère*, Geoff.

Palpes égaux; dernier article obtus, tronqué; mâchoires unidentées; lèvre cornée, bifide; lanières arrondies, ciliées.

113. Micetophage (micetophagus). *Chrysomela dermestes*, Linn. *Tritôme dermestes*, Geoff.

Palpes inégaux, dernier article obtus; lèvre arrondie, entière.

37. Clairon (clerus). *Attelabus*, Linn.

Palpes inégaux, les antérieurs filiformes, les postérieurs en forme de hache; languette bifide; lanières courtes, écartées, premier article des tarses très-court.

40. Notoxe (notoxus). *Attelabus*, Linn. *Clairon*, Geoff.

Palpes inégaux, en forme de hache; languette bifide; lanières conniventes, obtuses; premier article des tarses très-court.

47. Vrillette (annobium). *Ptinus*, Linn. *Birrhus*, Geoff.

Palpes égaux, en massue; mâchoires cornées.

CATOPS (catops). *Chrysomela*, Linn.

Palpes inégaux, en alène; lèvre membraneuse, bifide, à divisions courtes, pointues. *V*. l'appendix.

B. Les quatre tarses antérieurs à cinq articles, les postérieurs à quatre.

18. TÉNÉBRION (tenebrion). Linn., Geoff.

Palpes inégaux, les antérieurs renflés à leur extrémité, les postérieurs filiformes; mâchoires bifides; lèvre cornée, entière.

13. BOLITOPHAGE (bolitophagus).

Palpes inégaux, filiformes; lèvre cornée, en cœur, ciliée.

C. Tous les tarses à quatre articles.

64. HELODE (helodes). *Chrysomela*, Linn., Geoff. *Galeruque*, Geoff.

Palpes quatre, inégaux; lèvre échancrée.

VII. *Antennes cylindriques, courtes.*

A. Tous les tarses à cinq articles.

53. PARNE (parnus). *Dermestes*, Geoff.

Palpes en massue orbiculée; mâchoires bifides.

73. HISPE (hispa). Linn. *Criocère, pline*, Geoff.

Palpes égaux, plus gros dans leur milieu; mâchoires bifides; lèvre entière.

B. Les quatre tarses antérieurs à cinq articles, les postérieurs à quatre.

DES CLASSES ET DES GENRES. cxix

49. SARROTRIE (sarrotrium). *Dermestes*, Linn.

Palpes filiformes, à dernier article obtus ; mâchoires bifides ; antennes velues, en scie.

VIII. *Antennes moniliformes.*

A. Tous les tarses à cinq articles.

TRACHYS (trachys). *Buprestis*, Linn. *Cucujus* Richard, Geoff.

Palpes égaux, très-courts ; mâchoires bifides. *V.* l'appendix.

125. STAPHILIN (staphilinus). Linn., Geoff.

Palpes égaux, filiformes ; languette bifide.

127. PÉDÈRE (pæderus). *Staphylinus*, Linn., Geoff.

Palpes inégaux, les antérieurs renflés ; languette cylindrique, entière.

126. OXIPORE (oxyporus). *Staphylinus*, Linn., Geoff.

Palpes inégaux, les postérieurs en massue ; languette échancrée, revêtue d'une pointe.

15. SCARITE (scarites). *Tenebrio*, Linn.

Palpes six, filiformes ; lèvre cornée, dentée.

B. Les quatre tarses antérieurs à cinq articles, les postérieurs à quatre.

124. MÉLOÉ (meloé). Linn., Geoff.

Palpes inégaux, filiformes ; mâchoire droite, bifide ; languette cylindrique, fortement échancrée.

17. BLAPS (blaps). *Tenebrion*, Geoff., Linn.

Palpes inégaux, en massue ; mâchoires bifides ; languette fendue.

20. Hélops (helops). *Tenebrio*, Geoff., Linn.

Palpes inégaux, les antérieurs en forme de hache, les postérieurs en massue; lèvre entière.

14. Opatre (opatrum). *Tenebrio*, Geoff. *Silpha*, Linn.

Palpes inégaux, les antérieurs en massue tronquée obliquement; lèvre légèrement échancrée.

87. Mordelle (mordella). Linn. *Mordelle, anaspe*, Geoff.

Palpes inégaux, les antérieurs en massue; mâchoire bifide; languette bifide.

C. Tous les tarses à quatre articles.

Cerocôme (cerocoma). *Cerocôme*, Geoff. *Méloé*, Linn.

Palpes égaux, filiformes; mâchoires linéaires, entières; lèvre membraneuse, bifides; antennes irrégulières, roulées.

63. Criocère (crioceris). *Chrysomela*, Linn. *Criocère altise*, Geoff.

Palpes égaux, filiformes; mâchoires bifides; lèvre entière.

60. Casside (cassida). Linn., Geoff.

Palpes inégaux, les antérieurs en massue; mâchoires non dentées; languette alongée, entière.

62. Chrysomèle (chrysomela). Linn., Geoff.

Palpes, quatre, filiformes; lèvre entière.

8. Cucuje (cucujus). *Première famille. Cantharis*, Linn.

Palpes égaux, dernier article tronqué, plus gros; languette courte, bifide; lanières linéaires.

D. Tous les tarses à trois articles.

68. Endomique (endomichus). *Chrysomela silpha*, Linn.

Palpes inégaux, à dernier article tronqué; lèvre alongée, entière.

E. Tous les tarses à deux articles.

42. Pselaphe (pselaphus). *Staphilinus*, Linn.

Palpes inégaux, les antérieurs plus gros, à dernier article renflé, les postérieurs très-courts, cylindriques; dernier article des antennes plus gros, ovale.

IX. *Antennes filiformes.*

A. Tous les tarses à cinq articles.

35. Girin (gyrinus). Linn. *Tourniquet*, Geoff.

Palpes, six, filiformes; mâchoires unidentées, très-aigues; lèvre échancrée.

48. Ptine (ptinus). Linn. *Bruchus, luperus*, Geoff.

Palpes égaux, filiformes; mâchoires bifides; languette bifide.

82. Omalise (omalysus). Geoff.

Palpes grossissant à leur extrémité; mâchoires bifides; languette échancrée.

CARACTÈRES

84. LIQUE (lycus). *Lampyris*, Linn., Geoff.

Bouche avec un rostre cylindrique, penché; palpes à dernier article plus gros, tronqué.

86. HALLOMINE (hallominus).

Palpes antérieurs renflés; les postérieurs filiformes; lèvre entière.

45. MALACHIE (malachia). *Cantharis*, Linn. Cicindèle. Geoff.

Palpes inégaux, filiformes, à dernier article sétacé; languette arrondie.

92. BUPRESTE (buprestis). Linn. *Richard* (cucujus), Geoff.

Palpes filiformes, à dernier article obtus, tronqué; languette cylindrique, pointue; antennes en scie.

70. ATOPE (atopa). *Chrysomela*, Linn.

Palpes égaux, filiformes; mâchoires bifides; languette arrondie, entière.

76. DASYTE (dasytes). *Dermestes*, Linn. *Cicindela*, Geoff.

Palpes inégaux, filiformes; mâchoires unidentées; languette légèrement échancrée; antennes en scie.

67. CYPHON (cyphon). *Chrysomela*, Linn.

Palpes inégaux; les postérieurs à dernier article bifide; languette bifide.

81. LAMPYRE (lampyris). Linn., Geoff.

Palpes inégaux, renflés à leur extrémité; mâchoires bifides; lèvre entière.

93. Taupin (elater). Linn., Geoff. *Taupin*, Geoff.

Palpes en forme de hache; mâchoires obtuses; languette bifide; antennes souvent en scie.

44. Cantharis (cantharis). Linn. *Cicindelle*, Geoff.

Palpes inégaux, en forme de hache; mâchoires bifides, tronquées; lèvre entière.

78. Lymexylon (lymexilon). *Cantharis*, Linn.

Palpes antérieurs alongés, avant-dernier article grand, avec un appendice ovale, fendu; dernier article ovale, pointu.

38. Tille (tillus). *Chrysomela*, Linn.

Palpes inégaux, les postérieurs en forme de hache; lèvre entière; antennes en scie.

30. Scolyte (scolytus).

Palpes, six, filiformes, à dernier article presque conique; mâchoires cornées, entières; languette pointue.

B. Les quatre tarses antérieurs à cinq articles; les postérieurs à quatre.

16. Pimelie (pymelia). *Tenebrion*, Geoff., Linn.

Palpes filiformes; mâchoires unidentées; languette très-courte, tronquée.

69. Cistèle (cistela). *Chrysomela*, Linn. *Tenebrion, mordelle*, Geoff.

Palpes inégaux, filiformes; mâchoires unidentées; lèvre courte, échancrée.

103. Nécydale (necydalis). *Cantharis*, Linn. *Cicindela, leptura, cantharis*, Geoff.

Palpes filiformes; languette fortement échancrée.

83. CARDINALE (pyrochroa). Geoff. *Lampyris*, Linn.

Palpes inégaux, presque filiformes; mâchoires entières; languette large, bifide; lanières égales; antennes en scie ou pectinées et comme flabellées.

PYTHO (pytho). *Tenebrio*, Linn.

Palpes, quatre, plus gros à leur extrémité; languette courte, carrée, échancrée. *V.* l'appendix.

77. LYTTE (litta). *Méloé*, Linn. *Cantharis*, Geoff.

Palpes inégaux, les postérieurs en massue; mâchoires bifides; lèvre tronquée.

21. MELANDRIE (melandrya). *Chrysomela*, Linn.

Palpes égaux, les antérieurs alongés en scie, à dernier article ovale; les postérieurs plus gros à leur extrémité.

75. LAGRIE. (lagria). *Chrysomela*, Linn. *Cantharis*, Geoff.

Palpes inégaux, les antérieurs en forme de hache, les postérieurs grossissant à leur extrémité; languette entière.

41. ANTHIQUE (anthicus). *Méloé, attelabus*, Linn. *Notoxus* (cuculle), Geoff.

Palpes inégaux, les antérieurs en forme de hache; languette tronquée.

DIRCÉE (dyrcea).

Palpes inégaux, les antérieurs alongés, à dernier article grand, à trois lobes. *V*. l'appendix.

C. Tous les tarses à quatre articles.

48. HÉTÉROCÈRE (heterocerus).

Palpes égaux, filiformes; mâchoires unidentées; languette fortement échancrée.

71. GRIBOURI (cryptocephalus). Geoff. *Chrysomela*, Linn.

Palpes égaux, filiformes; mâchoires unidentées; lèvre entière.

108. BRUCHE (bruchus). Linn. *Mylabre*, Geoff.

Palpes égaux, filiformes; mâchoires membraneuses, bifides; languette courte, pointue; antennes en scie.

72. CLITHRE (clythra). *Melolontha*, Geoff. *Chrysomela*, Linn.

Palpes inégaux, filiformes; mandibules bifides; languette échancrée; antennes courtes, en scie.

65. LEME (lema). *Chrysomela*, Linn. *Criocère*, Geoff.

Palpes inégaux, filiformes; mâchoires cornées, bifides; languette arrondie, bifide.

74. DRYOPS (dryops).

Palpes inégaux, les antérieurs en forme de hache, les postérieurs filiformes; languette fortement échancrée.

71. EUMOLPE (eumolpus). *Chrysomela*, Linn. *Cryptocephalus* (*gribouri*), Geoff.

Palpes, quatre, inégaux, les antérieurs avec les deux derniers articles plus gros, ovales.

66. GALERUQUE (galeruca). Geoff. *Chrysomela*, Linn.

Palpes, quatre, à dernier article aigu; languette bifide.

80. CUCUJE (cucujus). *Deuxième famille.*

Palpes égaux, dernier article tronqué, plus gros; languette courte, bifide; lanières linéaires.

BRONTE (brontes). *Cerambix*, Linn.

Palpes égaux, filiformes; mâchoires bifides. *V.* l'appendix.

X. *Antennes sétacées.*

A. Tous les tarses à cinq articles : six palpes.

26. ODACANTHE (odacantha). *Carabuse*, Linn. *Bupreste*, Geoff.

Palpes filiformes; mâchoires arquées, épineuses; lèvre courte, entière.

27. DRYPTE (dripta). *Carabus*, Linn. *Bupreste*, Geoff.

Palpes filiformes; languette filiforme, très-étroite, entière.

25. BRACHIN (brachinus). *Carabus*, Linn. *Bupreste* Geoff.

Palpes à dernier article ovale, obtus; languette tronquée, tridentée.

28. Cicindele (cicindela). Linn. *Bupréste*, Geoff.

Palpes filiformes, les postérieurs velus, multi-articulés.

23. Carabe (carabus). Linn. *Bupreste*, Geoff.

Palpes à dernier article tronqué; languette tronquée; lèvre trifide.

22. Cichre (cychrus). *Tenebrio*, Linn.

Palpes à dernier article presque conique; mâchoires ciliées à leur intérieur; lèvre bifide.

24. Calosôme (calosoma). *Carabus*, Linn. *Bupreste*, Geoff.

Palpes inégaux, les antérieurs très-courts, renflés, lèvre courte, pointue.

29. Elaphre (elaphrus). *Cicindela*, Linn. *Bupreste*, Geoff.

Palpes filiformes; lèvre arrondie, pointue, entière.

34. Ditique (ditiscus). Linn., Geoff.

Palpes filiformes; lèvre tronquée, entière.

*33. Hydrachné (hydrachna). *Dytiscus*, Linn., Geoff.

Palpes, quatre, égaux, les postérieurs plus gros à leur extrémité.

B. Tous les tarses à quatre articles : quatre palpes.

88. Donacie (donacia). *Leptura*, Linn. *Stenecore*, Geoff.

Palpes égaux, filiformes; languette entière.

97. Capricorne (cerambix). Linn., Geoff.

Palpes égaux, filiformes, à dernier article sétacé; languette bifide.

96. Prione (prionus). *Cerambix*, Linn., *Prionus, leptura*, Geoff.

Palpes égaux, filiformes; mâchoires cylindriques, entières; languette très-courte, arrondie.

100. Saperde (saperda). *Cerambix*, Linn. *Lepture*, Geoff.

Palpes presqu'égaux, filiformes; mâchoires bifides; languette en cœur, tronquée.

98. Lamie (lamia). *Cerambix*, Linn., Geoff.

Palpes presqu'égaux, filiformes; mâchoires cornées, bifides; languette cornée, bifide.

102. Lepture (leptura). *Cerambix, leptura*, Linn; *Stenocore*, Geoff.

Palpes inégaux, filiformes, à dernier article tronqué; languette bifide.

104. Molorque (molorchus). *Necydalis*, Linn.

Palpes inégaux, filiformes; mâchoires bifides; languette bifide.

Clyte (clytus). *Cerambix*, Linn. *Leptura*, Geoff.

Palpes courts, renflés à leur extrémité; mâchoires bifides; languette courte, tronquée, entière. V. l'appendix.

101. Callidie (callidium). *Cerambix*, Linn. *Lepture*, Geoff.

Palpes égaux, légèrement renflés à leur extrémité; mâchoires bifides; languette bifide; lanières arrondies.

RHAGIE (rhagium). *Cerambix*, Linn.

Palpes égaux, en massue; mâchoire unidentée; languette bifide; divisions très-étroites.

ALLECULE (allecula). *Cistela.*

Palpes, quatre, inégaux, les antérieurs en forme de hache, les postérieurs en massue; lèvre échancrée. *V.* l'appendix.

ULONATES (*ulonata*).

Hemiptera, Linn. *Coleoptera*, Geoff.

Mâchoires simples, découvertes, palpigères, surmontées d'un casque.

I. *Antennes filiformes.*

3. CRIQUET (acridium). Geoff. *Gryllus*, Linn.

Palpes égaux, filiformes; languette ovale, fendue à son extrémité; tarses à trois articles.

6. GRILLON (gryllus). Linn. *Acridium* (criquet), Geoff.

Palpes égaux, filiformes; languette arrondie, bifide; lobes arrondis; tarses à trois articles.

II. *Antennes sétacées.*

1. FORFICULE (forficula). Linn., Geoff.

Palpes inégaux, filiformes; languette trifide; tarses à trois articles.

2. BLATTE (blatta). Linn., Geoff.

Palpes inégaux, filiformes; languette bifide, à faisceaux fendus, inégaux; tarses antérieurs à cinq articles, les postérieurs à quatre.

4. ACHÈTE (acheta). *Gryllus*, Linn., Geoff.

Palpes inégaux, filiformes; languette quadrifide; tarses à trois articles.

5. SAUTERELLE (locusta). Geoff. *Gryllus*, Linn.

Palpes inégaux, filiformes; mâchoires tridentées à leur extrémité; languette bifide; chacune des divisions garnie à l'intérieur d'une soie en alêne; tarses à quatre articles.

FAUNE PARISIENNE.

PREMIÈRE CLASSE.

ELEUTERATES.

Mâchoires nues, composées, palpigères.

I. GÉOTRUPE. (*Geotrupes*).

Palpes, quatre, filiformes.
Lèvre revêtue de poil, ovale, entière, portant les palpes.
Antennes en masse feuilletée.

Les géotrupes ont le corps grand, oblong, convexe, bordé, lisse en-dessus, velu en-dessous ; le chaperon court, couvrant la bouche, souvent bidenté, revêtu de cornes dans le mâle, de tubercules dans la femelle ; les yeux grands, globuleux, insérés au bord postérieur du chaperon, enclavés dans une forte échancrure ; les antennes courtes, insérées devant les yeux ; le corcelet arrondi, convexe, souvent revêtu d'une corne dans le mâle; l'écusson arrondi; les élytres dures, de la longueur de l'abdomen; les pattes courtes, fortes; les cuisses comprimées; les jambes dentées; les tarses à cinq articles. La couleur est noire ou obscure. Ils n'ont point de languette. Ils habitent les serres et les jardins. Les larves vivent dans le fumier et dans le bois pourri.

1. G. NASICORNE. (*G. nasicornis.*)

Corcelet revêtu de trois éminences, tête surmontée d'une corne recourbée, élytres lisses.

FAB. Syst. eleut. 41, p. 13.
GEOFF. I, t. I, p. 68.
OLIV. Ins. I, pl. 3, fig. 19.

Dans les serres, les jardins, en juin et juillet.
La femelle n'a qu'une très-petite corne, et le corcelet coupé antérieurement.
La larve a la tête grise, les stigmates et les pieds roux.

II. SCARABÉE. (*Scarabeus*).

Palpes, quatre, filiformes.
Mandibule cornée, arquée, aigue.
Lèvre fortement échancrée.
Antennes à masse feuilletée.

Les scarabées ont le corps arrondi, court, convexe, bordé, lisse; le chaperon court, arrondi, entier, souvent proéminent dans son milieu, quelquefois revêtu d'une corne, recevant dans une échancrure les yeux qui sont globuleux; les antennes de la longueur de la tête, insérées sous le chaperon; les élytres dures, embrassant l'abdomen ; le corcelet arrondi, lisse, convexe, quelquefois revêtu de cornes ; l'écusson arrondi, les pieds courts, forts ; les cuisses comprimées, toutes les jambes dentées, les tarses à cinq articles. La couleur est noire ou obscure. Ils sont *stercoraires*, et vivent dans les excrémens des autres animaux.

I.re *Famille*. Corcelet revêtu de cornes.

1. SCARABÉE, *phalangiste* (*S. typheus*.)

Corcelet revêtu de trois cornes ; celle du milieu plus petite, les latérales égalant ou surpassant la longueur de la tête.

FABR. Syst. eleut. 3, t. 1, p. 23.
GEOFFR. Ins. 1, 72, pl. 1, fig. 3.
SCHŒFF. Icon. pl. 26, fig. 4.

La femelle est plus petite ; elle n'a pas de corne au corcelet, mais seulement deux tubercules et une ligne transverse.
Dans les excrémens des moutons.

II.e *Famille*. Corcelet sans cornes.

2. S. STERCORAIRE. (*Stercorarius*.)

Chaperon rhomboïdale avec un tubercule dans le milieu, élytres sillonnées.

FABR. Syst. eleut. 10, t. 1, p. 24.
GEOFFR. 1, 75, 9.
SCHŒFF, pl. 5, fig. 1.

Commun dans les excrémens humains. Il varie par la couleur.

3. S. SYLVATIQUE. (*S. sylvaticus*.)

Hémisphérique, chaperon rhomboïdale, tuberculé, élytres striées, stries raboteuses.

FABR. Syst. eleut. 11, t. 1, p. 25.

Dans les champignons pourris et le bois pourri. Trouvé le 15 juin dans la forêt de Carnelle.

Nota. Plus petit que le stercoraire, plus grand que le printanier; bleu brillant en dessus, noir en dessous.

4. S. PRINTANIER. (*S. vernalis.*)

Elytres unies sans sillons, chaperon rhomboïdale tuberculé.

FABR. Syst. eleut. 12, p. 25.

III. ONITIS. (*Onitis.*)

Palpes postérieurs, comprimés, velus.

Mandibule comprimée, membraneuse.

Languette bifide, lanières ovales palpigères.

Lèvre échancrée.

Antennes en masse feuilletée.

Les onitis ont le corps de grosseur médiocre, applati, bordé; la bouche velue; le chaperon avancé, arrondi, entier, quelquefois tuberculé; les yeux grands, arrondis, fixés dans une échancrure, reculés; le corcelet lisse, avec quatre points enfoncés, à bords défléchis, arrondi; l'écusson quelquefois nul, quelquefois court, triangulaire; les élytres applaties, de la longueur de l'abdomen; les pattes courtes et fortes; les cuisses épaisses, comprimées; les pattes antérieures arquées, dentées à leur extérieur; les tarses antérieurs nuls, ceux de derrière courts, plus gros à leur extrémité, dentés, à cinq articles. Le genre *onitis* a beaucoup d'affinité avec le genre *bousier*; mais il en diffère par la forme de la languette. Ils vivent dans les bouses.

1. O. FLAVIPÈDE. (*O. flavipes.*).

Ecusson arrondi, bords du corcelet, élytres et pattes jaunâtres.

FABR. Syst. éleut. t. 1, p. 63, 39.
SCHŒFF. Icon, pl. 74, fig. 6.

J'ai trouvé le mâle et la femelle de cette espèce dans la forêt du Lys, dans la fiente de cheval. Elle appartient au genre onitis, et non au genre bousier (*copris*), dans lequel Fabricius l'a placée, en avertissant cependant qu'elle pourrait bien n'en pas être.

IV. BOUSIER. (*Copris.*)

Palpes, quatre filiformes, les postérieurs velus.

Mandibule comprimée, membraneuse.

Languette bifide, faisceaux linéaires dentés en-dedans.

Lèvre arrondie, échancrée à son extrémité.

Antennes en masse feuilletée.

Les bousiers ont le corps grand, convexe, bordé, le chaperon grand, arrondi, le plus souvent entier, les yeux petits, ronds, insérés à la partie postérieure du chaperon; le corcelet arrondi, convexe, souvent revêtu de cornes; ils n'ont point d'écusson; les élytres dures, de la longueur de l'abdomen; les pattes sont courtes, fortes; les cuisses épaisses, arrondies; les jambes dentées, les tarses à cinq articles. La couleur est souvent noire, quelquefois cuivrée ou rousse. Ils sont stercoraires et habitent les bouses de vache, les immondices, les fientes d'animaux. Ils forment des globules avec les matières fécales, et les roulent avec eux.

I.re *Famille.* Corcelet revêtu de cornes.

1. B. LUNAIRE. (*C. lunaris.*)

Le corcelet revêtu de trois cornes ou tubercules : celle du milieu obtuse, bifide; la tête revêtue d'une corne longue et verticale, le chaperon bordé.

FABR. Syst. eleut. 29, t. 1, p. 36.
GEOFFR. Ins. 1, 88, 1.
SCHOEFF. Icon. pl. 63, fig. 3.

Le chaperon est revêtu d'une corne dans les deux sexes; mais le corcelet de la femelle n'a ni cornes ni tubercules.

2. B. NOCTURNE. (*C. lemur.*)

Corcelet à quatre tubercules, couleur de cuivre. Le chaperon avec une raie élevée, transverse, à la partie postérieure; élytres fauves.

FABR. Syst. eleut. 42, t. 1, p. 39.
OLIV. Ins. 1, pl. 21, fig. 191.

Forêt du Lys, près Chantilly, dans les bouses de vache.

II.e *Famille.* Corcelet sans cornes, tête revêtue de cornes.

3. B. TAUREAU. (*C. Taurus.*)

Tête avec deux cornes arquées en arrière.

Fabr. Syst. eleut. 69, t. 1, p. 45.
Geoffr. Ins. 1, 92.
Schœff. Icon. pl. 63, fig. 4.

Les cornes sont souvent moitié plus courtes. La femelle a deux lignes transversales élevées sur le chaperon.

4. B. Vache. (*C. Vacca.*)

Corcelet couleur de cuivre, la tête revêtue d'une double corne verticale.

Fabr. Syst. eleut. 70, t. 1, p. 45.
Geoffr. Ins. 1, 90, 5.
Schœff. Icon. pl. 73, fig. 3, 4.

La femelle a deux lignes transversales élevées sur le chaperon. Bouse de vache.

5. B. Cénobite. (*C. caenobita.*)

Corcelet vert, la tête revêtue d'une corne dilatée à sa base et courbée en-devant à son sommet.

Fabr. Syst. eleut. 89, t. 1, p. 49.
Schœff. Icon. pl. 73, fig. 2, 3.

Forêt de Carnelle, dans les bouses de vache.

6. B. Nuchicorne. (*C. nuchicornis.*)

Corcelet arrondi, tête revêtue d'une épine droite, chaperon bordé.

Fabr. Syst. eleut. 90, p. 50.
Geoffr. Ins. 1, 89, 3, 4.
Schœff. Icon. pl. 96, fig. 1.

V. ATEUCHE. (*Ateuchus.*)

Palpes, quatre filiformes, les postérieurs attachés à la base de la langue.

Mandibule courte, membraneuse, arrondie, ciliée.

Lèvre cornée, entière, portant les palpes à son extrémité.

Antennes en masse feuilletée.

Les ateuchés ont le corps de grandeur moyenne, le plus souvent convexe, bordé; le chaperon est avancé, arrondi, le plus souvent denté; à sa partie postérieure, sont insérés les yeux petits, ronds, peu proéminens; le corcelet est arrondi, souvent convexe, sans cornes ni tubercules. Ils sont presque toujours sans écusson; les élytres sont dures, de la longueur de l'abdomen; les pattes courtes, fortes; les cuisses épaisses, comprimées; les jambes dentées, les tarses à cinq articles. Leur couleur varie. Ils sont stercoraires, font des boules et les roulent.

1. A. HOTTENTOT. (*A. laticollis.*)

Noir, chaperon à six dents, élytres sillonnées.

FABR. Syst. eleut. 2, p. 55.
GEOFFR. Ins. 1, 89, 2.
OLIV. Ins. 1, pl. 8, fig. 68.

2. DE SCHOEFFERIEN. (*A. schœfferi.*)

Chaperon bordé, corcelet arrondi, élytres triangulaires, cuisses postérieures allongées, dentées.

    FABR. Syst. eleut. 24, t. 1, p. 59.
    GEOFFR. Ins. 1, 92, 9.
    SCHŒFF. Icon. pl. 3, fig. 8.

Il habite dans les excrémens des moutons.

3. A. PILLULAIRE. (*A. pillularius.*)

Chaperon échancré, noir, opaque, lisse; antennes noires.

    FABR. Syst. eleut. t. 1, p. 60, 27.
    GEOFFR. Ins. 1, 91, 8.
    OLIV. Ins. 1, pl. 10, fig. 91.

4. A SCHREBERIEN. (*A. schreberi.*)

Noir, brillant, chaperon légèrement bordé, élytres avec deux taches rouges.

    FABR. Syst. eleut. t. 1, p. 61, 32.
    GEOFFR. Ins. 1, 91, 7.
    SCHŒFF. Icon. pl. 73, fig. 6.

5. A. OVALE. (*A. ovatus.*)

Noir, chaperon arrondi, corcelet arrondi, couleur de cuivre, élytres tronquées.

    FABR. Syst. eleut. t. 1, p. 65, 52.
    OLIV. Ins. 1, pl. 20, fig. 187.

VI. APHODIE. (*Aphodius.*)

Palpes, quatre filiformes, les postérieurs à articles globuleux, languettes adhérentes dans leur milieu.

Mandibule membraneuse, comprimée.

Lèvre cornée, arrondie sur les côtés, échancrée à son sommet.

Antennes à masse feuilletée.

Les aphodies ont le corps petit, oblong, convexe, bordé; le chaperon avancé, couvrant la bouche, arrondi, quelquefois tuberculé; les yeux petits, arrondis, à peine visibles, insérés de chaque côté de l'angle postérieur du chaperon; les antennes courtes, insérées en avant des yeux, sous le chaperon; le corcelet convexe, lisse; l'écusson petit, arrondi; les élytres dures, de la longueur de l'abdomen; les pattes courtes, fortes; les cuisses comprimées; les jambes antérieures comprimées, élargies à leur extrémité et dentées; celles de derrière dentées, ciliées; les tarses à cinq articles; la couleur noire ou obscure. Ils sont stercophages et habitent les immondices et les excrémens; mais ils ne fouillent pas en-dessous comme les scarabées, et ne font pas de boules comme les bousiers.

I.re *Famille.* Tête tuberculée.

1. A. Fossoyeur. (*A. fossor.*)

Tête avec trois tubercules, celui du milieu formant presque une corne.

>Fabr. Sys. eleut. t. 1, p. 67, 2.
>Geoffr. Ins. 1, 82, 20.
>Schœff. Icon. pl. 144, fig. 7, 8.

Dans les bouses.

2. A. Scybalaire. (*A. scybalarius.*)

Tête avec trois tubercules, celui du milieu aigu, les élytres striées, fauves.

>Fabr. Syst. eleut. p. 70, 10.
>Oliv. Ins. 1, tab. 26, fig. 226.

Trouvé dans le bois de Carnelle, en juillet. Bouse de vache.

3. A. Bimaculé. (*A. bimaculatus.*)

Tête avec trois tubercules peu marqués, élytres striées, avec une tache rouge à la base.

>Fabr. Sys. eleut. t. 1, 17.
>Oliv. Ins. pl. 9, fig. 72.

M. Illiger croit que c'est une variété du terrestre; mais j'ai plusieurs fois rencontré cette espèce dans les bouses, et jamais le terrestre.

4. Souterrain. (*A. subterraneus.*)

Noir, tête avec trois tubercules, élytres striées et crénelées.

>Fabr. Syst. eleut. t. 1, p. 72.
>Oliv. Ins. 1, pl. 18, fig. 162.

Commun dans les bouses.

5. A. BEDEAU. (*A. fimetarius.*)

Noir, tête tuberculée, élytres rouges.

    FABR. Syst. eleut. t. 1, p. 72, 19.
    GEOFFR. Ins. 1, 81, 18.
    SCHŒFF. Icon. pl. 144, fig. 6.

6. A. BARBOUILLÉ. (*A. conspurcatus.*)

Tête tuberculée, côté du corcelet pâle, élytres d'un jaune gris, taché de brun.

    FABR. Syst. eleut. t. 1, p. 73, 22.
    OLIV. Ins. 1, pl. 24, fig. 210, pl. 25, fig. 214.
    GEOFFR. Ins. 1, 82, 19.

7. A. SORDIDE. (*A. sordidus.*)

Tête tuberculée, corcelet noir, bords pâles avec un point noir, élytres grises.

    FABR. Syst. éleut. t. 1, p. 74, 26.
    SCHŒFF. Icon. pl. 74, fig. 3.

Dans les bouses.

8. A. HEMORROÏDALE. (*A. hemorroïdalis.*)

Tête tuberculée, corcelet ponctué, élytres rouges à leur extrémité.

    FABR. Syst. eleut. t. 1, p. 75, 30.
    OLIV. Ins. 1, pl. 26, fig. 223.

Commun dans les bouses, aux environs de Chantilly.

    II.e *Famille.* Tête sans tubercules.

9. A. LIVIDE. (*A. lividus.*)

Noir, élytres grises striées de noir.

Fabr. Syst. eleut. t. 1, 76, 37.
Schœff. Icon. pl. 26, fig. 8.

10. A. Tache. *A. (contaminatus.)*

Noir, élytres striées grises, avec des taches brunes.
Fabr. Syst. éleut. t. 1, 77, 39.
Creutz. Ins. 34, pl. 1, fig. 5.

11. A. Souillé. (*A. consputus.*)

Noir, bords du corcelet pâle, élytres striées, disque brun.
Fabr. Sys. éleut. t. 1, 77, 40.
Creutz. Ins. 41, 11, pl. 1, fig. 6.

Habite dans les excrémens humains.

12. A. Porc. (*A. sus.*)

Oblong, d'un rouge brun, élytres fauves tachées de noir.
Fabr. Syst. éleut., t. 1, p. 78, 44.

13. A. Merdaire. (*A. merdarius.*)

Elytres fauves, noires à leur suture.
Fabr. Syst. éleut. 80, 52.
Oliv. Ins. 1, pl. 19, fig. 173.

VII. ESCARBOT. (*Hister.*)

Palpes quatre, un peu renflés à leur extrémité.

Mâchoire unidentée.

Lèvre cornée, cilindrique, entière.

Antennes en masse solide.

Les escarbots ont le corps arrondi, convexe, quelquefois applati, obtus à sa partie antérieure et postérieure, et comme tronqué; la tête petite et comme cachée. Le premier article des antennes est très-long, les trois derniers plus épais; le corcelet lisse; les bords peu élevés; l'écusson petit, triangulaire; les élytres durs, plus courtes que l'abdomen, tronquées et fortement adhérentes; les pattes courtes, fortes; les cuisses comme comprimées; les jambes comprimées; celles de devant dentées, celles de derrière épineuses; les tarses à cinq articles; la couleur noire, brillante; la larve est applatie, brune à abdomen divisé en dix segments proéminens; la tête avec quatre dents à sa partie antérieure, la queue ovale avec une dent de chaque côté. Les escarbots à corps ovale vivent dans le fumier et dans les champignons pourris; les oblongs applatis sous l'écorce des arbres: peut-être ces derniers doivent-ils former un genre différent.

I.re *Famille*. Corps ovale, convexe.

1. E. Unicolor. (*H. unicolor.*)

Noir, les élytres avec trois stries obliques, les jambes très dentées.

Fabr. t. 1, p. 84, 3.

GEOFFR. Ins. 1, 91, pl. 1, fig. 4.
SCHOEFF. Icon. pl. 42, fig. 0.

2. E. POURPRÉ. (*H. purpurascens.*)

Noir, corcelet lisse, élytres striées, tache du disque rouge.

FABR. Sys. eleut. t. 1, p. 87, fig. 18.
GEOFFR. Ins. 1, 91, 2.

Il diffère du bimaculé par le corcelet, tout-à-fait lisse et pourpré dans le milieu du disque. Dans les bouses.

3. E. BIMACULÉ. (*H. bimaculatus.*)

Noir, les élytres striées, l'angle de derrière noir.

FABR. Syst. eleut. t. I, p. 88, fig. 23.
HERBST. Col. pl. 36, fig. 8.

Dans les bouses.

4. E. 4. MACULÉ. (*H. 4. maculatus.*)

Noir, avec tache rouge transversale au haut des élytres.

FABR. Syst. eleut. A. I, p. 88, 24.
HERBST. Col. pl. 25, fig. 2.

5. E. LUNULÉ. (*H. lunatus.*)

Noir, avec une tache, en croissant, rouge sur chaque élytre.

FABR. *ibid.* p. 86, 16.
OLIV. Ins. 1, pl. 1, fig. 5.

6. E. CUIVRÉ. (*H. œneus.*)

Couleur de cuivre, les élytres striées à leur base, ponctuées à leur extrémité; jambes de devant en scie.

FABR. *ibid.* p. 86, 16.

Geoff. Ins. 1, 95, 3.
Oliv. Ins. 1, pl. 2, fig. 10.

7. E. Sillonné. (*H. sulcatus.*)

Noir, le corcelet a cinq lignes élevées, les élytres trois stries des élytres avec des points élevés.

Fabr. *ibid.* p. 89, 31.
Oliv. Ins. 1, pl. 2, fig. 15.

Dans les champignons et les plantes pourries.

8. E. Strié. (*H. striatus.*)

Corcelet avec cinq lignes élevées, les élytres six.

Fabr. *ibid.* p. 90, 32.
Oliv. Ins. 1, pl. 1, fig. 6.

Semblable au précédent, mais moitié moins grand; plusieurs des stries des élytres non ponctuées.

II.e *Famille.* Corps applati, oblong.

9. E. Applati. (*H. planus.*)

Applati, opaque, noir, les élytres lisses.

Fabr. p. 90, 36.
Oliv. Ins. 1, pl. 3, fig. 22.

10. E. Déprimé. (*H. depressus.*)

Déprimé noir, très-brillant, les élytres presque striées.

Fabr. *ibid.* p. 91, 36.
Oliv. Ins. 1, pl. 2, fig. 9.

Sous l'écorce du bouleau.

VIII. SPHERIDIE. (*Spheridium.*)

Palpes, quatre inégaux filiformes.
Lèvre carrée, échancrée.
Languette carrée, échancrée.
Antennes en masse perfoliée.

Les sphéridies ont le corps rond, convexe en-dessus, applati en-dessous, lisse, bordé; la tête petite, inclinée; les antennes courtes; leur premier article est très-long, cylindrique; les quatre derniers plus épais, perfoliés; le corcelet convexe, lisse; les élytres dures, lisses, bordées, de la longueur de l'abdomen; les pattes courtes, fortes; les cuisses comprimées, les jambes épineuses, les tarses à cinq articles. Leur couleur varie. Ils habitent les bouses.

1. S. Scarabéïde. (*S. scarœbœoïdes.*)

Noir, ovale, élytres avec deux taches ferrugineuses.

FABR. *ibid.* t. 1, p. 92, 1.
GEOFFR. Ins. 1, 106, fig. 17.
HERBST. col. 4, pl. 37, fig. 1.

Dans les bouses.

2. S. Bordé. (*S. marginatum.*)

Noir, bords des élytres et pattes de couleur rousse.

FABR. *ibid.* p. 93, 4.
GEOFFR. Ins. 1, 107, 18.

Peut-être une simple variété du précédent.

3. S. Fasciculé. (*S. fasciculare.*)

Noir avec des points rougeâtres formant des fascicules.

FABR. *ibid.* p. 94, 9.
OLIV. Ins. 1, tab. 2, fig. 7.

4. S. GLOBULEUX. (*S. globus.*)

Globuleux, noir, corcelet roux.

FABR. *ibid.* p. 94, 11.

5. S. JAUNE. (*S. luteum.*)

Jaune, avec les élytres sans poils, mais revêtues de duvet.

FABR. *ibid.* p. 95, 12.
OLIV. Ins. 2, pl. 3, fig. 28.

6. S. ATOME. (*S. atomarium.*)

Noir, lisse, les élytres striées.

FABR. *ibid.* p. 96, 18.
GEOFFR. Ins. 1, 107, 19.

7. S. MELANOCEPHALE. (*S. melanocephalum.*)

Noir, lisse, élytres grises; à la base une tache noire qui leur est commune.

FABR. *ibid.* p. 96, 19.
OLIV. Ins. 2, tab. 1, fig. 4.

Dans le fumier.

8. S. LUGUBRE. (*S. lugubre.*)

Noir, brillant, élytres striées, pattes rouges.

FABR. *ibid.* 96.
OLIV. Ins. 2, pl. 2, fig. 12.

9. S. Hemorrhoïdale. (*S. hemorrhoïdale.*)

Noir, élytres rouges à leur extrémité, pattes noires.

> Fabr. *ibid.* p. 96, 21.
> Oliv. Ins. 2, 2, fig. 6.

10. S. Uniponctué. (*S. unipunctatus.*)

Noir, les élytres jaunâtres, avec un point commun noir. Le mâle n'a point de tache.

> Fabr. *ibid.* 97, 24.
> Oliv. Ins. 2, pl. 2, fig. 8.
> *Ibid.* Ins. 1, pl. 18, fig. 170. Le mâle.

Dans le fumier, volant dans le beau tems.

11. S. Ruficolle. (*S. ruficolle.*)

Noir luisant, le corcelet avec les pattes antérieures rouges.

> Fabr. *ibid.* 97, 26.
> Oliv. Ins. 2, pl. 2, fig. 7.

12. S. Fimetaire. (*S. fimetarium.*)

Noir, sans taches, élytres très-lisses.

> Fabr. *ibid.* p. 97, 27.

Dans le fumier.

13. S. Puce. (*S. pulicarium.*)

Oblong, noir, élytres tronquées, abdomen aigu.

> Fabr. *ibid.* 98, 31.
> Oliv. Ins. 2, tab. 3, fig. 27.

Sur les fleurs.

Nota. Peut-être cet insecte doit-il être placé parmi les nitidules.

IX. ANASITOME. (*Anasitoma.*)

Palpes, quatre inégaux filiformes.
Mâchoire membraneuse, bifide.
Antennes perfoliées, massue à cinq articles.

Les anasitomes ont le corps petit, ovale, lisse, brillant, bordé; la tête petite, penchée; les yeux arrondis, peu proéminens, latéraux, reculés; les antennes courtes, insérées devant les yeux; le corcelet convexe, presqu'aussi large que les étuis; l'écusson petit, triangulaire, aigu; les élytres un peu plus longues que l'abdomen, et plus pointues par le bout; les pattes courtes, fortes; les cuisses comprimées, les jambes arrondies, les quatre tarses de devant à cinq articles, les postérieurs à quatre; la couleur noire ou brune, assez brillante. Ils habitent les arbres et les fleurs.

1. A. FERRUGINEUX. (*A. ferruginea.*)

Ferrugineux, élytres striées.

> FABR. *ibid.* p. 99, 1.
> OLIV. Ins. 2, pl. 3, fig. 14.

2. A. BICOLORÉ. (*A. bicolor.*)

En-dessus noire, en-dessous couleur de rouille, élytres très-lisses avec un point couleur de rouille.

> FABR. *ibid.* 100, 3.

3. A. NIGRIPENNE. (*A. nigripenne.*)

Rousse, brillante, élytres noires, antennes brunes.

Fabr. *ibid.* p. 100, 4.
Panz. Faun. Germ. 39, 3.

4. A. Humerale. (*A. humeralis.*)

Noire, brillante, les élytres avec une tache rouge à leur base.

Fabr. *ibid.* 99, 2.
Oliv. Ins. 2, tab. 1, fig. 2.
Panz. Faun. Germ. 23, pl. 1.

X. BIRRHE. (*Birrhus.*)

Palpes, quatre égaux, grossis à l'extrémité.

Mâchoire bifide.

Lèvre bifide.

Languette courte, bifide, à lanières arrondies.

Antennes en massue perfoliée.

Les Birrhes ont le corps ovale, convexe, ramassé, sans rebords; la tête petite, penchée, les yeux ovales, peu proéminens, latéraux, reculés; les antennes plus longues que la tête, l'article premier plus épais, le second plus court, globuleux; le dernier ovale, perfolié; le corcelet atténué à sa partie antérieure, de la même largeur que les élytres à sa partie postérieure; l'écusson petit, arrondi; les élytres dures, de la longueur de l'abdomen; les bords recourbés en-dessous, embrassant l'abdomen; les pattes courtes, fortes; les cuisses comprimées, ayant une cavité à leur intérieur où se cachent les tarses; les tarses à cinq articles; la couleur obscure ou peu brillante. Ils vivent dans les terrains secs et sablonneux.

1. Birrhe pilulle. (*B. pilulla.*)

Brun, les élytres revêtues d'un duvet jaunâtre, et des stries interrompues.

>Fabr. *ibid.* p. 103, 2.
>Geoff. Ins. 1, p. 116, pl. 1, fig. 8.
>Schœff. Icon, pl. 95, fig. 3.

2. B. Rayé. (*B. fasciatus.*)

Noir, les élytres avec une raie noire ondée, rousse dans le milieu.

>Fabr. *ibid.* p. 103, 5.
>Geoff. Ins. 1, 116, 2.
>Schœff. Icon. pl. 158, fig. 3.

Dans les chemins secs et sablonneux.

3. B. Noir. (*B. ater.*)

Noir sans tache.

>Fabr. *ibid.* p. 104, 6.
>Schœff. Icon. pl. 258, fig. 6.

Dans les chemins secs et sablonneux.

4. B. Fasciculé. (*B. fasciculatus.*)

Noir, élytres pointillées, avec plusieurs rangées de poils disposés en faisceaux.

>Detigny, Hist. Nat. des Ins. t. 6, p. 28.

Au printems sous les ulcères des ormes.
Il est moitié plus petit que le birrhe fascié.

5. B. Bronzé. (*B. aeneus.*)

Couleur de bronze, écusson blanc.

Fabr. *ibid.* p. 105, 11.
Oliv. Ins. 2, pl. 1, fig. 3.

XI. ANTHRÈNE. (*Anthrenus.*)

Palpes, quatre inégaux filiformes.
Mâchoire membraneuse, linéaire, bifide.
Lèvre cornée, entière.
Antennes en massue solide.

Les anthrènes ont le corps petit, ovale, velu, ramassé, sans rebords; la tête petite, ovale, cachée; les yeux arrondis, marginaux, reculés; les antennes courtes, cachées sous le corcelet, insérées devant les yeux; le corcelet plus étroit que les élytres à sa partie antérieure, et aussi large à sa partie postérieure; l'écusson petit, arrondi; les élytres dures, comme striées, de la longueur du corps; les pattes courtes, fortes, cachées sous le corps, comprimées. Leur couleur est variée.

La larve vit de pelleteries et d'animaux desséchés. Elle est un des fléaux destructeurs des collections d'histoire naturelle. L'insecte parfait vit sur les fleurs dont il suce le suc propre. On les trouve sur-tout sur les ombellifères.

1. Anthrene brodé. (*A. pimpinellæ*.)

Noir, avec une bande blanche sur les élytres, qui sont bordées de blanc et couleur de rouille à leur extrémité.

>Fabr. *ibid*. p. 106, 1.
>Geoff. Ins. 1, 114, 1.
>Oliv. Ins. 2, pl. 1, fig. 4.

On le trouve sur les fleurs de la pimprenelle.
Le corcelet est noir, taché de blanc et de rouille.

2. A. Arlequin. (*A. histrio.*)

Noir, les élytres avec deux taches marginales et une ligne blanche à leur partie postérieure.

>Fabr. *ibid*. p. 106, 2.

3. A. Scrofulaire. (*A. scrofulariae*.)

Noir, avec des élytres tachées de blanc; la suture rouge.

>Fabr. *ibid*. p. 107, 4.
>Schœff. Icon. tab. 176, fig. 4.

Sur la scrofulaire.

4. A. Destructeur. (*A. muscorum.*)

Obscure, les élytres de couleur obscure.

>Fabr. *ibid*. p. 107, 5.
>Oliv. Ins. 2, tab. 1, fig. 1.

Très-semblable au précédent, mais plus petit, il n'a point la suture rouge.

Il habite les cabinets d'histoire naturelle, et y détruit les animaux desséchés.

5. A. Amourette. (*A. verbasci.*)

Noir, les élytres avec trois bandes blanches ondées.

    Fabr. *ibid.* p. 107, 7.
    Geoff. Ins. 1, 115, 2.

Habite la scrofulaire.

6. A. Varié. (*A. varius.*)

Corcelet et élytres de couleur variée, d'un brun cendré, corps cendré.

    Fabr. *ibid.* p. 108, 8.

Le corps est en-dessus cendré et varié de brun, en-dessous cendré sans taches.

7. A. Trifascié. (*A. versicolor.*)

Oblong, élytres avec trois raies ondées, rougeâtres, cendrées à leur extrémité. Corps d'un noir brillant.

    Creutz. Entom. Versuch. 1793, p. 117, pl. 2, fig. 21.

Pris dans le bois du Lys, sur une feuille de chêne.

XII. TROX. (*Trox.*)

Palpes, quatre, grossis à leur extrémité.
Mâchoire bifide.
Antennes en masse feuilletée.

Les trox ont le corps ovale, convexe, obtus, brillant; la tête petite, inclinée; les yeux petits, arrondis, latéraux; les antennes de la longueur de la tête, souvent velues, insérées devant les yeux, leur masse ovale est formée de trois lames distinctes; le corcelet inégal, bordé; l'écusson petit, arrondi; les élytres raboteuses, bordées, de la longueur de l'abdomen; les pattes courtes, fortes, comprimées; les jambes dilatées à leur extremité, les tarses à cinq articles; la couleur noire ou cendrée, jamais claire ni tachée. Ils vivent d'animaux morts et se trouvent dans les endroits arides et sablonneux.

1. T. SABLONNEUX. (*T. sabulosus.*)

Corcelet raboteux, les élytres striées, les stries raboteuses.

FABR. *ibid.* p. 110, 3.
GECFF. Ins. 1, p. 78, 11.
OLIV. Ins. 1, pl. 1.

2. T. HISPIDE. (*T. hispidus.*)

Elytres striées, raboteuses, des poils entre les stries.

FABR. *ibid.* p. 110, 4.
OLIV. Ins. 4, tab. 2, fig. 9.

Il ressemble beaucoup au trox sablonneux; mais il en diffère par un corcelet moins inégal, par des stries plus distinctes, et par des faisceaux de poils entre les stries.

3. T. ARÉNAIRE. (*T. arenarius.*)

Corcelet convexe, canaliculé, élytres striées, corps obscur.

FABR. *ibid.* 111, 5.
OLIV. Ins. 4, tab. 1, fig. 7.

Je l'ai attrapé volant, dans le bois de Carnelle, en juin. Il est moitié plus petit que les deux précédents. Les antennes sont de couleur fauve ; les bords du corcelet sont ciliés de poils couleur de rouille ; les élytres ne sont pas profondément striées, et il y a un grand nombre de points couleur de rouille, formés par des fascicules de poils.

XIII. BOLITOPHAGE. (*Bolitophagus.*)

Palpes, quatre inégaux filiformes.
Lèvre cornée, en cœur, ciliée.
Antennes moniliformes, plus grosses à leur extrémité.

Les bolitophages ont le corps petit, oblong, raboteux ; la tête proéminente, ovale ; le chaperon arrondi, entier ; les yeux arrondis, petits, latéraux ; les antennes courtes, insérées sous le chaperon ; le corcelet presque toujours raboteux, bordé, avec le bord crenelé, à angle antérieur avancé, et de la largeur des élytres ; l'écusson petit, arrondi, les élytres striées, dures, de la longueur de l'abdomen ; les pattes médiocres, un peu comprimées ; les tarses antérieurs à cinq articles, les postérieurs à quatre ; la couleur obscure, grise ou peu brillante. Ils habitent les champignons.

1. B. Crenelé. (*B. crenatus.*)

Bord antérieur du corcelet crénelé, angles antérieurs avancés, les postérieurs épineux ; les élytres sillonnées ; les sillons ponctués.

Il habite les champignons.

FABR. *ibid.* p. 113, 2.
HERBST. Col. 5, 216, 4, pl. 52, fig. 6.

2. B. Agricola. (*B. agricola.*)

Corcelet lisse, élytres striées.

FABR. *ibid.* p. 114, 3.
ELEDMA LATREILLE, Ins.
HERBST. tab. 52, fig. 9.

Habite les champignons : corps noir obscur.

XIV. OPATRE. (*Opatrum.*)

Palpes, quatre, les antérieurs en massue tronquée obliquement, les postérieurs filiformes.

Lèvre faiblement tronquée.

Antennes grossissant à leur extrémité.

Les opâtres ont le corps petit, oblong, convexe, lisse, obtus; la tête petite, reçue dans une large échancrure du corcelet, arrondie; les yeux arrondis, latéraux; les antennes insérées sous les yeux; le corcelet lisse, bordé; à bords arrondis, de la largeur des élytres; l'écusson petit, arrondi; les élytres bordées, dures, plus longues que l'abdomen; les pattes courtes, fortes; les jambes dilatées à leur extrémité, les tarses à cinq articles; la couleur obscure. Ils habitent les lieux arides et sablonneux, et se nourrissent de cadavres desséchés.

1. O. Sablonneux. (*O. sabulosum.*)

Brun, les élytres ayant trois lignes élevées, crenelées; le corcelet échancré.

FABR. *ibid.* p. 116, 5.
GEOFF. Ins. 1, 350, 7.

Dans les lieux sablonneux.

2. O. CONVEXE. (*O. gibbum.*)

Noir, les élytres avec plusieurs lignes élevées, peu marquées; les jambes antérieures triangulaires.

FABR. *ibid.* p. 116, 6.
OLIV. Ins. 56, pl. 1, fig. 6.

Dans les lieux sablonneux. Corps plus oblong et plus convexe par-derrière.

3. O. TIBIALE. (*O. tibiale.*)

Noir, les élytres ponctuées, raboteuses; jambes de devant comprimées, triangulaires.

FABR. 119, 21.
OLIV. Ins. 5, pl. 1, fig. 10.

Sous les pierres.
Chaperon tronqué, tête et corcelet lisses, noirs, sans taches, jambes antérieures bidentées à leur base, triangulaires à leur extrémité.

XV. SCARITE. (*Scarites.*)

Palpes, six filiformes.
Lèvre cornée, dentée.
Antennes moniliformes.

Les scarites ont le corps oblong, applati, lisse, bordé; la tête grande, ovale, insérée dans une échancrure du corcelet; les mandibules avancées; les yeux petits, arrondis, latéraux; les antennes courtes, insérées dans une cavité, à la base des mâchoires; le premier article très-long; le corcelet transversale, l'angle antérieur avancé, celui de derrière arrondi, de la même largeur que les élytres : ils n'ont point d'écusson; les élytres sont convexes, réunies, hispides, de la longueur de l'abdomen; les pattes fortes; les cuisses comprimées; les jambes antérieures digitées, les intermédiaires dentées, les postérieures ciliées, les tarses à cinq articles; la couleur noire. Les scarites sont insectophages et carnassiers; ils courent vite, ils s'enfoncent dans des trous qu'ils creusent en terre.

1. S. ARÉNAIRE. (*S. arenarius.*)

Brun, les pattes antérieures digitées et palmées.

FABR. p. 125, 15.
OLIV. Ins. 16, pl. 1, fig. 6.

Dans les lieux sablonneux.

2. S. CONVEXE. (*S. gibbus.*)

Noir, le corcelet articulé, canaliculé; les élytres striées.

FABR. *ibid.* p. 126, 17.
OLIV. tab. 2, fig. 16.

3. S. THORACIQUE. (*S. thoracicus.*)

Couleur de bronze, corcelet presque globuleux, les élytres ponctuées, striées.

FABR. p. 126, 16.
OLIV. Ins. pl. 2, fig. 14.

Plus petit que l'*arenarius*. La forme du corcelet est presque globuleuse.

XVI. PIMELIE. (*Pimelia.*)

Palpes, quatre filiformes.
Mâchoire courte, unidentée.
Languette très-courte, membraneuse. tronquée.
Antennes, filiformes.

Les pimelies ont le corps grand, ovale, uni, sans rebords, convexe; la tête ovale, obtuse; les yeux grands, latéraux, en forme de reins, resserrés dans leur milieu; les antennes insérées sous les rebords de la tête; le corcelet convexe, arrondi. Ils n'ont point d'écusson, leurs élytres sont réunies, dures, de la longueur de l'abdomen; les pattes sont médiocrement longues, les cuisses comprimées; les tarses antérieurs ont cinq articles, les postérieurs n'en ont que quatre. Leur couleur est presque toujours obscure. Ils habitent les terreins sablonneux et arides.

1. P. CANELÉ. (*P. muricata.*)

Noir, élytres obtuses avec des stries chagrinées.

FABR. Sys. eleut. t. 1, p. 129, 11.
GEOFF. Ins. 1, 352.
PALLAS, Icon. 1, 706, 51.

Dans les bois du Lys.

XVII. BLAPS.

Palpes, quatre inégaux en massue.
Mâchoire droite, bifide.
Languette membraneuse, fendue.
Antennes en collier à l'extrémité.

Les blaps ont le corps oblong, convexe, uni, bordé; la tête proéminente, obtuse; les yeux transversaux, latéraux; les antennes courtes, insérées devant les yeux, sous un rebord de la tête; le corcelet à peine bordé, les bords et la partie postérieure arrondie, de la largeur des élytres; ils n'ont point d'écusson; leurs élytres sont réunies, dures, de la longueur de l'abdomen, et embrassant ses bords en-dessous; leurs pattes sont fortes; les cuisses sont comprimées et canaliculées en-dessous; les tarses antérieurs ont cinq articles, les postérieurs quatre. Leur couleur est obscure. La plupart sont sans ailes sous leurs élytres. Ils habitent sous les pierres, dans les caves et les lieux humides et mal-sains.

1. B. PUTRIDE. (*B. mortisaga.*)

Noir, élytres terminées en pointes, comme ponctuées.

FABR. *ibid.* t. 1, p. 141, 3.
GEOFF. Ins. 1, 346.
SCHŒFF. Icon. pl. 36, fig. 6, pl. 6, fig. 13.

Dans les jardins, parmi les ordures.

2. B. DERMESTOÏDE. (*B. dermestoïdes.*)

Ovale, noir, élytres presque striées, chaperon échancré.

FABR. *ibid.* p. 148, 9.

XVIII. TENEBRION. (*Tenebrio.*)

Palpes, quatre inégaux, les antérieurs en massue, les postérieurs filiformes.

Mâchoire bifide.

Lèvre tronquée, entière.

Antennes à collier.

Les tenebrions ont le corps oblong, lisse, bordé; la tête arrondie, obtuse; les yeux ovales, latéraux, fixés en avant par un crochet; les antennes courtes, insérées sur le chaperon de la tête; le corcelet applati, de la largeur des élytres, avec les bords arrondis; l'écusson petit, arrondi; les élytres dures, de la longueur de l'abdomen avec les bords peu défléchis; l'écusson petit, arrondi; les élytres dures; les pattes courtes, fortes; les cuisses plus grosses, canaliculées; les jambes courbées; les tarses antérieurs à cinq articles, les postérieurs à quatre. La couleur est presque toujours obscure. Leurs larves vivent dans le pain, la farine, le sucre. L'insecte parfait dans les maisons, dans les endroits sombres et obscurs. Ils ne volent que le soir.

1. T. MEUNIER. (*T. molitor.*)

Oblong, brun, élytres striées.

FABR. *ibid.* t. 1, p. 145, 8.
GEOFF. Ins. 1, 349, 6.
PANZ. FN. GERM. 43, pl. 12.

Sa larve vit dans la farine et est connue sous le nom de ver de farine. C'est la nourriture favorite des rossignols.

Se trouve par-tout dans les maisons.

2. T. CULINAIRE. (*T. culinaris.*)

Couleur de rouille, élytres striées et pointillées; jambes antérieures dentées.

FABR. *ibid.* p. 148, 21.
OLIV. Ins. 571, pl. 1, fig. 15.

Il se trouve dans le bois pourri, sous des écorces d'arbres et dans des tas de bled.

XIX. TROGOSSITE. (*Trogosita.*)

Palpes, quatre inégaux, dernier article tronqué.

Lèvre cornée, bifide, à lanières arrondies, ciliées.

Antennes moniliformes; les trois derniers articles plus gros, légèrement comprimés.

Les trogossites ont le corps alongé, souvent déprimé, applati, uni, sans rebord, agile; la tête ovale, les mandibules proéminentes; les yeux arrondis dans le milieu du bord; les antennes courtes, insérées en avant des yeux; le corcelet ovale, applati, arrondi postérieurement, de la largeur des élytres, l'écusson petit; les élytres dures, de la longueur du corps; les pattes courtes, fortes; les jambes arrondies; tous les tarses à cinq articles; la couleur noire, rouge ou cuivrée. Ils habitent sous les écorces d'arbre et dans le pain gâté.

1. T. CARABOÏDE. (*T. caraboïdes.*)

Noir, corcelet ovale, bordé; élytres striées, stries lisses.

FABR. *ibid.* p. 151, 6.
GEOFF. Ins. 1, 64, 5.
OLIV. Ins. 2, pl. 1, fig. 2.

Il vit dans le bois pourri et dans le pain gâté.

2. T. BLEU. (*T. caerulea.*)

Bleu, brillant, la tête avec une ligne enfoncée.

FABR. *ibid.* t. 1, p. 151, 3.
OLIV. Ins. 2, pl. 1, fig. 1.

Dans le pain gâté.

3. T. SILLONNÉ. (*T. sulcata.*)

Brun, corcelet applati, sillonné.

FABR. *ibid.* t. 1, p. 135, 22.
OLIV. pl. 1, fig. 1.

XX. HÉLOPS. (*Helops.*)

Palpes inégaux.
Les antérieurs en forme de hache.
Les postérieurs en massue.
Lèvre cornée, entière.
Antennes filiformes, ou presque moniliformes.

Les hélops ont le corps oblong, convexe, lisse, bordé; la tête ovale, obtuse; le chaperon légèrement échancré;

les yeux placés transversalement, latéraux; les antennes courtes, insérées sous le chaperon; le corcelet applati, les bords arrondis; l'écusson petit, arrondi; les élytres dures, non défléchies, de la longueur de l'abdomen; les pattes médiocres, propres à la course; les cuisses comprimées; les jambes courbées, les tarses antérieurs à cinq articles, les postérieurs à quatre; leur couleur est ou noire, ou bleue, ou cuivré-rembruni. Ils habitent dans les maisons, les endroits sablonneux et sous les écorces d'arbre.

1. H. LANIPÈDE. (*H. lanipes.*)

Cuivré, élytres striées, pointues.

FABR. *ibid.* t. 1, p. 157, 6.
GEOFF. 1, 349, 5.
SCHŒFF. Icon. pl. 51, fig. 3.

2. H. NOIR. (*H. ater.*)

Oblong, noir, convexe, corcelet atténué à sa partie antérieure, élytres striées.

FABR. t. 1, p. 161, 37.
OLIV. pl. 2, fig. 10.

3. H. SOUILLÉ. (*H. quisquilius.*)

Noir, antennes et pattes couleur de rouille.

FABR. *ibid.* p. 163, 46.

XXI. MELANDRIE. (*Melandria.*)

Palpes, quatre inégaux.

Les antérieurs avancés, dentés; le dernier article ovale.

Les postérieurs terminés par un article plus gros.

Antennes filiformes.

Les mélandries ont le corps alongé, presque cylindrique, lisse; la tête grande, presque ronde, très-obtuse; les yeux petits, arrondis, latéraux, transversaux; les antennes courtes, courbées, le premier article plus long, inséré en avant des yeux; le corcelet court, plat, déprimé sur les côtés, rétréci à sa partie antérieure, de la largeur des élytres à sa partie postérieure; l'écusson petit, triangulaire; les élytres molles, avec un rebord défléchi et de la longueur de l'abdomen; les pattes médiocrement longues; les tarses antérieurs à cinq articles, les postérieurs à quatre; la couleur noire ou cuivre obscur. Ils habitent sur les arbres et les plantes.

1. M. Dentée. (*M. serrata.*)

Elytres d'un bleu noirâtre, tarses dentés.

Fabr. *ibid.* t. 1, p. 164, 1.
Panz. Faun. Germ. 9, pl. 4.

2. M. Canaliculé. (*M. canaliculata.*)

Noire, canaliculée, avec un enfoncement de chaque côté, élytres striées.

Fabr. *ibid.* p. 164, 2.
Panz. Faun. Germ. 9, pl. 4.

XXII. CYCHRE. (*Cychrus.*)

Palpes six, le dernier article presque conique.
Mâchoire cornée, ciliée à l'intérieur, dentée.
Lèvre courte, bifide.
Antennes sétacées.

Les cychres ont le corps moyen, oblong, lisse, bordé, agile; la tête avancée, cylindrique; les yeux petits, globuleux, latéraux; les antennes médiocrement longues, le second article plus long, insérées dans une cavité, en-devant des yeux; le corcelet étroit, applati, avec des bords arrondis; ils n'ont point d'écusson; les élytres sont réunies, dures, de la longueur de l'abdomen; les bords courbés en-dessous, embrassant l'abdomen; les pattes médiocrement longues; les cuisses comprimées, celles de derrière avec un appendice à leur base; tous les tarses à cinq articles; la couleur obscure. Ils habitent sous les pierres et dans les ordures.

1. C. ROSTRÉ. (*C. rostratus.*)

Lisse, noir, corcelet plus étroit que le corps, tête plus étroite que le corcelet.

FABR. *ibid.* t. 1, p. 165, 1.
DEGEER, Ins. 4, pl. 3, fig. 13.
PETAGN. Spec. Cal. 26, 121, fig. 21.

Trouvé en juillet, sous des pierres, proche l'étang de Carnelle.

XXIII. CARABE. (*Carabus.*)

Palpes, six.

Les antérieurs à articles courbés, cylindriques, égaux.

Les postérieurs à dernier article, obtus, tronqués.

Languette membraneuse, carrée.

Lèvre cornée, trifide, déchirure intermédiaire pointue.

Antennes sétacées.

Les carabes ont le corps ovale, lisse, agile; la tête grande, ovale; les mandibules et les palpes proéminens; les yeux petits, globuleux, proéminens, latéraux; les antennes de longueur moyenne, le second article plus long, plus épais, insérées dans une cavité devant les yeux; le corcelet échancré, applati, presque de la largeur des élytres; ils n'ont presque jamais d'écusson; ils ont les élytres dures, de la longueur de l'abdomen, à rebord non défléchi; les pattes un peu longues, propres à la course; les cuisses comprimées, celles de derrière garnie d'un appendice à leur base; les jambes arrondies, armées en-dedans vers leur extrémité, d'une soie rude; les tarses à cinq articles; la couleur, la plupart du tems noire ou cuivrée. Ils vivent dans la terre, sous les pierres, dans les jardins, dans les champs. Ils sont carnassiers, se nourrissent d'autres insectes, de chenilles ou d'animaux morts. Ils répandent une liqueur très-caustique. Plusieurs courent très-vîte; mais il en est peu qui volent, et un grand nombre d'espèces sont aptères, et n'ont point d'aîles sous leurs élytres.

I.re *Famille*. Sans aîles, corcelet en cœur.

1. C. CORIACÉ. (*C. coriaceus.*)

Noir, opaque, corcelet lisse, élytres réunies, avec des cavités enfoncées, irrégulières.

FABR. *ibid.* p. 168, 2.
GEOFF. Ins. 1, 141, 1.
SCHŒFF. Icon, pl. 36, fig. 1, *le mâle*. Pl. 141, fig. 1. *La femelle*.

Dans les bois.

2. C. VIOLET. (*C. violaceus.*)

Noir, le corcelet et les bords des élytres violets, élytres lisses ou légèrement ponctuées.

FABR. *ibid.* p. 170, 7.
SCHŒFF. Icon. pl. 3, fig. 1.

Bois de Carnelle, sous des pierres.

3. C. PURPURIN. (*C. purpurascens.*)

Les bords des élytres violets, les élytres striées.

FABR. *ibid.* p. 170, 8.
SCHŒFF. Icon. pl. 88, fig. 1.

Sous les pierres et dans les ordures des jardins.

4. C. ENCHAINÉ. (*C. canelutatus.*)

Noir, bord du corcelet et des élytres violet; élytres striées avec une triple série de points comprimés.

FABR. *ibid.* p. 170, 9.

Geoff. Ins. 1, 144, 4, 6.
Oliv. Ins. 3, 35, pl. 3, fig. 29.

Sous les pierres et dans les ordures.

Forme et grandeur du précédent ; mais il en diffère par les stries des élytres, qui sont raboteuses, et par le corcelet qui est plus étroit à sa partie postérieure.

5. C. Bleu. (*C. cyaneus.*)

Noir, avec un reflet violet, élytres raboteuses avec des points enfoncés, irréguliers.

Fabr. ibid. p. 171, 11.
Schœff. Icon. pl. 3, fig. 1.

Dans le bois de l'abbaye de Royaumont.

Il diffère des précédens par la couleur, par les élytres raboteuses, chagrinées, par le corcelet plus long. Il est moitié moins grand que le coriacé.

6. C. Jardinier. (*C. hortensis.*)

Noir, élytres un peu raboteuses, avec une triple série de points enfoncés, couleur de cuivre ; bords violets.

Fabr. ibid. p. 172, 18.
Schœff. pl. 11, fig. 13.

Dans les bois aux environs de Beaumont.

Il varie par la couleur totalement noire et des points de la couleur des élytres.

J'en ai un individu moins grand, que j'ai pris dans les bois de Carnelle. Est-ce différence de sexe ou une espèce ?

7. C. Convexe. (*C. convexus.*)

Noir, convexe, corcelet échancré à sa partie postérieure, élytres avec des stries très-fines.

Fabr. p. 175, 29.
Schœff. Icon. pl. 3, fig. 2.

Dans les bois.

8. C. Galonné. (*C. granulatus.*)

Cuivre-obscur, élytres avec des sillons élevés, couleur de cuivre interrompue par des points longitudinaux élevés.

Fabr. *ibid.* p. 176, 36.
Geoff. Ins. 1, 143, 3.
Scœff. Icon. pl. 156, fig. 4.

J'en connais deux variétés, une couleur de cuivre, l'autre de couleur violette très-foncée. Je les ai vues accouplées, et je me suis convaincu que cette dernière variété est la femelle.

9. C. Champêtre. (*C. arvensis.*)

Noir, cuivré, élytres striées avec une triple série de points longitudinaux élevés.

Fabr. p. 174, 25.
Oliv. Ins. 35, pl. 4, fig. 33.

Je ne l'ai jamais trouvé que dans le bois de Carnelle. Il y a une variété violette que je crois être la femelle.

10. C. Doré. (*C. auratus.*)

Elytres dorées, sillonnées; antennes et pattes rougeâtres.

Fabr. *ibid.* p. 175, 30.
Geoff. Ins. 1, 142, pl. 2, fig. 5.
Scœff. Icon. pl. 202, fig. 5.

C'est un des plus communs dans nos environs. On le trouve dans les jardins, dans les champs, sur les chemins.

11. C. Brillanté. (*C. aurato-intens.*)

Elytres à sillons raboteux, vert, doré, brillant; cuisses rouges.

>Fabr. *ibid.* p. 175, 32.
>Panz. Germ. 4, pl. 6.

Je ne l'ai trouvé qu'une seule fois dans la forêt de Carnelle, en messidor.

12. C. Leucophtalme. (*C. leucophtalmus.*)

Noir, élytres striées, corcelet avec des lignes enfoncées à la base.

>Fabr. *ibid.* p. 177, 41.
>Geoff. Ins. 1, 146, 7.

Dans les endroits humides et les ordures.

13. C. Terricole. (*C. terricola.*)

Noir, brillant, stries des élytres lisses, extrémité des antennes et pattes rousses.

>Fabr. *ibid.* p. 178, 43.

Dans les bois, sous les pierres.

II.e *Famille.* Des aîles, corcelet en cœur.

14. C. Noir. (*C. niger.*)

Déprimé, noir; le corcelet avec deux lignes enfoncées; élytres sillonnées.

>Fabr. *ibid.* 46, p. 179.
>Geoff. Ins. 1, 146, 7.
>Schœff. Icon. pl. 18, fig. 1.

Ressemble beaucoup au leucophtalme, mais il a des aîles.

15. C. Applati. (*C. planus.*)

Déprimé, noir; élytres légèrement striées.

FABR. *ibid.* p. 179, 47.
PANZ. Faun. Germ. 11, pl. 4.
DEGEER, Ins. 4, 96, 12.

Dans les bois.

16. C. Sablonneux. (*C. sabulosus.*)

Couleur pâle, une tache noire à la tête et sur les élytres.

FABR. *ibid.* p. 179, 50.
OLIV. Ins. 35, pl. 10, fig. 108.

17. C. Ruficorne. (*C. ruficornis.*)

Noir, élytres sillonnées, revêtues d'un léger duvet; antennes et pattes rouges.

FABR. t. 1, p. 180, 53.
GEOFF. Ins. 1, 160, 38.
OLIV. 35, pl. 8, fig. 91.

Commun dans les bois.

18. C. Brun. (*C. piceus.*)

Corcelet canaliculé, avec des stries de chaque côté; les antennes et les jambes brunes.

FABR. p. 181, 57.
SCHŒFF. Icon. pl. 18, fig. 9.

Commun dans la forêt du Lys, dans le bois de Carnelle.

19. C. Humide. (*C. madidus.*)

Corcelet avec deux points enfoncés à sa partie postérieure; noir; cuisses rouges.

FABR. *ibid.* p. 181, 59.
OLIV. pl. 5, fig. 61.

Commun dans les bois des environs de Beaumont.

20. C. SPINIBARBE. (*C. spinibarbis.*)

Bleu, avec la bouche, les antennes et les jambes rousses.

FABR. *ibid.* p. 181, 61.
OLIV. Ins. 35, pl. 3, fig. 22.

21. C. MULTIPONCTUÉ. (*C. multipunctatus.*)

Cuivré, avec plusieurs points raboteux, enfoncés; les pattes noires.

FABR. *ibid.* p. 182, 68.
OLIV. Ins. 35, pl. 12, fig. 38.

Dans les bois.

22. C. NÈGRE. (*C. atricapillus.*)

Corcelet roux, élytre obtuse, pâle; tête noire.

OLIV. Ins. 35, pl. 9, fig. 106.
FABR. *ibid.* t. 1, p. 186.

Dans les lieux humides.

Nota. Je dois dire que j'ai disséqué quelques carabes de cette famille, qui se sont trouvés sans ailes, entr'autres le *madidus.* Ce caractère varierait-il selon les climats, les saisons ou les sexes?

III.e *Famille.* Corcelet rétréci à sa partie postérieure.

23. C. CEPHALOTE. (*C. cephalotes.*)

Noir, lisse et luisant, corps alongé, corcelet cornu.

FABR. *ibid.* p. 187.
SCHŒFF. pl. 11, fig. 1.

Trouvé une seule fois près Saint-Brice.

Fabricius observe que les carabes de cette famille paraissent s'éloigner de celles de ce genre et se rapprocher du genre scarite, mais qu'ils manquent de caractères propres pour constituer un genre à part.

IV.e *Famille*. Corcelet carré.

24. C. CONVEXE. (*C. gibbus.*)

Ailé, convexe, en-dessus noir, brun en-dessous; élytres striées.

FABR. *ibid.* p. 189, 105.

V.e *Famille*. Corcelet arrondi; aptères.

25. C. JOLI. (*C. lepidus.*)

D'un vert cuivré, corcelet avec deux raies enfoncées de chaque côte.

FABR. *ibid.* p. 190, 107.
OLIV. 35, pl. 11, fig. 118.

Il n'est pas très-rare dans le bois du Lys.

26. C. CASSIDE. (*C. cassidius.*)

Noir, corcelet orbiculé, élytres lisses.

FABR. p. 190, 108.
PANZ. Faun. Germ. 31, pl. 8.

27. C. MÉLANOCÉPHALE. (*C. melanocephalus.*)

Noir, corcelet et pattes de couleur rousse.

FABR. *ibid.* p. 190, 112.
GEOFF. Ins. 1, 162, 42.
OLIV. Ins. 35, pl. 2, fig. 14.

Sous les pierres, dans les endroits humides.

VI.ᵉ *Famille.* Ailés, corcelet arrondi.

28. C. Brevicol. (*C. brevicollis.*)

Noir. antennes rougeâtres.

>FABR. 191, 14.
>PANZ. Faun. Germ. 11, pl. 8.

29. C. Velouté. (*C. holosericeus.*)

Noir, velouté; tête couleur de cuivre brillant.

>FABR. *ibid.* p. 193, 125.
>OLIV. 35, pl. 11, fig. 122.

Trouvé une seule fois dans les bois du Lys.

30. C. Pilicorne. (*C. pilicornis.*)

Elytres striées avec des points enfoncés, antennes velues.

>FABR. *ibid.* p. 193, 128.
>OLIV. 35, pl. 11, fig. 119.

Il varie pour la couleur, tantôt noir, tantôt cuivrée. Bois de Meudon.

31. C. Cuivré. (*C. cupreus.*)

Couleur de cuivre, antennes à base rouge.

>FABR. p. 195, 134.
>GEOFF. Ins. 1, 161, 40.
>OLIV. Ins. 35, pl. 3, fig. 25.

Commun dans les bois.

32. C. Vulgaire. (*C. vulgaris.*)

D'un noir bronzé, antennes et pattes noires.

Fabr. p. 195, 137.
Schœff. Icon. pl. 18, fig. 2.

Dans les lieux sablonneux.

33. C. Large. (*C. latus.*)

Noir, élytres crénelées, striées; antennes et pattes rousses.

Fabr. p. 190, 141.
Schœff. Icon. pl. 194, fig. 7.

34. C. Ferrugineux. (*C. ferrugineus.*)

Couleur de rouille, élytres plus foncées, striées.

Fabr. p. 197, 150.
Geoff. Ins. 1, 162, 43.
Oliv. Ins. 35, pl. 12, fig. 136.

Dans les lieux arides.

35. C. Noir. (*C. aterrimus.*)

Corcelet noir, bordé; élytres striées, avec trois points enfoncés.

Fabr. p. 198, 155.
Oliv. Ins. 35, pl. 12, fig. 141.

Dans les bois.

36. C. Six points. (*C. sexpunctatus.*)

Tête et corcelet verts, élytres couleur de cuivre.

Fabr. p. 199, 159.
Geoff. Ins. 1, 149, 14.
Schœff. Icon. pl. 66, fig. 7.

37. C. Bordé. (*C. marginatus.*)

Vert, bords des élytres et jambes fauves.

    Fabr. p. 199, 162.
    Oliv. Ins. 35, pl. 9, fig. 98.

Dans les bois.

38. C. Vêtu. (*C. vestitus.*)

Vert cuivré, brillant; bord du corcelet et des élytres d'un vert cuivré; antennes et pattes de couleur pâle.

    Fabr. p. 200, 163.
    Geoff. Ins. 1, 162, 41.
    Oliv. Ins. 35, pl. 5, fig. 49.

39. C. Tête-bleue. (*C. cyanocephalus.*)

Corcelet et pattes couleur de rouille, tête et élytres bleues.

    Fabr. *ibid.* p. 200, 167.
    Geoff. Ins. 1, 149, 16.
    Schœff. Icon. pl. 10, fig. 14.

40. C. Grande-croix. (*C. crux major.*)

Corcelet orbiculé, élytres noires avec deux taches rouges.

    Fabr. p. 202, 176.
    Geoff. Ins. 1, 130, 17.
    Schœff. Icon. pl. 1, fig. 13.

Dans les bois.

41. C. Petite-croix. (*C. crux minor.*

Corcelet orbiculé, rouge; élytres tronquées, rouges; croix noire.

FABR. p. 202, 177.
GEOFF. Ins. 1, 150, 18.
SCHŒFF. Icon.pl. 18, fig. 8.

42. C. HEMORRHOÏDALE. (*C. hemor-rhoïdalis.*)

Corcelet rouge, un peu orbiculé ; élytres noires, rouges à leur extrémité.

FABR. *ibid.* p. 203, 182.
OLIV. Ins. 35, pl. 6, fig. 60.

43. C. BIPUSTULÉ. (*C. bipustulatus.*)

Corcelet orbiculé, roux ; élytres noires à leur extrémité, avec une tache rouge.

FABR. p. 203, 184.
OLIV. 35, pl. 8, fig. 96.

44. C. GERMAIN. (*C. germanus.*)

Bleu, avec la tête, les élytres et les pattes fauves ; élytres violettes à l'extrémité.

FABR. p. 204, 187.
SCHŒFF. Icon. pl. 31, fig. 13.

Dans le bois de Carnelle.

45. C. BRULÉ. (*C. apricarius.*)

Noir en-dessus, en-dessous couleur de rouille ; élytres crénelées, striées.

FABR. p. 205, 193.
GEOFF. Ins. 1, 162, 43.
PANZ. Faun. GERM. 40, pl. 3.

Dans les lieux sablonneux.

46. C. Lunulé. (*C. lunatus.*)

Corcelet orbiculé, roux; élytres jaunes, avec trois taches noires.

    Fabr. p. 205, 194.
    Schœff. Icon. pl. 41, fig. 14.

47. C. Prasin. (*C. prasinus.*)

Noir, tête et corcelet cuivrés; élytres couleur de rouille, tache commune et grande à leur extrémité.

    Fabr. p. 206, 195.
    Schœff. Icon. pl. 31, fig. 13.
    Oliv. Ins. 35, pl. 5, fig. 55.

48. C. Etuvier. (*C. vaporarium.*)

Corcelet, bord antérieur des élytres, antennes et pattes couleur de rouille.

    Fabr. p. 206, 198.
    Oliv. Ins. 35, pl. 7, fig. 57.

49. C. Méridien. (*C. meridianus.*)

Noir, partie antérieure des élytres et pattes fauves.

    Fabr. p. 206, 199.
    Oliv. Ins. 35, pl. 13, fig. 135.

Dans les lieux sablonneux.

50. C. Quadri-maculé. (*C. 4. maculatus.*)

Corcelet couleur de rouille, lisse; élytres tronquées avec deux raies et deux taches blanches.

    Fabr. p. 207, 203.
    Geoff. Ins. 1, 152, 24.

51. C. FAUVE. (*C. testaceus.*)

Tête et corcelet couleur de rouille, élytres fauves.

FABR. p. 209, 213.
GEOFF. Ins. 1, 153, 25.

52. C. BIPONCTUÉ. (*C. 2. punctatus.*)

Cuivré, antennes et pattes noires, élytres avec deux points enfoncés.

FABR. p. 209, 216.
OLIV. Ins. 35, pl. 14, fig. 163.

53. C. TRONCALETTE. (*C. truncalettus.*)

En-dessus cuivré obscur, en-dessous noir, élytres obtuses.

FABR. p. 210, 222.
OLIV. Ins. 35, pl. 13, fig. 159.

XXIV. CALOSOME. (*Calosoma.*)

Palpes, six inégaux.
Antérieurs très-courts, terminés par un article plus gros.
Lèvre courte, cornée, très-échancrée, avec une pointe.
Antennes sétacées.

Les calosomes ont le corps oblong, lisse, agile; la tête grande, ovale; les mandibules et les palpes proéminens; les yeux globuleux, proéminens, latéraux, à bords supérieurs un peu dilatés; les antennes plus longues que le corcelet, insérées devant les yeux; le corcelet applati, à bords arrondis, tronqués à la partie postérieure et plus étroits que les élytres; l'écusson petit ou nul, triangulaire; les élytres dures, de la longueur de l'abdomen, à bords non courbés, les pattes courtes, propres à la course; les cuisses comprimées; les jambes courbées, celles de devant garnies d'épines à leur extrémité; les tarses à cinq articles; la couleur noire ou cuivrée. Ils se trouvent sur les arbres. La larve et l'insecte parfait sont très-voraces et se nourrissent de chenilles.

1. C. Sicophante. (*C. sicophanta.*)

Ailé, violet, brillant; élytres striées, d'un vert très-brillant, doré.

    Fabr. *ibid.* p. 212, 5.
    Geoff. Ins. 1, 144, 5.
    Schœff. Icon. pl. 66, fig. 6.

Dans les bois.

2. C. Inquisiteur. (*C. inquisitor.*)

Ailé, élytres d'un vert bronzé, avec une triple série de points.

    Fabr. *ibid.* p. 212, 7.
    Geoff. Ins. 1, 145, 6.
    Oliv. Ins. 35, 40, pl. 1, fig. 3.

Dans les bois.
Il varie par la couleur, qui est tantôt noire et tantôt bronzée.

XXV. BRACHIN. (*Brachinus.*)

Palpes, six, derniers articles ovales, obtus.
Languette tronquée, tridentée.
Lèvre cornée, échancrée.
Antennes sétacées.

Les brachins ont le corps de grandeur moyenne, oblong, lisse, bordé, agile; la tête grande, ovale; les palpes et les mandibules proéminens; les yeux globuleux, latéraux; les antennes plus longues que le corcelet, dont les articles sont à-peu-près égaux, et qui sont insérées devant les yeux; le corcelet rétréci à sa partie postérieure, et égalant presque la largeur des élytres; ils manquent la plupart d'écusson; leurs élytres sont dures, tronquées, plus courtes que l'abdomen, à bords non-courbés en-dessous; leurs pattes sont propres à la course: les jambes antérieures sont courbées, épineuses un peu avant leur extrémité; leurs cuisses postérieures ont des appendices à leur base; leurs tarses sont à cinq articles; leur couleur est noire ou rougeâtre. On les trouve sous les pierres, dans les bois et les lieux humides.

1. B. PÉTARD. (*B. crepitans.*)

Tête, corcelet et pattes rougeâtres; élytres d'un noir bleuâtre.

FABR. 219, 12.
GEOFF. Ins. 1, 151, 19.
SCHŒFF. pl. 11, fig. 13.

Lorsqu'il est poursuivi, il s'efforce d'effrayer son ennemi par le craquement de son anus.

Dans les bois.

2. B. SCLOPÈTE. (*B. sclopeta.*)

Couleur de rouille, élytres bleues, base de la suture couleur de ro le.

FABR. *ibid.* p. 220, 13.

XXVI. ODACANTHE. (*Odacantha.*)

Palpes, six filiformes.
Mâchoire arquée, épineuse.
Lèvre courte, entière.
Antennes sétacées.

Les odacanthes ont le corps petit, oblong, bordé, agile; la tête grande, distincte, plus large que le corcelet; le chaperon avancé, légèrement échancré; les yeux grands, globuleux, proéminens, latéraux; les antennes presqu'aussi longues que le corps, le premier article plus long, un peu en massue, insérées à la base des mâchoires; le corcelet cylindrique, plus étroit que la tête et les élytres; l'écusson petit; les élytres égalant à peine la longueur de l'abdomen, dures, tronquées, les bords non-courbés en dessous; les pattes de longueur médiocre, minces, propres à la course; les tarses à cinq articles; leur couleur est brillante et varie selon les espèces.

1. O. Tripustulé. (*O. 3. pustulata.*)

Noir, avec deux lignes jaunâtres sur les élytres, et les pattes de même couleur.

Fabr. *ibid.* p. 219, 4.

2. O. Melanure. (*O. melanura.*)

Corcelet bleu, élytres fauves, noires à leur extrémité.

Fabr. *ibid.* p. 228, 1.
Oliv. Ins. 35, pl. 1, fig. 7.

XXVII. DRYPTE. (*Drypta.*)

Palpes, six inégaux.

Les quatre postérieurs ont le dernier article plus gros, ovale, comprimé.

Languette filiforme, entière, très-étroite.

Antennes filiformes.

Les dryptes ont le corps petit, lisse, bordé, agile; la tête distincte, de la largeur du corcelet, rétrécie à sa partie antérieure; les palpes et la mâchoire proéminens; l'écusson arrondi, entier; les yeux grands, globuleux, proéminens, latéraux; les antennes plus longues que le corcelet, le premier article plus long que les autres qui sont égaux entr'eux; elles sont insérées à la base des mandibules : leur corcelet est cylindrique, plus étroit que les élytres; ils n'ont pas d'écusson; leurs élytres sont dures, un peu plus courtes que l'abdomen, tronquées à leur extrémité, leurs bords non-courbés; leurs pattes sont très-longues, propres à la course; tous les tarses sont à quatre articles, le dernier article bilobé. Leur couleur varie.

1. D. ECHANCRÉ. (*D. emarginata.*)

Bleu; bouche, antennes et pattes rousses; élytres échancrées à leur extrémité.

FABR. *ibid.* p. 230, 1.
ROSSI, Fn. Etr. pl. 2, fig. 11.

XXVIII. CICINDÈLE. (*Cicindela.*)

Palpes, six filiformes.
Les postérieurs velus.
Lèvre cornée, tridentée.
Antennes sétacées.

Les cicindèles ont le corps oblong, glabre, bordé, agile; la tête plus large que le corcelet, distincte, oblongue; le chaperon grand, transverse, quelquefois denté; les palpes et les mandibules dentés, proéminens; les yeux globuleux, proéminens, latéraux; les antennes plus longues que le corcelet, insérées devant les yeux; le corcelet court, cylindrique, avec deux raies enfoncées en croix, plus étroit que les élytres; l'écusson petit, arrondi; les élytres dures, non défléchies, de la longueur de l'abdomen ; les pattes alongées, minces, propres à la course ; les tarses à cinq articles ; leur couleur varie. Elles habitent les terreins secs, sablonneux ; elles courent très-vîte, sont très-carnassières, et se nourrissent de toutes sortes d'insectes. Leur larve est cylindrique, blanche, a six pattes brunes, la tête brune; elle creuse en terre des trous cylindriques, dans lesquels elle se loge et s'y tient en embuscade, pour attraper les insectes qui passent.

1. C. Champêtre. (*C. campestris.*)

Verte, les élytres avec cinq taches blanches.

FABR. t. 1, p. 233, 11.
GEOFF. Ins. 1, 153, 27.
SCHŒFF. Icon. pl. 34, fig. 8, 9.
pl. 228, fig. 3.

Dans les lieux sablonneux.

2. C. Hibride. (*C. hibrida.*)

Rougeâtre, élytres marquées d'une raie et de deux lunules blanches, corps doré, brillant.

FABR. *ibid.* p. 234, 13.
SCHŒFF. Icon. pl. 35, fig. 10.

Dans le bois de Carnelle.

3. C. Sinuée. (*C. sinuata.*)

Velue, d'un vert cuivré; élytres avec une raie et deux lunules blanches.

FABR. *ibid.* p. 234, 14.
PANZ. Faun. Germ.

Dans le bois de Chantilly. Rare.

Moitié plus petite que la cicindèle hibride. Cette dernière est de la même grandeur que la cicindèle champêtre.

4. C. SILVATIQUE. (*C. silvatica.*)

Noire, élytres avec une raie ondée et deux points blancs.

>FABR. *ibid.* p. 235, 15.
>GEOFF. Ins. 1, 155, 28.
>OLIV. Ins. 33, pl. 1, fig. 9.

Dans les bois de Chantilly.

5. C. GERMANIQUE. (*C. germanica.*)

Couleur de cuivre, élytres vertes, avec un point et une lunule blanche à l'extrémité de l'élytre.

>FABR. *ibid.* p. 207, 29.
>GEOFF. Ins. 1, 155, 29.
>SCHŒFF. Icon. pl. 4, fig. 8.

Dans les bois de Chantilly.

Elle varie par la couleur, qui est tantôt noire, tantôt verte, tantôt bleue.

XXIX. ELAPHRE. (*Elaphrus.*)

Palpes, six filiformes.
Lèvre arrondie, en pointe, entière.
Antennes sétacées.

Les élaphres ont le corps petit, oblong, lisse, bordé, agile, la tête grande, ovale, distincte, les yeux globuleux, proéminens, latéraux; les antennes plus longues que le corcelet, insérées en avant des yeux; le corcelet presque cylindrique, plus étroit que les élytres, à bords défléchis; l'écusson petit, arrondi; les élytres dures, de la longueur de l'abdomen, non défléchis; les pattes longues, minces, propres à la course; les tarses à cinq articles; la couleur souvent cuivrée, obscure. Ils se trouvent dans les lieux humides, sont carnassiers et se nourrissent de larves aquatiques.

1. E. Marécageux. (*E. uliginosus.*)

Vert-bronzé, élytres striées, avec des points enfoncés, bleuâtres.

Fabr. *ibid.* p. 245, 1.
Oliv. Ins. 34, pl. 1, fig. 1.

2. E. Riverain. (*E. riparius.*)

Vert bronzé, élytres avec des points larges, enfoncés.

Fabr. *ibid.* p. 245, 2.
Geoff. Ins. 1, 156, 30.
Sehœff. Icon. pl. 86, fig. 4.

3. E. Imprimé. (*E. impressus.*)

Couleur cuivrée, élytres légèrement striées, avec deux points élevés d'un bleu brillant.

Fabr. *ibid.* p. 246, 4.
Panz. Faun. Germ. 40, pl. 8.

4. E. Flavipède. (*E. flavipes.*)

Couleur cuivrée, obscure; élytres nébuleuses, pattes jaunes.

Fabr. *ibid.* p. 246, 6.
Panz. Faun. Germ. 20, pl. 2.

5. E. AQUATIQUE. (*E. aquaticus.*)

Couleur de cuivre brillant, tête striée.

FABR. *ibid.* p. 246, 7.
GEOFF. Ins. 1, 157, 31.

6. E. SEMI-PONCTUÉ. (*E. semi-punctatus.*)

Couleur de cuivre brillant, élytres ponctuées, dos très-lisse.

FABR. *ibid.* p. 246, 8.
OLIV. Ins. 34, pl. 1, fig. 3.

7. E. RUPICOLLE (*E. rupestris.*)

D'un noir cuivré, brillant; les élytres ponctuées, striées; deux taches ferrugineuses; la base des antennes et les pieds roux.

FABR. *ibid.* p. 247, 9.
OLIV. Ins. 35, pl. 9, fig. 103.

XXX. SCOLITE. (*Scolytus.*)

Palpes, six filiformes, le dernier article presque conique.

Mâchoire cornée, ciliée, pointue, entière.

Languette courte, membraneuse, arrondie, pointue.

Antennes, filiformes.

Les scolites ont le corps petit, arrondi, un peu applati, bordé, agile; la tête ovale, renfoncée, plus étroite que le corcelet; les yeux arrondis, proéminens, latéraux;

les antennes plus longues que le corcelet, insérées devant les yeux; le corcelet transverse, plus court et presqu'aussi large que les élytres; l'écusson petit, arrondi; les élytres dures, non défléchies, de la longueur de l'abdomen; les pattes alongées, propres à la course, arrondies, minces; les tarses à cinq articles. Leur couleur varie. Ils habitent les lieux humides, et ont les mœurs des élaphres.

1. S. Bordé. (*S. limbatus.*)

Couleur de rouille en-dessus, une tache d'un vert cuivré sur le corcelet; les élytres avec une bande ondée de même couleur.

FABR. *ibid.* p. 247, 2.
PANZ. Faun. Germ. 2, pl. 9.

Trouvé près l'étang de Carnelle.

XXXI. SPERCHÉ. (*Spercheus.*)

Palpes, six filiformes.

Lèvre cornée, carrée, tronquée, entière.

Antennes en massue perfoliée.

1. S. Echancré. (*S. emarginatus.*)

Brun-obscur, chaperon échancré.

FABR. *ibid.* p. 248, 1.

Ce petit insecte est d'un brun obscur, tach' d' o'r, surtout le long de la suture des élytres. Il a des s ries élevées, peu marquées sur les élytres.

On le trouve dans les lieux humides, sur le bord des étangs, au pied des plantes marécageuses, et particulièrement de l'*arundo phragmites*, roseau à balais; du *ranunculus lingua*, renoncule lancéolée. Il ne peut nager. La femelle file une petite coque de soie où elle enferme ses œufs.

XXXII. HIDROPHILE. (*Hidrophilus.*)

Palpes, quatre alongés filiformes.
Mâchoire bifide.
Lèvre cornée, légèrement échancrée.
Languette légèrement échancrée.
Antennes en massue perfoliée.

Les hydrophiles ont le corps oblong, lisse, convexe, bordé; la tête un peu grande, ovale, rentrée; les palpes avancés, un peu plus longs que les antennes; les antennes de la longueur de la tête, insérées devant les yeux et cachées dans une cavité sous les yeux; le corcelet transverse, de la largeur des élytres; le sternum presque toujours proéminent, aigu; l'écusson grand, triangulaire; les élytres dures, non défléchies, de la longueur de l'abdomen; les pattes courtes, propres à la nage; les tarses à quatre articles; la couleur noire. Ils sont amphibies et vivent dans l'eau, d'où ils ne sortent que le soir. La femelle file une coque de soie blanche, où elle dépose ses œufs. La larve est très-vorace et se nourrit d'insectes aquatiques. — L'insecte parfait, suivant Degeer, est carnassier, et se nourrit d'autres insectes.

1. H. BRUN. (*H. piceus.*)

Noir, sternum canaliculé, très-pointu à sa partie postérieure; élytres légèrement striées.

>FABR. *ibid.* p. 249, 46.
>GEOFFR. Ins. 1, p. 182, 1, pl. 3, fig. 1.
>SCHŒFF. Icon. pl. 33, fig. 1, 2.

C'est le plus grand des eleuterates des environs de Paris. Detigny assure avoir nourri un mâle et une femelle de cette espèce pendant six mois avec des feuilles de chêne; et il croit, d'après cette observation, que les hydrophiles ne sont pas, dans l'état parfait, carnassier comme les dytiques.

On le trouve dans les étangs. Il est nuisible aux poissons.

2. H. CARABOÏDE. (*H. caraboïdes.*)

Noir, brillant, élytres légèrement striées.

>FABR. *ibid.* p. 250, 4.
>GEOFFR. Ins. 1, 183, 2.
>OLIV. Ins. 39, pl. 2, fig. 8.
>SCHŒFF. Icon. pl. 33, fig. 10.

3. H. SCARABOÏDE. (*H. scaraboïdes.*)

Noir, élytres striées, pattes brunes.

>FABR. *ibid.* p. 251, 10.
>OLIV. Ins. 39, pl. 2, fig. 9.

Dans les mares, les bassins, les étangs.

4. H. PICIPÈDE. (*H. picipes.*)

Noir, pattes brunes, élytres lisses.

>FABR. *ibid.* p. 251, 9.
>OLIV. Ins. 39, pl. 1, fig. 2.

Trouvé une seule fois dans l'étang de Carnelle.

5. H. ORBICULAIRE. (*H. orbicularis.*)

Corps arrondi, lisse, noir.

    FABR. *ibid.* p. 252, 11.
    GEOFF. Ins. 1, 184, 3.
    OLIV. Ins. 39, pl. 2, fig. 11.

Dans les étangs, les marais.

6. H. BRILLANT. (*H. luridus.*)

Corcelet et élytres striées, d'un brun cendré, corps noir.

    FABR. *ibid.* 253, 22.
    OLIV. Ins. 39, pl. 1, fig. 3.

Mêmes lieux que les précédens.

7. H. MELANOCEPHALE. (*H. melanocephalus.*)

Ovale, fauve, avec la tête et le disque du corcelet noirs.

    FABR. *ibid.* 153, 23.
    OLIV. Ins. 39, pl. 2, fig. 12.

8. H. GRIS. (*H. griseus.*)

Couleur cendrée en-dessus, brun en-dessous.

    FABR. *ibid* p. 253, 24.
    GEOFF. Ins. 1, 184, 5.

9. H. BIPONCTUÉ. (*H. bipunctatus.*)

Corcelet noir, élytres brunes avec un des bords grisâtres, ayant un point blanc à leur partie postérieure.

XXXIII. HYDRACHNÉ. (*Hydrachna.*)

Palpes, quatre égaux.
Mâchoire cornée, courbée, très-pointue.
Lèvre cornée, entière.
Antennes sétacées.

Les hydrachnés ont le corps petit, convexe, ovale, bordé, agile, la tête ovale, rentrée, les yeux grands, globuleux, proéminens, latéraux; l'écusson court, transverse, échancré; les antennes plus longues que le corcelet, insérées dans une cavité devant les yeux; le corcelet court, transverse, plus étroit que les élytres; le bord peu proéminent, aigu; les élytres dures, de la longueur du corps, à bords non défléchis; les pattes courtes, propres à la nage, ciliées; les jambes antérieures épineuses à leur extrémité; les tarses antérieurs à cinq articles, les postérieurs à quatre; la couleur noire ou d'un brun obscur. Ils habitent les eaux stagnantes.

1. H. D'HERMANN. (*H. hermanni.*)

Noir; tête, corcelet et base des élytres couleur de fer rouillé.

FABR. *ibid.* p. 255, 1.
OLIV. Ins. 40, pl. 2, fig. 14.

Il habite les eaux stagnantes.

L'écusson est petit, triangulaire; le sternum a quatre dents à sa partie postérieure.

Etang de Carnelle.

2. H. Sphérique. (*H. gibba.*)

Brune, soyeuse, brillante.

Fabr. *ibid.* p. 256, 2.
Geoff. Ins. 1, 191, 10.
Oliv. 40, 33, 39, pl. 3, fig. 28.

3. H. Ovale. (*H. ovalis.*)

Lisse, noirâtre, ponctuée.

Fabr. *ibid.* p. 256, 3.

Elle a beaucoup d'affinité avec le précédent, et n'est peut-être qu'une simple variété de sexe.

XXXIV. DYTIQUE. (*Dytiscus.*)

Palpes, six filiformes.
Lèvre cornée, tronquée, entière.
Antennes sétacées.

Les dytiques ont le corps oblong, déprimé, applati, bordé, agile; la tête arrondie, rentrée; le chaperon court, arrondi, entier; les yeux arrondis, proéminens, latéraux; les antennes plus longues que le corcelet, insérées en avant des yeux; le corcelet court, transverse, à bords peu proéminens, aigus; l'écusson court, triangulaire; les elytres dures, de la longueur de l'abdomen; les pattes courtes, propres à la nage; les tarses à cinq articles; la couleur noire, obscure. Les mâles des dytiques à écusson ont souvent une espèce d'appendice rond à leur jambe antérieure, et les élytres des femelles sont à moitié et antérieurement sillonnées. Leur larve vit dans l'eau, est très-carnassière; l'insecte parfait est amphibie, et se nourrit aussi d'autres insectes. Les femelles filent, comme les hydrophiles, une coque de soie, dans laquelle elles renferment leurs œufs.

I.re *Famille*. Ecusson entre les élytres.

1. D. Marginale. (*D. marginalis.*)

Noir, avec le bord des élytres et du corcelet jaune.

Fabr. p. 258, 3.
Geoff. Ins. 1, 186, 2.
Schœff. Icon. pl. 8, fig. 8.

Il se retourne facilement, si on le met sur le dos. Quand on le tient long-tems hors de l'eau, il s'y replonge avec peine.

2. D. Ponctué. (*D. punctulatus.*)

Noir, chaperon et bords des élytres et du corcelet blancs, élytres avec trois stries ponctuées.

Fabr. *ibid.* p. 259, 5.
Geoff. Ins. 185, 1.
Oliv. Ins. 40, pl. 1, fig. 6.

3. D. Raeselien. (*D. raeselii.*)

Verdâtre, avec le chaperon et les bords extérieurs des élytres jaunes, élytres légèrement striées.

Fabr. *ibid.* p. 259, 7.
Rœsel. Ins. 2, Aquat. 1, pl. 2, fig. 1, 5.
Oliv. Ins. 40, pl. 3, fig. 21.

4. D. Sillonné. (*D. sulcatus.*)

Elytres, avec dix sillons longitudinaux velus.

>Fabr. *ibid.* p. 261, 14.
>Geoff. Ins. 1, 189, 5.
>Schœff. Icon. pl. 3, fig. 3.

5. D. Strié. (*D. striatus.*)

Brun, corcelet fauve; bande abrégée, noire; élytres avec des stries très-fines, transversales.

>Fabr. *ibid.* p. 261, 16.
>Oliv. Ins. 40, pl. 2, fig. 2c.

6. D. Cendré. (*D. cinereus.*)

Cendré, bords des élytres et du corcelet à moitié fauves.

>Fabr. *ibid.* p. 262, 21.
>Geoff. Ins. 1, 188, 4.
>Schœff. Icon. pl. 90, fig. 7.

7. D. Bipustulé. (*D. bipustulatus.*)

Lisse, noir, tête à deux points rouges à sa partie postérieure.

>Fabr. *ibid.* p. 263, 29.
>Schœff. Icon. pl. 8, fig. 9.

8. D. Noir. (*D. ater.*)

Noir, avec un point à jour à son sommet, antennes et pattes couleur de fer rouillé.

>Fabr. p. 264, 33.
>Panz. Faun. Germ. 38, pl. 15.

9. D. Transversale. (*D. transversalis.*)

Noir ; corcelet rougeâtre à sa partie antérieure ; élytres avec une strie enfoncée, jaunes à leur base.

FABR. *ibid.* p. 265, 38.
OLIV. Ins. 40, pl. 3, fig. 22.

10. D. Abrégé. (*D. abbreviatus.*)

Noir, élytres avec une strie abrégée à leur base, avec deux points jaunâtres.

FABR. *ibid.* p. 265, 40.
OLIV. 40, pl. 4, fig. 38.

11. D. Marécageux. (*D. uliginosus.*)

Noir, brillant ; les antennes, les pattes et les bords extérieurs des élytres ferrugineux.

FABR. *ibid.* p. 266, 41.
SCHŒFF. Icon. pl. 8, fig. 10.

12. D. Maculé. (*D. maculatus.*)

Noir, corcelet avec une raie de couleur pâle, élytres variées de blanc et de noir.

FABR. *ibid.* p. 266, 45.
OLIV. Ins. 40, pl. 2, fig. 16.

13. D. Noté. (*D. notatus.*)

Brun, corcelet fauve, avec quatre points noirs ; élytres avec une strie fauve à la suture.

FABR. *ibid.* p. 267, 50.
OLIV. Ins. 40, pl. 5, fig. 47.

II.e *Famille.* Sans écussons.

14. D. Granulaire. (*D. granularis.*)

Noire, élytres avec deux lignes jaunâtres, pattes rousses.

Fabr. *ibid.* p. 270, 67.
Oliv. Ins. 40, pl. 2, fig. 13.

15. D. Imprimé. (*D. impressus.*)

Ovale, jaunâtre; élytres cendrées, striées, avec des points enfoncés.

Fabr. *ibid.* p. 271, 71.
Oliv. Ins. 40, pl. 4, fig. 40.

16. D. Rayé. (*D. lineatus.*)

Couleur de rouille, élytres brunes, avec des lignes jaunâtres.

Fabr. *ibid.* p. 272, 76.
Oliv. Ins. 40, pl. 5, fig. 43.

17. D. Inégale. (*D. inæqualis.*)

Couleur de rouille, élytres noires; côtés irrégulièrement parsemés de taches couleur de rouille.

Fabr. *ibid.* p. 272, 77.
Oliv. 40, pl. 3, fig. 29.

18. D. Petit. (*D. minutus.*)

Jaunâtre, élytres brunes, bord taché de jaune.

Fabr. *ibid.* p. 272, 78.
Oliv. 40, pl. 5, fig. 49.

19. D. CRASSICORNE. (*D. crassicornis.*)

Brun, tête et corcelet jaunes, antennes renflées dans le milieu.

FABR. *ibid.* p. 273, 81.
OLIV. Ins. 40, pl. 4, fig. 34.

XXXV. GYRIN. (*Gyrinus.*)

Palpes, quatre filiformes.
Mâchoire cornée, unidentée, très-pointue.
Lèvre échancrée.
Antennes cylindriques.

Les gyrins ont le corps oblong, lisse, brillant, bordé, agile; la tête ovale, rentrée; le chaperon arrondi, comme échancré; les yeux globuleux, verticaux; les antennes courtes, épaisses, cylindriques, insérées dans une cavité latérale de la tête; le corcelet court, transverse, bordé, très-lisse, les élytres bordées, plus courtes que l'abdomen, obtuses; les pattes antérieures alongées, les quatre postérieures plus courtes, comprimées, propres à la nage; la couleur noire, brillante. On les trouve dans les étangs et les bassins, où ils tournent avec une grande rapidité. Ils volent quelquefois, mais rarement.

1. G. Nageur. (*G. natator.*)

Bleuâtre, brillant; élytres ponctuées, striées; pattes couleur de rouille.

FABR. *ibid.* p. 274, 1.
OLIV. Ins. 41, pl. 1, fig. 1.

2. G. Bicolor. (*G. bicolor.*)

Cylindrique, très-glabre, noir en-dessus, couleur de rouille en-dessous.

FABR. p. 274, 2.
DETIGNY, BUFF. Hist. Nat. des Ins. t. 7, p. 73.

Je n'ai jamais rencontré cet insecte, et je le mets comme des environs de Paris, d'après l'assertion du naturaliste que je viens de citer.

XXXVI. ELOPHORE. (*Elophorus.*)

Palpes, quatre inégaux, dernier article ovale et renflé.

Mâchoire cornée, membraneuse à son extrémité.

Lèvre cornée, carrée.

Antennes en massue solide.

Les élophores ont le corps petit, oblong, bordé; la tête petite, ovale; les yeux ronds, proéminens, latéraux; les antennes courtes, insérées en avant des yeux; le corcelet applati, transverse, la plupart du tems sillonné, inégal; l'écusson petit, rond; les élytres voûtées, de la longueur de l'abdomen ; les pattes courtes, propres à la course ; les tarses à cinq articles ; la couleur obscure, la plupart du tems couleur de cuivre. Ces petits insectes se trouvent dans l'eau ou sur les plantes aquatiques. Ils volent à des distances assez grandes pour se rendre d'une mare à l'autre. Ils se nourrissent d'autres insectes.

1. E. Aquatique. (*E. aquaticus.*)

Brun, corcelet raboteux, élytres d'un brun cuivré.

Fabr. t. 1, p. 277, 1.
Geoff. Ins. 1, 105, 15.
Oliv. Ins. 38, pl. 1, fig. 1.

2. E. Nubile. (*E. nubilus.*)

Gris ; corcelet et élytres ridés, sillonnés.

Fabr. *ibid.* p. 277, 2.
Herbst. Col. 5, pl. 49, fig. 8.

3. E. Alongé. (*E. elongatus.*)

Corcelet ponctué, cuivré ; élytres inégales, brunes.

Fabr. *ibid.* p. 277, 3.
Oliv. Ins. 38, pl. 1, fig. 4.

4. E. Flavipède. (*E. flavipes.*)

Noir, corcelet sillonné, élytres striées, pattes fauves.

Fabr. *ibid.* p. 278.
Oliv. Ins. 38, pl. 1, fig. 3.

5. E. Minime. (*E. minimus.*)

Corcelet lisse, élytres striées, corps brun sans tache.

FABR. *ibid.* t. 1, p. 278, 8.
HERBST. Col. 5, 153, 7, pl. 49, fig. 12.

XXXVII. CLAIRON. (*Clerus.*)

Palpes, quatre.
Les antérieurs filiformes.
Les postérieurs plus longs, en forme de hache.
Antennes filiformes, grossissant à leur extrémité.

Les clairons ont le corps oblong, velu, bordé, lent; la tête obtuse, ovale, rentrée, de la largeur du corcelet; les yeux grands, globuleux, latéraux; les antennes de la longueur du corcelet, en scie, insérées en avant des yeux; le corcelet rond, à bord courbé en-dessous, et presque de la largeur des élytres; l'écusson petit, arrondi; les élytres voûtées, plus longues que l'abdomen, à bords non courbés en-dessous; les paties fortes, propres à la course; les tarses à quatre articles; ils varient pour la couleur, mais elle est toujours sombre. Les clairons habitent sous l'écorce des arbres, et y vivent de larves d'insectes.

1. C. MUTILLAIRE. (*C. mutillarius.*)

Noir, élytres avec trois bandes blanches, transversales, rouges à leur base.

FABR. *ibid.* p. 279, 1.
SCHŒFF. Icon. pl. 18, fig. 5.

2. C. FORMICAIRE. (*C. formicarius.*)

Noir, corcelet roux; élytres rouges, avec deux bandes blanches, transversales.

FABR. *ibid.* p. 280, 5.
SCHŒFF. Icon. pl. 188, fig. 4.

3. C. UNIFASCIÉ. (*C. unifasciatus.*)

Noir, élytres rouges à leur base, avec une bande blanche.

FABR. *ibid.* p. 281, 9.
SULZ. Hist. Ins. pl. 2, fig. 13.

XXXVIII. TILLE. (*Tillus.*)

Palpes, quatre inégaux.
Les antérieurs filiformes.
Les postérieurs en forme de hache.
Languette membraneuse, entière, prolongée entre les palpes.
Antennes en scie.

Les tilles ont le corps alongé, cylindrique, velu,

bordé, lent; la tête arrondie, rentrée; les yeux grands, oblongs, latéraux; les antennes écartées, de la longueur du corcelet, en scie, insérées sous les yeux; le corcelet cylindrique, étroit, plus court que les élytres; l'écusson petit, arrondi; les élytres dures, voûtées, de la longueur de l'abdomen, à bords non défléchis; les pattes sont de longueur médiocre, minces, propres à la course; les tarses à cinq articles; la couleur noire et assez brillante. On les trouve sur les fleurs.

1. T. Alongé. (*T. elongatus.*)

Noir; corcelet velu, roux.

FABR. *ibid.* p. 281, 1.
PANZ. Faun. Germ. 43, pl. 16.

J'ai trouvé cet insecte dans les bois de Chantilly.

2. T. Serraticorne. (*T. serraticornis.*)

Noir, élytres fauves.

OLIV. Ins. 2, pl. 1 et 2.

Trouvé par Bosc aux environs de Paris.

3. T. Filiforme. (*T. filiformis.*)

Pâle, verdâtre, opaque; abdomen cuivré, brillant.

CREUTZ. Entom. Vers. p. 121, 13, pl. 3, fig. 25.

Trouvé dans un jardin, à Paris même.

XXXIX. TRICHODE. (*Trichodes.*)

Palpes, quatre inégaux.
Les antérieurs filiformes.
Les postérieurs plus courts, en forme de hache.
Antennes en massue oblique et perfoliée.

Les trichodes ont le corps petit, oblong, velu, bordé, lent; la tête ovale, rentrée; les yeux oblongs, latéraux, reculés, les antennes de la longueur du corcelet, le premier article plus grand, courbé; le corcelet arrondi, plus étroit que les élytres, à bords peu proéminens, aigu; l'écusson petit, arrondi; les élytres dures, voûtées, de la longueur de l'abdomen, à bords non fléchis en-dessous; les pattes de longueur médiocre; les tarses à quatre articles. Leur couleur varie. Les larves des trichodes vivent des larves des autres insectes. L'insecte parfait se trouve sur les fleurs.

1. T. APIVORE. (*T. apivore.*)

Bleu, élytres rouges, avec trois bandes transversales bleues, une troisième terminale.

FABR. *ibid.* p. 284, 6.
HERBST. Col. 4, pl. 41, fig. 12.

Sur les fleurs et dans les ruches des abeilles, dont il est le destructeur.

2. T. ALVÉAIRE. (*T. alvearius.*)

Velu, bleu; élytres rouges, avec une tache noire, commune à leur naissance, et trois bandes transversales noires.

FABR. *ibid.* p. 284, 7.
GEOFF. Ins. 1, 304, 1, pl. 5, fig. 4.
SCHŒFF. Icon. pl. 48, fig. 11.

Très-fréquent sur les fleurs.

XL. NOTOXE. (*Notoxus.*)

Palpes, quatre en forme de hache.
Mâchoire unidentée.
Antennes grossissant à leur extrémité.

Les notoxes ont le corps alongé, presque cylindrique; velu, bordé, lent; la tête ovale, rentrée; le chaperon court, arrondi; les yeux arrondis, proéminens; les antennes de la longueur du corcelet, insérées en avant des yeux; le corcelet cylindrique, plus étroit à sa partie postérieure, presqu'aussi large que les élytres; l'écusson petit, arrondi; les élytres molles, de la longueur de l'abdomen; les pattes minces, propres à la course; les cuisses en massue; les tarses à quatre articles. Leur couleur est sombre et varie. Ils vivent sous les écorces d'arbres, des larves des autres insectes.

1. N. MOU. (*N. mollis.*)

Velu, élytres noires, avec trois bandes pâles.

FABR. *ibid.* 287, 3.
GEOFF. Ins. 1, 305, 3.
SCHŒFF. Icon. pl. 60, fig. 2.

XLI. ANTHIQUE. (*Anthicus.*)

Palpes, quatre inégaux.
Les antérieurs en forme de hache.
Languette membraneuse, tronquée, entière.
Antennes filiformes.

Les anthiques ont le corps petit, oblong, bordé, agile; la tête grande, ovale, distincte, plus large que le corcelet; les yeux grands, globuleux, à peine proéminens, latéraux, reculés; les antennes courtes, écartées, insérées à la base des mandibules; le corcelet mince, cylindrique, un peu rétréci à sa partie postérieure, plus étroit que les élytres; l'écusson petit; les élytres dures, de la longueur de l'abdomen, à bords non fléchis en-dessous; les pattes de longueur médiocre, minces, propres à la course; les tarses antérieurs ont cinq articles, les postérieurs quatre. Leur couleur est obscure. Ils habitent sur les fleurs.

I.re *Famille.* Corcelet avec une corne.

1. A. Unicorne. (*A. monoceros.*) Vulgairement *la cucule*.

Corcelet prolongé en une corne qui couvre la tête, élytres rougeâtres avec un point et une raie noirs.

FABR. *ibid.* p. 288, 1.
GEOFF. Ins. 1, 356, 1, pl. 6, fig. 8.
SCHŒFF. Icon. pl. 188, fig. 3.

C'est sur l'ortie commune que j'ai le plus souvent trouvé ce petit insecte.

II.ᵉ *Famille.* Corcelet sans corne.

2. A. Antherin. (*A. antherinus.*)

Noir, élytres avec deux raies couleur de rouille.

    Panz. Faun. Germ. 11, pl. 14.
    Fabr. *ibid.* p. 291, 13.

Sur les fleurs.

3. A. Florale. (*A. floralis.*)

Noir, corcelet et base des élytres couleur de rouille.

    Fabr. *ibid.* p. 292.
    Panz. Faun. Germ. 23, pl. 4.

4. A. Velu. (*A. hirtellus.*)

Velu, noir, corcelet de couleur sombre, élytres avec un point couleur de rouille.

    Fabr. *ibid.* p. 292, 18.
    Panz. Faun. Germ. 35, pl. 3.

5. A. Peuplier. (*A. populneus.*)

Lisse, fauve, tête noire; corps petit.

    Fabr. p. 293, 19.
    Panz. Faun. Germ. 35, pl. 4.

Sur le peuplier, dans les environs de Chantilly.

XLII. PSELAPHE. (*Pselaphus.*) Latreille.

Palpes, quatre inégaux.

Antérieurs plus gros, dernier article renflé.

Les postérieurs très-courts, cylindriques.

Lèvre inférieure échancrée.

Antennes moniliformes, dernier article plus grand, ovalaire.

Les pselaphes ont le corps très-petit, oblong; la tête triangulaire, grande; les élytres plus courtes que l'abdomen; l'abdomen obtus, large postérieurement. Ils n'ont que deux articles à tous les tarses. Ils habitent les mousses, les bouses et les lieux humides.

1. P. SANGUIN. (*P. sanguineus.*)

Noir, élytres rouges.

FABR. *ibid.* p. 293, 22.
OLIV. Ins. 42, pl. 6, fig. 54.

J'ai fréquemment trouvé cet insecte dans les bouses de vache.

2. P. DRESDOIS. (*P. dresdensis.*)

Fauve, sans tache.

FABR. *ibid.* p. 293.
HERBST. Col. 4, 110, 2, pl. 39, fig. 11 var. *a*.

XLIII. PSOA. (*Psoa.*)

Palpes, quatre inégaux, dernier article plus gros, ovale.

Antennes perfoliées, dernier article aigu.

Les psoas ont le corps alongé, cylindrique, bordé, agile; la tête ovale, rentrée, de la largeur du corcelet; les antennes de la longueur du corcelet, insérées en avant des yeux; les yeux grands, globuleux, latéraux; le corcelet velu, plat, à peine bordé; l'écusson petit, arrondi; les élytres dures, de la longueur de l'abdomen, à bords non défléchis; les pattes médiocrement longues, propres à la course; les tarses à quatre articles. Leur couleur est sombre et varie.

1. P. Viennoise. (*P. viennensis.*)

Fabr. *ibid.* p. 293, 57.
Herbst. Col. 7, 214, pl. 109, fig. 5.

XLIV. CANTHARIDE. (*Cantharis.*)

Palpes, quatre, en forme de hache.
Mâchoire bifide.
Lèvre entière.
Antennes filiformes (1).

Les cantharides ont le corps oblong, mou, lisse, ap-

---

(1) Elles sont pectinées dans une espèce que je n'ai pas encore

plati, agile; la tête ovale, penchée, rentrée; les yeux globuleux, proéminens, latéraux; les antennes rapprochées, insérées entre les yeux, plus longues que le corcelet; le corcelet applati, bordé, arrondi; l'écusson arrondi; les élytres courtes, molles, de la longueur de l'abdomen; les pattes médiocrement longues, minces, propres à la course; les tarses à cinq articles; la couleur sombre et point brillante. La larve vit dans la terre: elle est carnassière. L'insecte parfait se trouve sur les plantes : il est aussi carnassier, et se nourrit de mouches et d'autres insectes, et même de sa propre espèce.

1. C. BRUNE. (*C. fusca.*)

Corcelet bordé, rouge, avec une tache noire; élytres brunes.

FABR. *ibid.* p. 294, 1.
GEOF. Ins. 1, 170, 1.
SCHEFF. Icon, pl. 16, fig. 10, 11.

2. C. LIVIDE. (*C. livida.*)

Corcelet bordé, fauve, sans tache.

FABR. *ibid.* p. 205, 2.
GEOF. Ins. 1, 171, 2.
SCHŒF. Icon. pl. 16, fig. 9. 12.

3. C. OBSCURE. (*C. obscura.*)

Corcelet bordé; corps noir.

---

trouvée dans nos environs; c'est la cantharide agripaume *C. cardiacæ*, commune en Suède. Une autre espèce étrangère, *C. manca*, les a en scie.

FABR. *ibid.* p. 296, 7.
SCHŒF. Icon. pl. 16, fig. 8.
OLIV. Ins. 26, 8, 3, pl. 2, fig. 10.

4. C. LATÉRALE. (*C. lateralis.*)

Corcelet bordé, rouge, corps brun, bord de l'élytre extérieure jaunâtre.

FABR. *ibid.* p. 297, 14.
OLIV. Ins. 26, 15, pl. 3, fig. 12.

5. C. PALE. (*C. pallida.*)

Corcelet bordé, noir; pattes et élytres d'un fauve pâle.

FABR. *ibid.* p. 299, 27.
GEOFF. Ins. 1, 173, 6, var. *a*.
OLIV. Ins. 26, 14, 14, pl. 2, fig. 9.

A. Variété avec une tache brune à l'extrémité des élytres.

C. Pallipes. FABR. *ibid.* p. 299, 24.
OLIV. Ins. 26, 14, 13, pl. 1, fig. 5.

C'est à tort que Geoffroy a regardé la *C. pallida* comme une variété de la *testacea*.

6. C. FULVICOLLE. (*C. fulvicollis.*)

Corcelet bordé, pattes fauves, corps noir.

FABR. *ibid.* p. 301, 35.
OLIV. Ins. 26, 12, 10, pl. 1, fig. 2.

7. C. MELANURE. (*C. melanura.*)

Corcelet arrondi, corps jaunâtre, élytres noires à leur extrémité, pattes rouges.

FABR. *ibid.* p. 302, 43.
GEOFF. Ins. 1, 173, 5.
SCHŒF. Icon. pl. 58, fig. 7.

8. C. Minime. (*C. minimus.*)

Corcelet bordé, roux; tache noire, corps brun, élytres jaunes à leur extrémité.

    Fabr. *ibid.* p. 304, 51.
    Oliv. Ins. 26, 17, 19, pl. 1, fig. 6, pl. 3, fig 15.
    Geof. Ins. 1, 372, 1, pl. 7, fig. 1.

Dans les jardins.
La larve est amincie à sa partie antérieure et à sa partie postérieure. Elle est verte et habite sur le bouleau blanc.

9. C. Fauve. (*C. testacea.*)

Corcelet bordé, jaune, avec une tache noire; corps noir, élytres et pattes fauves, livides.

    Fabr. *ibid.* 304, 52.
    Geof. Ins. 1, 173, 6.
    Sch. Icon. pl 16, fig. 15.

Dans les jardins.

10. C. Bigutté. (*C. biguttata.*)

Corcelet bordé, le milieu noir; les élytres courtes, noires et tachées de jaune à leur extrémité.

    Fabr. *ibid.* p. 304, 52.
    Geof. Ins. 1, 372, pl. 7, fig. 2.
    Oliv. Ins. 26, 16, 18, pl. 2, fig. 12.

XLV. MALACHIE. (*Malachius.*)

Palpes, quatre filiformes, dernier article sétacé.
Mâchoire unidentée.
Lèvre membraneuse, arrondie.
Antennes filiformes.

Les malachies ont le corps petit, ovale, mou, un peu velu, agile; la tête plus large que le corcelet, ovale, défléchi; les yeux globuleux, proéminens, latéraux; les antennes approchées sur le front, et plus longues que le corcelet; le corcelet applati, arrondi, bordé, à bords petits, défléchis, de la largeur des élytres; l'écusson petit, arrondi; les élytres molles, presque toujours aussi longues que le corps; les pattes alongées, minces, propres à la course; les tarses à quatre articles. Leur couleur varie. Ils sont carnassiers, et se nourrissent d'autres insectes. On les trouve sur les fleurs, dans les bois et les chantiers. Plusieurs espèces ont deux vésicules rouges de chaque côté, qu'elles enflent et désenflent à volonté. On en ignore l'usage.

1. M. BRONZÉ. (*M. aeneus.*)

Corps d'un vert bronzé, élytres d'un rouge sanguin à leur côté extérieur.

FABR. *ibid.* p. 306, 3.
GEOFF. Ins. 1, 174, 7.
SCHOEFF. Monog. 1754, pl. 2, fig. 16, 17.
Ibid. Icon. pl. 18, fig. 12, 13.

Sur les plantes.

(88)

2. M. BIPUSTULÉE. (*M. bipustulatus.*)

Vert-bronzé, élytres rouges à leur extrémité.

FABR. *ibid.* p. 306, 4.
GEOF. Ins. 1, 175, 8.
SCHŒFF. pl. 18, fig. 10, 11.
   pl. 19, fig. 14.

Dans les jardins.

3. M. ROUSSE. (*M. rufus.*)

Bronzée, avec la bouche et les bords du corcelet et des élytres sanguins.

FABR. *ibid.* p. 306, 5.
OLIV. Ins. 27, 1. pl. 1, fig. 4.

Trouvée par Bosc.

4. M. MARGINALE. (*M. marginellus.*)

Vert-bronzé; bords du corcelet et des élytres rouges à leur extrémité.

FABR. *ibid.* 307, 6.
GEOFF. Ins. 1, 176, 9, 6.
OLIV. Ins. 27, 6, 5. pl. 3, fig. 18.

Fabricius et Geoffroy regardent cet insecte comme une espèce distincte. Mais M. Illiger pense que ce n'est qu'une variété de la bipustulée.

5. M. PÉDICULAIRE. (*M. pedicularius.*)

Noire; élytres rouges à leur extrémité.

FABR. *ibid.* p. 308, 18.
OLIV. Ins. 27, 8, 8. pl. 1, fig. 3.

6. M. RAYÉ. (*M. fasciatus.*)

Elytres noires, avec deux raies rouges.

FABR. *ibid.* p. 309, 20.
GEOFF. Ins. 1, 177, 12.
SCHŒFF. Icon. pl. 189, fig. 3.

7. M. FRONTALBE. (*M. alfifrons.*)

Noire ; tête, partie antérieure du corcelet et extrémité des élytres blanches.

FABR. *ibid.* p. 310, 24.
OLIV. Ins. 27, 13, 17. pl. 3, fig. 16.

XLVI. DERMESTE. (*Dermestes.*)

Palpes, quatre filiformes.
Mâchoire bifide.
Lèvre cornée, obtuse, entière.
Antennes en massue perfoliée.

Les dermestes ont le corps petit, oblong, bordé, lent ; la tête petite, ovale, penchée sous le corcelet ; les yeux arrondis, à peine proéminens, latéraux ; les antennes courtes, de la longueur de la tête, insérées sous les yeux, cachées ; le corcelet transverse, presque de la largeur des élytres, à bords défléchis ; l'écusson petit, arrondi ; les élytres dures, fortement adhérentes, de la longueur de l'abdomen ; les pattes courtes, fortes ; les tarses à cinq articles. Leur couleur est sombre et point brillante. Leurs larves sont velues, très-carnassières, et vivent d'animaux desséchés. Elles sont les ennemis les plus redoutables des collections d'histoire naturelle. Dans leur état parfait, on les trouve ordinairement sur les fleurs.

1. D. LARD. (*D. lardarius.*)

Noir, avec les élytres cendrées à leur partie antérieure.

FABR. *ibid.* p. 312, 1.
GEOF. Ins. 1, 101, 5.
SCHŒFF. Icon. pl. 42, fig. 3.

On le trouve dans le lard et les viandes peu fraîches. Il est encore plus commun dans les animaux desséchés, et c'est le plus grand destructeur des collections d'histoire naturelle.

2. D. PELLETIER. (*D. pellio.*)

Noir, élytres avec un point blanc.

FABR. *ibid.* p. 313, 6.
GEOFF. Ins. 1, 105, 4.
SCHŒFF. Icon. pl. 42, fig. 4.

La larve vit dans le lard, les fourrures, les pelleteries et autres animaux desséchés. Mais l'insecte parfait est plus commun sur les fleurs.

Les antennes du mâle ont une massue alongée, cylindrique, quelquefois le point blanc des élytres est peu marqué ou nul.

3. D. VINGT-POINTS. (*D. 20 guttatus.*)

Oblong, noir, avec des points blancs.

FABR. *ibid.* p. 314, 20.
OLIV. Ins. 9, pl. 1, fig. 5.

4. D. Ondé. (*D. undatus.*)

Oblong, noir; élytres avec une double bande ondée, blanche.

    Fabr. *ibid.* p. 313, 7.
    Sch. Icon. pl. 157, fig. 17.

Dans les lieux étouffés, mal-sains.

5. D. Trifascié. (*D. trifasciatus.*)

Ovale, noir, élytres avec trois raies ondées, cendrées.

    Fabr. *ibid.* p. 313, 8.
    Geoff. Ins. 1, 112, 15.
    Oliv. Ins. 2, 9, 13, pl. 1, fig. 7.

6. D. Renard. (*D. vulpinus.*)

Oblong, un peu velu, mêlé de noir et de blanc; abdomen blanc.

    Fabr. *ibid.* p. 315, 15.
    Geoff. Ins. 1, 102, 4.
    Schœff. Icon. pl. 42, fig. 1, 2.

Il se trouve dans les lieux sablonneux. La larve est oblongue, brune; la bouche noire.

7. D. Enfumé. (*D. fumatus.*)

Oblong, fauve, yeux noirs.

    Fabr. 216, p. 21.
    Geoff. Ins. 1, 104, 12.
    Herbst. Col. 4, 135, 15, pl. 41, fig. 1.

On le trouve dans les ordures.

8. D. Cotonneux. (*D. tomentosus.*)

Oblong, velu, gris, avec la tête et les deux points bruns.

FABR. *ibid.* p. 216, 22.
GEOF. Ins. 1, 102, 8.
HERBST. Col. 4, 133, 14.

Illiger et Paykull ne regardent cet insecte que comme une variété du précédent.
Il habite les bois pourris.

9. D. Marqueté. (*D. tessellatus.*)

Oblong, velu, mélangé de brun et de gris, ventre gris.

FABR. *ibid.* p. 315, 16.
GEOF. Ins. 1, 107, 7. var. *b.*
OLIV. Ins. 2, 9, 7. pl. 2, fig. 10.

XLVII. VRILLETTE. (*Anobium.*)

Palpes, quatre en massue.
Mâchoire obtuse, dentée.
Lèvre cornée, entière.
Antennes filiformes; les trois derniers articles alongés, plus gros.

Les anobies ont le corps petit, oblong, un peu velu, bordé, lent; la tête ovale, penchée sous le corcelet; les yeux arrondis, à peine proéminens, latéraux; les antennes courtes, insérées sous les yeux, cachées: le corcelet transversale, presqu'aussi large que les élytres, à bord antérieur un peu élevé, les côtés défléchis: l'écusson petit, arrondi : les élytres dures, défléchis, de la longueur de l'abdomen : les pattes courtes, fortes, les tarses à cinq articles : la couleur sombre. Les larves de quelques espèces rongent le foin, d'autres le pain, la farine, la colle. On trouve l'insecte parfait dans les maisons sur les boiseries, dans les ordures, les bois pourris, les champignons.

1. V. Marquetée. (*A. tessellatum.*)

Brune, corcelet lisse, élytres marquetées.

Fabr. *ibid.* p. 321, 1.
Geof. Ins. 1, 112, 4.
Oliv. Ins. 2, 16, 6, 1, pl. 1, fig. 1.

Dans les matières animales desséchées.

2. V. Striée. (*A. striatum.*)

Brune, corcelet raboteux, élytres striées avec deux points couleur de rouille à leur base.

Fabr. *ibid.* p. 321, 2.
Oliv. Ins. 2, 16, 9, 2, pl. 1, fig. 4.

Dans les maisons.

3. V. Chatain. (*A. castaneum.*)

Un peu velue, châtain, élytres striées.

Fabr. *ibid.* p. 322, 5.
Geof. Ins. 1, 112, 3.

4. V. Obstinée. (*A. pertinax.*)

Brune, sans tache, corcelet comprimé.

Fabr. *ibid.* p. 322, 6.
Geof. Ins. III, 1, pl. 1, fig. 6.
Herbst. Col. 5, pl. 47, fig. 3.

Sa larve ronge les meubles de bois. Si on la touche, elle se roule, et reste immobile.

5. V. Molle. (*A. molle.*)

Fauve, les yeux noirs, élytres lisses.

FABR. *ibid.* p. 323, 8.
OLIV. Ins. 2, 16. pl. 2, fig. 8.

Dans les ordures.

6. V. Panice. (*A. paniceum.*)

Velue, couleur de rouille, élytres striées.

FABR. *ibid.* p. 323, 9.
HERBST. Col. 5. pl. 47, fig. 6.

Sa larve se nourrit de substance farineuse. Si elle trouve du pain très-sec, elle s'y forme une coque, s'y change en nymphe, et en sort au bout de quelque tems, sous la forme d'insecte parfait.

7. V. Brillante. (*A. micans.*)

Lisse, brune, élytres lisses, pattes fauves.

FABR. *Ibid*, p. 324, 14.
HERBST. Col. 5, pl. 47, fig. 11.

XLVIII. PTINE. (*Ptinus.*)

Palpes, quatre égaux, filiformes.
Mâchoire bifide.
Lèvre bifide.
Antennes filiformes.

Les ptines ont le corps petit, lent : la tête petite, arrondie, penchée sous le corcelet : les yeux grands, globuleux, proéminens, latéraux: les antennes approchées, insérées sur le front : le corcelet convexe, plus étroit que la tête le plus souvent inégale : l'écusson petit, arrondi, quelquefois nul : les élytres dures courbées en-dessous de la longueur de l'abdomen, les pattes alongées, minces : les cuisses un peu renflées : les tarses à cinq articles : leur couleur est fauve ou brune, et souvent sombre. On les trouve sur le bois mort, dans les maisons. La larve détruit les herbiers et les cabinets d'histoire naturelle.

1. P. Velu. (*P. pubescens.*)

Velu, noir, élytres striées, fauves.
FABR. *ibid.* p. 324, 1.
OLIV. Ins. 2, 17, 5, pl. 1, fig. 7.

2. P. Germain. (*P. germanus.*)

Brun, corcelet avec quatre dents, antennes et pattes rousses.
FABR. *ibid.* p. 324, 2.
OLIV. Ins. 2, 17, 7, 5, pl. 1, fig. 6.
Il se trouve sur le chêne.

3. P. Longicorne. (*P. longicornis.*)

Noir, brillant, pattes jaunes.
FABR. *ibid.* p. 325, 4.
GEOF. Ins. t. 1, p. 231. pl. 4, fig. 2.

4. P. Voleur. (*P. fur.*)

Fauve, corcelet à quatre dents, élytres avec deux bandes blanches.
FABR. *ibid.* p. 335, 6.
GEOF. Ins. 1, 164. pl. 2, fig. 6.
OLIV. Ins. 2, 17, 6, 3, pl. 1, fig. 1.

Le mâle a des ailes; la femelle est aptère.
Il détruit les herbiers et les collections d'histoire naturelle.

5. P. DENTICORNE. (*P. denticornis.*)

Noir, élytres striées, antennes en scie.

FABR. *ibid.* p. 326, 10.

6. P. IMPÉRIALE. (*P. imperialis.*)

Brun, corcelet caréné, élytres avec une tache lobée, blanche.

FABR. *ibid.* p. 326, 7.
OLIV. Ins. 2, 17, 5, 2, pl. 1, fig. 4.

Il se trouve sur les arbres.

XLIX. SARROTRIE. (*Sarrotrium.*)

Palpes, quatre inégaux, filiformes; dernier article obtus.

Mâchoire bifide.

Antennes courtes, épaisses, obtuses, velues, en scie.

Les sarrotries ont la tête grande, carrée; le corcelet carré, rebordé en tout sens; ils ont un écusson entre les élytres. Les tarses ont cinq articles.

1. SARROTRIE MUTIQUE. (*S. muticum.*)

Antennes velues, noires, élytres striées.

FABR. *ibid.* p. 344, 1.
DEGEER, Ins. 5, 47, 8, pl. 3, fig. 1.
PANZ. Faun. Germ. 1, pl. 8.

Trouvé près de Saint-Brice, dans une ornière.

Ce genre a été établi en premier par Latreille, sous le nom d'orthocère.

L. PTILIN. (*Ptilinus.*)

Palpes, quatre presque égaux, filiformes.
Mâchoire courte, bifide.
Languette membraneuse, un peu échancrée.
Antennes flabellées.

Les ptilins ont le corps petit, oblong, velu, bordé, lent : la tête ovale, proéminente : les yeux arrondis, proéminens, latéraux : les antennes courtes, rapprochées, insérées en avant des yeux ; le corcelet transversale, court ; l'écusson petit, arrondi : les élytres dures, convexes, de la longueur de l'abdomen : les pattes courtes, propres à la course : les tarses à cinq articles : leur couleur est sombre et terne. La larve vit dans le bois mort. On trouve l'insecte parfait dans les maisons, dans les bois.

1. P. PECTINICORNE. (*P. pectinicornis.*)

Brun, pattes jaunes.

FABR. *ibid.* p. 329, 2.
GEOFF. Ins. 1, 65, 1.
OLIV. Ins. 2, 17, pl. 1.

Il se trouve sur le noisetier.

2. P. JAUNE. (*P. flavescens.*)

Un peu velu, noir, élytres jaunes.

FABR. *ibid.* p. 329.
GEOFF. Ins. 1, 66, pl. 1, fig. 2.

Sur les fleurs.

3. P. PECTINÉ. (*P. pectinatus.*)

Noir, antennes et pattes jaunes, élytres striées.

FABR. *ibid.* p. 349, 4.
PANZ. Faun. Germ. 6, pl. 9.

Dans les bois.

LI. DORCATOME. (*Dorcatoma.*)

Palpes, quatre inégaux, en forme de hache.

Mâchoire bifide.

Languette alongée, membraneuse, fortement échancrée.

Antennes en massue lamellée, masse composée de trois articles comprimés.

Caractère habituel du genre précédent. Les tarses sont à cinq articles. Le seul insecte de ce genre qui soit connu, habite dans les champignons et le bois pourri.

1. D. DRESDOIS. (*Dresdense.*)

Noir, antennes et pattes rougeâtres, élytres avec deux stries.

FABR. *ibid.* p. 320, 1.
PANZ. Fn. Germ. 26, pl. 10.

LII. MÉLASIS. (*Melasis.*)

Palpes, quatre en massue ; dernier article ovale.
Lèvre membraneuse, entière.
Antennes flabellées.

Les melasis ont le corps petit, alongé cylindrique, bordé, lent : la tête petite, obtuse, rentrée : les yeux petits, arrondis, à peine proéminens, latéraux : les antennes de la longueur du corcelet, insérées à côté des yeux, à premier article alongé, courbé ; le corcelet court, arrondi, à bords défléchis ; l'écusson petit, arrondi : les élytres dures, de la longueur de l'abdomen : les pattes courtes et fortes : les cuisses et les jambes très-comprimées, les bords aigus ; les tarses à cinq articles ; la couleur noire, obscure et terne. On trouve l'insecte de ce genre sur les vieux arbres.

1. M. FLABELLICORNE. (*M. Flabellicornis.*)

Noir, à stries des élytres lisses.

FABR. *ibid.* p. 331, 1.
OLIV. Ins. 30, pl. 1, fig. 1.

LIII. PARNE. (*Parnus.*)

Palpes, quatre en massue.
orbiculée.
Mâchoire bifide.
Lèvre échancrée.
Antennes courtes, filiformes.

Les parnes ont le corps petit, velu, cylindrique, bordé, lent; la tête petite, ovale, rentrée; les yeux arrondis, à peine proéminens, latéraux; les antennes plus longues que la tête, cachées, insérées sous les yeux; le corcelet court, un peu atténué à sa partie antérieure, angles postérieurs, aigus, proéminens; l'écusson triangulaire; les élytres dures, de la longueur de l'abdomen, à bords non défléchis; les pattes courtes, comprimées, fortes; les tarses à cinq articles; la couleur sombre. Ils vivent sur les plantes aquatiques.

1. P. CORNU. (*P. prolifericornis.*)

Gris, antennes avec des cornes ou tentacules oblongues; presque cylindrique, d'un gris olivâtre, cotonneux.

FABR. *ibid.* p. 332, 1.
PANZ. Faun. Germ. 3, pl. 11.

2. P. AURICULÉ. (*P. auriculatus.*)

Antennes, avec des cornes ou tentacules presqu'ovales; velu noir.

Dryops auriculata. OLIV. 41, B. pl. 1, fig. 1. *a-e.*
Dermestes. GEOFF. 1, 103, 11.
PANZ. Faun. Germ. 38, 23. (*Le dessin des antennes ne vaut rien.*)

Très-semblable au précédent; mais plus court et plus large.

LIV. NÉCROPHORE. (*Necrophorus.*)

Palpes, quatre égaux filiformes.
Lèvre en cœur, échancrée, crénelée.
Antennes en massue perfoliée.

Les nécrophores ont le corps grand, oblong, velu, bordé, agile; la tête grande, ovale, distincte; les yeux en forme de reins, non proéminens, latéraux; les antennes de la longueur du corcelet; le premier article plus long, courbé, inséré en avant des yeux; le corcelet applati, le plus souvent inégal, à bords latéraux et postérieurs proéminens, arrondis; l'écusson triangulaire, obtus; les élytres à bords fléchis en-dedans, plus courtes que l'abdomen, tronquées; les pattes fortes; les cuisses grosses; les jambes comprimées, striées; les tarses à cinq articles. Leur couleur varie, et ils sont revêtus de poils très-brillans. Ils se nourrissent d'animaux morts, en putréfaction. Ils creusent en commun un trou en terre où ils enterrent les petits quadrupèdes morts, et y déposent leurs œufs. Ils ont une odeur de musc très-forte.

1. N. GERMAIN. (*N. germanicus.*)

Noir, front et bords des élytres couleur de rouille.

FABR. *ibid.* p. 333, 1.
OLIV. Ins. 20, 10, pl. 1, fig. 2.

2. N. INHUMEUR. (*N. humator.*)

Noir, antennes rouges à leur extrémité.

FABR. *ibid.* p. 333, 2.
GEOFF. Ins. 1, 99, 2.
SCH. Icon. pl. 30, fig. 1.

Paykull regarde cette espèce comme une variété du précédent. La couleur de la masse des antennes, dans les nécrophores, ne varierait-elle pas suivant les sexes ?

3. N. FOSSOYEUR. (*N. vespillo.*)

Noir, élytres avec une double raie ferrugineuse, masse des antennes rouges.

FABR. *ibid.*, p. 335, 7.
GEOFF. Ins. 1, 98, 1, pl. 1, fig. 5.
SCH. Icon. pl. 9, fig. 4.

Il varie pour la grandeur; la raie antérieure des élytres est souvent écourtée.
Il vole très-vite.

LV. SILPHE. (*Silpha.*)

Palpes, quatre inégaux filiformes.
Mâchoire unidentée.
Languette dilatée, bifide.
Antennes grossissant à leur extrémité.

Les silphes ont le corps ovale, applati, bordé, lisse; la tête petite, ovale, renfoncée sous le corcelet; les yeux arrondis; les antennes courtes, insérées devant les yeux; le corcelet applati, à bords saillans, arrondis; l'écusson arrondi, pointu; les élytres bordées, plus larges que l'abdomen, et très-souvent plus courtes; les pattes courtes, fortes, propres à la course; les cuisses comprimées; les jambes striées; les tarses à cinq articles. Leur couleur est souvent noire et obscure. Les larves et l'insecte parfait sont très-voraces, carnassiers. Lorsqu'on les prend, ils exhalent une liqueur noire et fétide. On les trouve dans les champs, sur le sable, sur les cadavres à demi pourris et dans les excrémens des animaux.

1. S. RIVERAIN. (*S. littoralis.*)

Noire, élytres lisses, trois lignes élevées, corcelet orbiculé, brillant.

FABR. *ibid.* p. 336, 1.
GEOFF. Ins. 1, 120, 3.
OLIV. Ins. 2, 11, 6, pl. 1, fig. 8.

Dans les cadavres d'animaux.
La larve est ovale, brune, très-vorace.
Les cuisses de derrière sont quelquefois grosses, dentées.
On en trouve aussi de moins grands, dont les antennes sont toutes noires; ce n'est qu'une variété dont Fabricius a constitué une espèce sous le nom de *silpha livida*.

FABR. *ibid.* p. 337, 3.
OLIV. Ins. 2, 11, 7, 3, pl. 1, fig. 8.

2. S. THORACIQUE. (*S. thoracica.*)

Noire, élytres avec une seule ligne élevée, corcelet fauve.

FABR. *ibid.* p. 337, 7.
GEOFF. Ins. 1, 121, 6.
SCH. Icon. pl. 75, fig. 4.

3. S. RIDÉE. (*S. rugosa.*)

Noirâtre, élytres ridées, trois lignes élevées, corcelet ridé, festonné à sa partie postérieure.

FABR. *ibid.* p. 338, 10.
GEOFF. Ins. 1, 120, 4.
OLIV. Ins. 2, 11, 17, pl. 2, fig. 17.

4. S. NOIRE. (*S. atrata.*)

Noire, élytres ponctuées, trois lignes élevées; corcelet entier.

FABR. *ibid.* p. 339, 12.
GEOFF. Ins. 1, 118, 1.
SCHŒFF. Icon. pl. 93, fig. 5.

5. S. PIÉMONTAIS. (*S. pedemontana.*)

Fauve, antennes noires à leur extrémité.

FABR. *ibid.* p. 339, 13.
GEOFF. Ins. 1, 123, 9.
SCHŒFF. Icon. pl. 75, fig. 6.

Il ressemble beaucoup au précédent, et n'en est peut-être qu'une variété.

6. S. LISSE. (*S. laevigata.*)

Noire; élytres lisses, légèrement ponctuées.

FABR. *ibid.* p. 540, 16.
GEOFF. Ins. 1, 122, 8.
OLIV. Ins. 2, 11, 14, 13, pl. 1, fig. 1.

Dans les bois.

7. S. OBSCURE. (*S. obscura.*)

Noire, élytres ponctuées, avec trois lignes élevées; corcelet tronqué à sa partie antérieure.

FABR. *ibid.* p. 340, 17.
OLIV. Ins. 2, 11, 15, 14, pl. 2, fig. 18.

8. S. Reticulée. (*S. reticulata.*)

Noire, corcelet lisse : élytres ridées, avec trois lignes élevées.

    Fabr. *ibid.* p. 341, fig. 18.
    Herbst. Col. 5, pl. 51, fig. 5.

9. S. Opaque. (*S. opaca.*)

Brune, élytres de même couleur, avec trois lignes élevées; corcelet tronqué à sa partie antérieure.

    Fabr. *ibid.* p. 341, 19.
    Schœff. Icon. pl. 93, fig. 4.

10. S. Festonnée. (*S. sinuata.*)

Corcelet tronqué, raboteux; trois lignes élevées, festonnées à leur extrémité.

    Fabr. *ibid.* p. 341, 20.
    Geoff. Ins. 1, 119, 2.
    Herbst. Col. 5, pl. 51, fig. 7.

11. S. Quatre-points. (*S. 4. punctata.*)

Noire, élytres fauves, pâles, avec un point noir à leur base et dans leur milieu; corcelet échancré.

    Fabr. *ibid.* p. 342, 21.
    Geoff. Ins. 1, 122, 7.
    Herbst. Col. 5, pl. 51, fig. 8.

LVI. BOUCLIER. (*Peltis.*)

Palpes, quatre inégaux filiformes.
Languette tronquée, ciliée.
Antennes en massue perfoliée.

Les boucliers ont le corps oblong, applati, glabre, bordé, lent; la tête ovale, proéminente, rentrée; les yeux oblongs, transversaux, latéraux; les antennes plus courtes que le corcelet, insérées en avant des yeux, à premier article plus grand; le corcelet applati, court, transverse, échancré à sa partie antérieure, à côtés bordés, arrondis; l'écusson court, arrondi; les élytres bordées, dures, de la longueur de l'abdomen; les pattes courtes, comprimées, propres à la course; les tarses ont cinq articles. Leur couleur est sombre et noire. Ils habitent le bois pourri et l'écorce des arbres.

1. B. Ferrugineux. (*P. ferruginea.*)

Elytres noirâtres, avec six lignes élevées; bords couleur de rouille.

FABR. *ibid.* p. 344, 2.
OLIV. Ins. 2, 4, 20, 20, pl. 2, fig. 13.
SCHŒFF. Icon. pl. 40, fig. 7.

2. B. Oblong. (*P. oblonga.*)

Noir, élytres striées, ponctuées; six lignes élevées, corcelet échancré.

FABR. *ibid.* p. 344, 3.
OLIV. Ins. 2, 11, 20, 19, pl. 2, fig. 16.

Il habite dans le bois pourri.

LVII. NITIDULE. (*Nitidula.*)

Palpes, quatre filiformes.
Mâchoire cylindrique, membraneuse.
Antennes en massue solide.

Les nitidules ont le corps petit, ovale, applati, glabre, agile; la tête ovale, rentrée; les yeux arrondis, marginaux; les antennes courtes, insérées en avant des yeux; le corcelet applati, bordé, fortement échancré à sa partie antérieure; l'écusson petit, arrondi; les élytres légèrement bordées, dures, de la longueur de l'abdomen; les pattes courtes, fortes; les cuisses comprimées, les jambes arrondies, les tarses à cinq articles. Leur couleur est sombre. On les trouve dans les charognes, sur les cadavres desséchés, sous les écorces pourries des vieux arbres et sur les fleurs.

1. N. BIPUSTULÉE. (*N. bipustulata.*)

Ovale, noire, élytres avec un point rouge.

FABR. *ibid.* p. 347, 2.
GEOFF. Ins. 1, 100, 3.
DEGEER, Ins. 4, 186, 13, pl. 6, fig. 22, 23.
PANZ. Faun. Germ. 3, pl. 10.

On la trouve dans le lard et les charognes.

2. N. SOMBRE. (*N. obscura.*)

Ovale, noire, pattes brunes.

FABR. *ibid.* p. 348, 4.
HERBST. Col. 5, pl. 53, fig. 2.

3. N. Bordée. (*N. marginata.*)

Ovale, élytres sillonnées, à bords couleur de rouille et avec un point de même couleur dans le milieu.

FABR. *ibid.* p. 348, 6.
OLIV. Ins. 2, 12, 11, 13, pl. 2, fig. 15.

4. N. Estivale. (*N. aestiva.*)

Un peu velue, fauve, corcelet à échancrure transversale, yeux noirs.

FABR. *ibid.* p. 348, 7.
OLIV. Ins. 2, 12, 16, 23, pl. 3, fig. 23.

Sur les fleurs.

5. N. Obsolete. (*N. obsoleta.*)

Ovale, brune; élytres lisses, corcelet échancré.

FABR. *ibid.* p. 349, 9.
OLIV. Ins. 2, 12, 17, 24, pl. 2, fig. 9.

Sur le bouleau.

6. N. Ferrugineuse. (*N. ferruginea.*)

Ovale, un peu velue, couleur de rouille; élytres légèrement striées.

FABR. *ibid.* p. 349, 10.
OLIV. Ins. 2, 12, 14, 19, pl. 1, fig. 7.

Sur le lycoperdium.

7. N. Striée. (*N. strigata.*)

Ovale, brune; avec les bords du corcelet, les bords des élytres, une ligne et une strie à leur base, de couleur brune.

FABR. *ibid.* p. 350, 12.
HERBST. Col. 4, pl. 43, fig. 7.

8. N. Impériale. (*N. imperialis.*)

Ovale, noire; élytres avec des taches réunies, blanches et à bords roux.

    Fabr. *ibid.* p. 350, 13.
    Herbst. Col. 5, 248, 24, pl. 54, fig. 8.

9. N. Variée. (*N. varia.*)

Ovale, corcelet et élytres mélangés de noir et de roux.

    Fabr. *ibid.* p. 350, 15.
    Herbst. Col. 5, pl. 53, fig. 4.

10. N. Sale. (*N. sordida.*)

Ovale, noire; corcelet et élytres d'une couleur sombre et ferrugineuse.

    Fabr. *ibid.* p. 351, 16.

11. N. Sinuée. (*N. flexuosa.*)

Ovale, noire, bords du corcelet et des élytres avec une tache jaune, festonnée.

    Fabr. *ibid.* p. 351, 18.
    Oliv. Ins. 2, 12, 7, 6, pl. 1, fig. 6.

12. N. Colon. (*N. colon.*)

Noire, avec les élytres mélangées de roux; corcelet échancré.

    Fabr. *ibid.* p. 351, 20.
    Geoff. Ins. 1, 164, 13.
    Degeer, Ins. 4, 187, 14, pl. 6, fig. 24.

13. N. Bordée. (*N. limbata.*)

Noire, avec les bords du corcelet et des élytres ferrugineux.

FABR. *ibid.* p. 352, 21.
OLIV. Ins. 2, 12, 20, 31, pl. 3, fig. 18.

14. N. Hémorrhoïdale. (*N. hémorrhoïdalis.*)

Noire, extrémité des élytres ferrugineuse.

FABR. *ibid.* p. 352, 22.
OLIV. Ins. 2, 12, 16, pl. 1, fig. 4.

Illiger croit que cet insecte n'est qu'une variété de la nitidule colon, et Paykull la regarde comme une variété de la nitidule discoïde.

15. N. Discoïde. (*N. Discoïdes.*)

Noire, corcelet bordé; élytres fauves, bordées de noir.

FABR. *ibid.* p. 352, 23.
HERBST. Col. 5. pl. 53, fig. 7.

16. N. Pédiculaire. (*N. Pedicularia.*)

Noire, élytres lisses, corcelet bordé.

FABR. *ibid.* p. 352, 24.
OLIV. Ins. 2, 12, 19, 28. pl. 3, fig. 21.

Sur les fleurs.

17. N. Enduite. (*N. litura.*)

Fauve, élytres avec une tache arquée noire.

FABR. *ibid.* p. 353, 27.
HERBST. Col. 5, pl. 59, fig. 2.
PANZ. Fn. Germ. 36, pl. 5.

18. N. BRONZÉE. (*Naenea.*)

Vert-cuivré ; antennes et pattes noires.

FABR. *ibid.* p. 353, 28.
GEOFF. Ins. 1, 86, 30.
OLIV. Ins. 2, 12, 17, 25, pl. 3, fig. 20.

Sur les fleurs.

19. N. VERTE. (*N. virescens.*)

Vert-cuivré, pattes rousses.

FABR. *ibid.* p. 353, 29.
OLIV. Ins. 2, 12, 18, 26, pl. 4, fig. 30.

Sur les fleurs. Très-semblable à la précédente, dont elle n'est peut-être qu'une variété.

20. N. RUSIPEDE. (*N. rusipes.*)

Noir-brillant, pattes pâles, rougeâtres.

FABR. *ibid.* p. 355, 38.
OLIV. Ins. 2, 12, 21, pl. 5, fig. 23.

LVIII. HÉTÉROCÈRE. (*Heterocerus.*)

Palpes, quatre courtes, filiformes.
Mâchoire unidentée, de la longueur des palpes.
Lèvre échancrée.
Antennes courtes, recourbées ; troisième et quatrième articles en cœur, les derniers en scie.

Les hétérocères ont le corps petit, ovale, velu, bordé,

lent ; la tête ovale, presque de la largeur du corcelet, rentrée; le chaperon avancé, arrondi ; les yeux globuleux, latéraux ; les antennes un peu plus longues que la tête, écartées, insérées en avant des yeux; le corcelet arrondi, convexe, à bords défléchis ; l'écusson arrondi ; les élytres dures, convexes, de la longueur de l'abdomen ; les pattes courtes, fortes; les jambes antérieures dilatées, en scie; les tarses à cinq articles. Leur couleur est sombre. On trouve ces insectes dans les endroits humides, où ils font de petites élévations de terre, à la manière des taupes.

1. H. BORDÉ. (*H. marginatus.*)

Velu, brun; élytres à bords et points ferrugineux.

FABR. *ibid.* p. 355, 1.
Bosc. Actes de la société d'Hist. Nat. de Paris. 1, pl. 1, fig. 5.

LIX. COCCINELLE. (*Coccinella.*)

Palpes, quatre ; les antérieurs en forme de hache, les postérieurs filiformes.

Lèvre cylindrique.

Antennes en massue solide.

Les coccinelles ont le corps petit, arrondi, le plus souvent lisse, brillant, convexe en-dessus, applati en-dessous ; bordé ; la tête ovale, rentrée ; les yeux arrondis, latéraux; les antennes courtes, insérées en avant des yeux; le corcelet légèrement échancré, à bords défléchis; l'écusson petit, arrondi; les élytres dures, voûtées, de la longueur de l'abdomen, à bords canaliculés en-dessous; les pattes courtes et fortes; les cuisses comprimées; les jambes arrondies; les tarses à trois articles. Leur couleur varie; elle est brillante, et est le plus souvent mélangée de points ou de taches. On les trouve sur les plantes. Plusieurs espèces passent l'hiver renfermées dans des feuilles; elles se nourrissent de pucerons.

1. C. M. (*C. M. nigrum.*)

Oblongue; élytres fauves, sans taches; corcelet blanc, marqué d'un *M* noir.

FABR. *ibid.* p. 357, 10.
HERBST. Col. 5, pl. 57, fig. 1, 7.

2. C. Imponctuée. (*C. impunctata.*)

Elytres rouges, sans points; corcelet rouge, brunâtre dans le milieu.

FABR. *ibid.* p. 358, 14.
PANZ. Faun. Germ. 36, pl. 4.

3. C. Unifasciée. (*C. unifasciata.*)

Elytres rouges, avec une raie noire dans le milieu.

FABR. *ibid.* p. 359, 19.
HERBST. Col. 4, pl. 58, fig. 4.

4. C. Bi-ponctuée. (*C. bi-punctata.*)

Elytres rouges, avec deux points noirs.

FABR. *ibid.* p. 360, 29.
GEOFF. Ins. 1, 320.
SCHŒFF. Icon. pl. 9, fig. 9.

5. C. QUADRI-MACULÉE. (*C. 4. maculata.*)

Elytres rouges, quatre points noirs; corcelet noir : tache blanche marginale.

FABR. *ibid.* p. 363, 46.
HERBST. Col. 5, 370, 99.

6. C. CINQ POINTS. (*C. 5. punctata.*)

Elytres rouges, avec cinq points noirs.

FABR. *ibid.* p. 363, 47.
GEOFF. Ins. 1, 320, 2.
SCHŒF. Icon. pl. 9, fig. 8.

7. C. SIX POINTS. (*C. 6. punctata.*)

Elytres rouges; six points noirs.

FABR. *ibid.* p. 364, 49.
HERBST. Col. 5, pl. 57, fig. 12.

8. C. SEPT POINTS. (*C. 7 punctata.*)

Elytres rouges; sept points noirs.

FABR. *ibid.* p. 364, 52.
GEOFF. Ins. 1, 321, pl. 6, fig. 1.
SCHŒFF. Icon. pl. 9, fig. 7.

9. C. NEUF POINTS. (*C. 9. punctata.*)

Elytres rouges, avec neuf points noirs.

FABR. *ibid.* p. 366, 61.
GEOF. Ins. 1, 322, 4.
HERBST. Col. 5, 372, 102.

10. C. Dix points. (*C. 10 punctata.*)

Elytres fauves, avec dix points noirs; corcelet à quatre taches.
>   Fabr. *ibid.* p. 367, 62.
>   Herbst. Col. 5, pl. 58, fig. 17.

11. C. Onze points. (*C. 11. punctata.*)

Elytres rouges, avec onze points noirs, corps noir.
>   Fabr. *ibid.* p. 367, 66.
>   Herbst. Col. 5, pl. 58, fig. 13.

12. C. Onze taches. (*C. 11 maculata.*)

Elytres rouges, onze points noirs, corps ferrugineux.
>   Fabr. *ibid.* p. 367, 67.
>   Geoff. Ins. 1, 325, 9.

13. C. Douze points. (*C. 12. punctata.*)

Elytres jaunes, avec douze points noirs.
>   Fabr. *ibid.* p. 367, 68.
>   Geoff. Ins. 1, 329, 16.

14. C. Treize points. (*C. 13. punctata.*)

Elytres jaunes, avec treize points noirs; corps oblong.
>   Fabr. *ibid.* p. 369, 76.
>   Geoff. Ins. 1, 223, 6.
>   Reaum. Ins. 3, pl. 31, fig. 79.
>   Schœff. Icon. pl. 43, fig. 6.

Le corcelet est noir, a un rebord blanc, marqué, de chaque côté, d'un petit point noir.

15. C. Oculée. (*C. ocellata.*)

Elytres jaunes, avec quinze points noirs imitant imparfaitement des yeux.

>Fabr. *ibid.* p. 370, 80.
>Schœff. Icon. pl. 1, fig. 2.

16. C. Dix-neuf points. (*C. 19. punctata.*)

Elytres jaunes, avec dix-neuf points noirs.

>Fabr. *ibid.* p. 371, 85.
>Geoff. Ins. 1, 325, 10.
>Herbst. Col. 5, pl. 57, fig. 15.

17. C. Vingt points. (*C. 20. punctata.*)

Elytres jaunes, avec vingt points noirs.

>Fabr. *ibid.* p. 371, 86.
>Geoff. Ins. 1, 320, 17.
>Herbst. Arch. pl. 22, fig. 10.

18. C. Vingt-deux points. (*C. 22 punctata.*)

Elytres rouges, avec vingt-deux points noirs.

>Fabr. *ibid.* p. 371, 87.
>Herbst. Col. 5, pl. 57, fig. 14.

19. C. Vingt-quatre points. (*C. 24. punctata.*)

Elytres rouges, avec vingt-quatre points.

>Fabr. *ibid.* p. 372, 90.
>Geoff. Ins. 1, 526, 11.

20. C. Conglomérée. (*C. conglomerata.*)

Elytres jaunâtres, avec plusieurs points noirs contigus, et un point noir distinct à leur extrémité.

    Fabr. *ibid.* p. 372, 93.
    Geoff. Ins. 1, 316, 12.
    Schœff. Icon. pl. 171, fig. 1.

21. C. Conglobée. (*C. conglobata.*)

Elytres jaunes, avec plusieurs points noirs contigus, sans tache à leur extrémité.

    Fabr. *ibid.* p. 373, 94.
    Geoff. Ins. 1, 326, 12.
    Frisch. Ins. 9, pl. 17, fig. 6.

22. C. Quatorze taches. (*C. 14. guttata.*)

Elytres rouges, avec quatorze points blancs.

    Fabr. *ibid.* p. 374, 105.
    Geoff. Ins. 1, 327, 13.
    Herbst. Col. 5, pl. 59. fig. 3.

23. C. Quinze taches. (*C. 15. guttata.*)

Elytres jaunes, avec quinze points blancs, un dans le milieu, commun aux deux, peu marqué.

    Fabr. *ibid.* p. 375, 107.
    Geoff. Ins. 1, 327, 14.
    Herbst. Col. 5, pl. 59, fig. 2.

24. C. Seize taches. (*C. 16. guttata.*)

Elytres rouges, avec seize points blancs.

    Fabr. *ibid.* p. 375, 108.
    Herbst. Col. 5, pl. 59, fig. 6.

25. C. DIX-HUIT TACHES. (*C.* 18. *guttata.*)

Elytres rouges, avec dix-huit points blancs.

FABR. *ibid.* 375, 109.
SCHŒFF. Icon. pl. 9, fig. 12.

26. C. VINGT TACHES. (*C.* 20. *guttata.*)

Elytres rouges avec vingt points blancs.

FABR. *ib.* p. 376, 110.
HERBST. Arch. pl. 22, fig. 20.

27. C. PETITE. (*C. parvula.*)

Elytres noires, tête, pattes et corcelet roux.

FABR. p. 377, 117.
GEOFF. Ins. 1, 333, 44.
PANZ. Faun. Germ. 13, pl. 2.

28. C. BIPUSTULÉE. (*C. bipustulata.*)

Elytres rouges, avec deux points; abdomen rouge.

FABR. *ibid.* p. 379, 128.
GEOFF. Ins. 1, 334, 26.
HERBST. Col. 5, pl. 59, fig. 12.

29. C. MORIO. (*C. morio.*)

Elytres noires, avec deux points marginaux; jambes rouges.

FABR. *ibid.* p. 380, 132.
GEOFFR. Ins. 1, p. 333, 23.
HERBST. Col. 7, 340, 1, pl. 116, fig. 1.

Elle ressemble à la coccinelle frontale; mais elle en diffère par la tête et le corcelet qui est sans tache, par la tache des élytres, qui est dilatée à ses bords, et par ses cuisses noires.

30. C. Frontale. (*C. frontalis.*)

Elytres noires, avec deux points rouges; pattes antérieures et front de couleur rouge.

    Fabr. *ibid.* p. 381, 133.
    Geoffr. Ins. 1, 331, 22.
    Herbst. Col. 7, pl. 116, fig. 2.

31. C. Quatre pustules. (*C. 4. pustulata.*)

Elytres noires, avec quatre points rouges; orbite des yeux et bords du corcelet de couleur pâle.

    Fabr. *ibid.* p. 381, 135.
    Schœff. Icon. pl. 30, fig. 16, 17.

Sur l'ortie.

32. C. Quatre verrues. (*C. 4. verrucata.*)

Elytres noires, avec quatre points rouges; anus rouge.

    Fabr. *ibid.* p. 381, 136.
    Geof. Ins. 1, 333, 35.

33. C. Quadri-pustulée. (*C. bis-bipustulata.*)

Elytres noires, avec quatre points rouges sombres; tête et corcelet noirs.

    Fabr. *ibid* p. 382, 139.
    Geoff. Ins. 1, 322, 22.

34. C. Six pustules. (*C. 6. pustulata.*)

Elytres noires, avec six points rouges; corps noir.

    Fabr. *ibid.* p. 383, 142.

GEOFF. Ins. 1, 331, 10.
HERBST. Col. 5, pl. 58, fig. 8.

Elle a quelquefois un point rouge proche la suture.

35. C. DIX PUSTULES. (*C. 10. pustulata.*)

Elytres noires, avec dix points jaunes.

FABR. *ibid.* p. 384, 147.
GEOFF. Ins. 1, 330, 19.

36. C. QUATORZE PUSTULES. (*C. 14. pustulata.*)

Elytres noires, avec quatorze points blancs.

FABR. *ibid.* p. 385, 152.
GEOF. Ins. 1, 350, 18.
SCHŒFF. Icon. pl. 30, fig. 10.

37. C. TIGRÉE. (*C. tigrina.*)

Elytres noires, avec vingt points blancs; corcelet tacheté.

FABR. *ibid.* p. 386, 161.
SCH. Icon. pl. 30, fig. 9.

Elle ne parait être qu'une variété de la coccinelle à vingt taches, n°. 26. (1)

---

(1) Il est très-difficile, dans les coccinelles, de distinguer les espèces d'avec les variétés; et la crainte d'éloigner et de séparer les uns des autres des insectes analogues, ou peut-être les mêmes, m'a empêché d'adopter aucune des divisions de ce genre, que MM. Olivier, Paykull et Illiger ont cru devoir suivre.

LX. CASSIDE. (*Cassida.*)

Palpes, quatre ; les antérieurs en massue, les postérieurs filiformes.
Lèvre alongée, entière.
Antennes à collier.

Les cassides ont le corps rond, convexe en-dessus, plat en-dessous, bordé, lisse, brillant ; la tête petite, arrondie, cachée sous le chaperon du corcelet qui est très-dilaté ; les yeux ovales, rapprochés ; les antennes de la longueur du corcelet, insérées entre les yeux ; le corcelet transversale, à bord dilaté, applati, de la largeur des élytres ; l'écusson triangulaire, petit ; les élytres dures, de la longueur de l'abdomen, à bords dilatés, applatis ; les pattes courtes, fortes ; les cuisses comprimées ; les jambes arrondies ; les tarses à quatre articles. Leur couleur varie. La larve et l'insecte parfait se trouvent sur les feuilles des plantes. La larve se fait une couverture de ses propres excrémens.

1. C. VERTE. (*C. viridis.*)

Verte, pattes pâles, cuisses noires.

FABR. *ibid.* p. 387, 1.
GEOFF. Ins. 1, 313, 1.
SCHŒFF. Icon. pl. 27, fig. 5.

Sur plusieurs plantes ; mais sur-tout sur les chardons. Corps noir, pattes pâles.

2. C. Pointillée. (*C. affinis.*)

Elytres grises, ponctuées de noir; corcelet jaunâtre, sans tache.

FABR. *ibid.* p. 388, 5.
SCHŒF. Icon. p l. 27, fig. 4.

3. C. Marquée. (*C. vibax.*)

Verdâtre; suture du dos rouge; cuisses noires.

FABR. *ibid.* p. 389, 6.
OLIV. Ins. 97, pl. 2, fig. 30.

4. C. Nébuleuse. (*C. nebulosa.*)

Pâle, nébuleuse, ponctuée de brun.

FABR. *ibid.* p. 390, 11.
GEOFF. Ins. 1, 313, 2.

5. C. Murréene. (*C. murræa.*)

Rouge ou verte en-dessus; élytres tachées de noir; corps noir.

FABR. *ibid.* p. 399, 14.
GEOF. Ins. 1, 314, 5. var. *b.*
Ibid. Ins. 1, 315, 5, pl. 5, fig. 6.
OLIV. Ins. 97, pl. 1, fig. 7.

6. C. Noble. (*C. nobilis.*)

Grise, élytres avec une ligne bleue, brillante.

FABR *ibid.* p. 396, 47.
GEOFF. Ins. 1, 313, 3.
SCHŒFF. Icon. pl. 96, fig. 6.

La raie bleue disparaît après la mort.

7. C. Perlée. (*C. margantacea.*)

Verdâtre; élytres d'un vert-argenté brillant; tête et poitrine noires.

Fabr. *ibid.* p. 397, 51.
Oliv. Ins. 97, pl. 2, fig. 19.

Sous les pierres.

La couleur disparaît après la mort, comme dans presque tous les insectes de ce genre.

LXI. EUMOLPE. (*Eumolpus.*)

Palpes, six inégaux; les deux derniers articles intermédiaires, plus gros, ovales.

Languette avancée, membraneuse, entière.

Antennes filiformes.

Les eumolpes ont le corps petit, ovale, lisse, bordé, lent; la tête ovale, obtuse, rentrée; les yeux oblongs, latéraux, enclavés dans une échancrure; les antennes plus longues que le corcelet; le premier article plus gros inséré en avant des yeux; le corcelet arrondi, plus étroit que les élytres, à bords défléchis; l'écusson court, arrondi; les élytres dures, de la longueur de l'abdomen, convexes, à bords défléchis; les pattes longues, comprimées, propres à la course; les tarses à quatre articles; la couleur brillante. On les trouve sur les plantes; leurs larves en dévorent les feuilles, les fleurs et les jeunes pousses.

1. E. SOMBRE. (*E. obscurus.*)

Noir, sombre; les pattes de derriere alongées.

FABR. *ibid.* p. 421, 19.
PANZ. Faun. Germ. 5, pl. 12.

2. E. DE LA VIGNE. (*E. vites.*)

Noir, lisse; élytres rouges.

FABR. *ibid.* p. 422, 20.
GEOFF. Ins. 1, 232, 2.
SCHŒFF. pl. 86, fig. 6.

Sa larve est le plus grand fléau de la vigne.

LXII. CHRYSOMÈLE. (*Chrysomela.*)

Palpes, six, grossissant à leur extrémité.
Lèvre cornée, entière.
Antennes à collier.

Les chrysomèles ont le corps ovale, oblong, convexe, bordé, lent, presque toujours lisse, brillant; la tête ovale, rentrée; les yeux ovales, latéraux; les antennes de la longueur du corcelet, insérées en avant des yeux; le corcelet transversale, presque de la longueur des élytres, à bords presque toujours renflés; les élytres dures, voûtées, de la longueur de l'abdomen, à bords défléchis; les pattes moyennes, fortes; les tarses à quatre articles. Leur couleur varie et est le plus souvent brillante. Elles vivent de feuilles et y déposent leurs œufs. Leurs larves ont le même genre de vie. Celles de plusieurs espèces vivent en société.

I.re *Famille.* Corps ovale.

1. C. Ténébrion. (*C. tenebricosa.*)

Sans aile, noire; antennes et pattes de couleur violette.

FABR. *ibid.* p. 423, 3.
GEOFF. Ins. 1, 195, 19.
SCHŒFF. Icon. pl. 126, fig. 1.

Larve convexe, violette, à anus rouge. Sur les plantes herbacées, dans les bois, les haies, les jardins.

2. C. de la Centaurée. (*C. centaureï.*)

Cuivrée, brillante, en-dessous d'un vert bronzé; pattes couleur de cuivre.

FABR. *ibid.* p. 428, 31.
HERBST. Arch., pl. 23, fig. 15.

3. C. Ligne. (*C. littura.*)

Rougeâtre; élytres avec une suture et une ligne longitudinale noires.

FABR. *ibid.* p. 429, 33.

Sur le genet.

II.e *Famille.* Corps oblong, les bords du corcelet presque toujours renflés.

4. C. Noiratre. (*C. nigrita.*)

Bleue; élytres avec des points plus foncés.

FABR. *ibid.* p. 429, 35.
GEOFF. Ins. 1, 259, 6. var. a.

5. C. DE LA RAVE. (*C. raphani.*)

Verte, brillante; élytres cuivrées.

>FABR. *ibid.* p. 430, 47.
>HERBST. Arch., pl. 23, fig. 21.

6. C. DU GRAMEN. (*C. graminis.*)

Vert-bleuâtre, brillant; antennes et pattes de même couleur.

>FABR. *ibid.* 432, 58.
>GEOFF. Ins. 1, 260, 10.
>SCHŒFF. Icon. pl. 21, fig. 10.

Sur les plantes graminées.

7. C. CUIVRÉE. (*C. cuprea.*)

Tête et corcelet bronzés; élytres cuivrées; corps noir.

>FABR. *ibid.* p. 432, 61.
>GEOFF. Ins. 1, 263, 15.

8. C. HŒMOPTÈRE. (*C. hæmoptera.*)

Violette, pattes et ailes rougeâtres.

>FABR. *ibid.* p. 433, 63.
>GEOFF. Ins. 1, 258, 5.

Sa larve vit sur le millepertuis. (*Hypericum perforatum.*)

9. C. DU PEUPLIER. (*C. populi.*)

Corcelet bleuâtre; élytres rouges à extrémités noires.

>FABR. *ibid.* p. 434.
>GEOFF. Ins. 1, 256, 1.
>SCHŒFF. Icon. pl. 21, fig. 9.

Sur le peuplier, le saule, le tremble.

Sa larve a six pattes; elle est variée de blanc et de noir, et pourvue d'un double rang de tubercules d'où découle une humeur jaune, d'une odeur forte et désagréable.

10. C. DU TREMBLE. (*C. tremulæ.*)

Bleuâtre; élytres fauves.

FABR. *ibid.* p. 434, 69.
GEOF. Ins. 1, 25, 2.

Sur le tremble.

11. C. DU STAPHILLÉ. (*C. staphillæ.*)

Fauve obscur.

FABR. *ibid.* p. 434, 71.
GEOF. Ins. 1, 263, 15.
SCHŒF. Icon. pl. 21, fig. 12.

Sur les plantes, sous les pierres et dans le bois pourri.

12. C. ORNÉE. (*C. polita.*)

Corcelet doré, élytres fauves.

FABR. *ibid.* p. 434, 73.
GEOF. Ins. 1, 257, 2.
SCH. Icon. pl. 65, fig. 9.

Sur le saule, le peuplier.

13. C. BRILLANTE. (*C. lurida.*)

Noire; élytres brunes, striées par des points.

FABR. *ibid.* p. 435, 75.
GEOF. Ins. 1, 238, 3.

Sur la vigne.

14. C. Collier. (*C. collaris.*)

Violette, bords du corcelet blanc, avec un point noir.

    Fabr. *ibid.* p. 435, 80.
    Sch. Icon. pl. 52, fig. 11, 12.

Sur les saules.

15. C. l'Oseraie. (*C. viminalis.*)

Noire; corcelet roux à deux taches; élytres rouges.

    Fabr. *ibid.* p. 436, 83.
    Geof. Ins. 1, 265, 18.

Sur le saule.

16. C. Dix points. (*C. 10 punctata.*)

Corcelet roux, noir à sa partie postérieure; élytres rouges, avec cinq points noirs.

    Fabr. *ibid.* p. 436, 86.
    Geof. Ins. 1, 258, 4.

17. C. Pale. (*C. pallida.*)

Jaunâtre; yeux noirs.

    Fabr. *ibid.* p. 437, 90.
    Geof. Ins. 1, 243.

Sur le sorbier.

18. C. de la Renouée. (*C. poligoni.*)

Bleue; corcelet, cuisses et anus rouges.

    Fabr. *ibid.* p. 439, 102.
    Geoff. Ins. 1, 283, 4.
    Reaum. Ins. 3, pl. 17, fig. 14, 15.
    Sch. Icon. pl. 51, fig. 5, pl. 161, fig. 4. pl. 173 fig. 4.

Lorsqu'elle est pleine, l'abdomen se renfle d'une manière monstrueuse, et dépasse les élytres.

Sur la renouée. (*Polygonum auriculare.*)

19. C. Céréale. (*C. cerealis.*)

A reflet doré; corcelet avec trois lignes bleues et élytres avec cinq lignes de même couleur.

FABR. *ib.* p. 439, 105.
GEOFF. Ins. 1, 262, 14.
SCH. Icon. pl. 3.

Sur les genêts.

20. C. Fastueuse. (*C. fastuosa.*)

Dorée, avec trois lignes bleues sur les élytres.

FABR. *ib.* p. 440, 109.
GEOFF. Ins. 1, 261, 11.

Sur l'ortie blanche. (*Lamium album.*)

21. C. Bordée. (*C. limbata.*)

Noire; bords des élytres d'un rouge sanguin.

FABR. *ib.* p. 441, 113.
GEOFF. Ins. 1, 260, 9.
SCH. Icon. pl. 21, fig. 20.

22. C. Sanguinolente. (*C. sanguinolenta.*)

Noire; élytres ponctuées, à bords extérieurs jaunâtres.

FABR. *ib.* p. 441, 115.
GEOFF. Ins. 1, 259, 8, pl. 4, fig. 8.

23. C. Vingt points. (*C. 20. punctata.*)

D'un vert-cuivré ; bords du corcelet blancs ; élytres d'un blanc jaunâtre, avec dix taches cuivrées.

FABR. *ib.* p. 442, 121.
SCH. Icon. pl. 3, fig. 4, pl. 51, fig. 7.

24. C. Arquée. (*C. arcuata.*)

Noire ; corcelet et élytres très-lisses ; bords roux.

FABR. *ib.* p. 443, 124.

Trouvée par Bosc.

25. C. Pectorale. (*C. pectoralis.*)

Rousse, avec la poitrine et la base de l'abdomen noirs.

FABR. *ib.* p. 443, 128.
HERBST. Arch. 4, pl. 20, fig. 7.

26. C. Hémorrhoïdale. (*C. hemorrhoïdalis.*)

Noire, brillante ; base des antennes jaunâtre ; anus rouge en-dessus.

FABR. *ib.* p. 444, 131.

Sur l'aune, le bouleau.
Variété de la chr. de l'Oseraie (*C. viminalis*,) suivant Paykull.

27. C. Cuivrée. (*C. aenea.*)

D'un vert-cuivré, anus ferrugineux ; antennes et pattes noires.

FABR. *ib.* p. 444, 133.
GEOF. Ins. 1, 261, 12.

Sur le bouleau, l'aulne.

28. C. DU COCHLÉARIA. (*C. cochleariæ.*)

Bleuâtre, noire en-dessous; élytres striées.

FABR. *ib.* p. 445, 137.

Sur les plantes crucifères.

29. C. SOPHIE. (*C. sophiae.*)

Bleuâtre ; jambes et pattes jaunes.

FABR. *ib.* 445, 139.

Sur le sisymbrium sophiæ.

30. C. MARGINÉE. (*C. marginata.*)

Noire-cuivrée, élytres ponctuées, à bords jaunâtres.

FABR. *ib.* p. 441, 116.
SCH. Icon. pl. 21, fig. 19.

Dans les prairies exposées au soleil.

31. C. MARGINELLE. (*C. marginella.*)

Noire-bleuâtre ; bords du corcelet à élytres jaunes.

FABR. *ib.* p. 442, 122.
DEGEER, Ins. 5, 304, 15.

Sur la renoncule âcre. (*Ranunculus acris.*)

III.e *Famille.* LES SAUTEUSES. Corps petit ; cuisses postérieures renflées.

32. C. DU NAVET. (*C. napi.*)

Sauteuse ; d'un noir bleuâtre ; base des antennes et pattes fauves ; cuisses postérieures noires.

FABR. *ib.* p. 446, 148.
PAYK. Fn. Suc. 2, 105, 25, var. *b*.

33. C. Jusquiame. (*C. hyoscyanis.*)

Verte, brillante; pattes fauves; cuisses postérieures violettes.

Fabr. *ib.* p. 447, 149.
Geof. Ins. 1, 248, 11.

Sur la jusquiame.

34. C. de la Pariétaire. (*C. helxines.*)

D'un vert-bronzé; antennes brunes; pattes fauves.

Fabr. *ib.* p. 447, 152.
Geof. Ins. 1, 249, 14.
Sulzer. Hist. Ins. pl. 3, fig. 12.

35. C. Trirayée. (*C. trifasciata.*)

Noire en-dessus, avec trois raies brunes.

Fabr. *ib.* p. 447, 154.

36. C. de Modeer. (*C. modeeri.*)

D'un vert bronzé; élytres avec une tache postérieure et les pattes antérieures jaunes.

Fabr. *ib.* 448, 155.

37. C. Semi-cuivrée. (*C. semiaenea.*)

Corcelet cuivré, élytres ponctuées noires, rouges à leur extrémité.

Fabr. *ib.* p. 448, 156.

38. C. Erythrocephale. (*C. erythrocephala.*)

Noire, bleuâtre; tête et articulation des pattes rousses.

Fabr. *ib.* p. 448, 157.
Geof. Ins. 1, 246, 4.

39. C. FAUVE. (*C. testacea.*)

Fauve, convexe ; élytres lisses.

FABR. *ib.* p. 448, 159.
GEOF. Ins. 1, 250, 17.

LXIII. CRIOCÈRE. (*Crioceris.*)

Palpes, quatre filiformes.
Mâchoire bifide.
Lèvre cornée, entière.
Antennes filiformes.

Les criocères ont le corps oblong, lisse, bordé, lent ; la tête arrondie, rentrée ; les yeux arrondis, proéminens, marginaux ; les antennes rapprochées, frontales, insérées entre les yeux ; le corcelet court, transversale, à peine bordé, un peu applati ; l'écusson petit, arrondi ; les élytres molles, voûtées, de la longueur de l'abdomen ; les pattes moyennes, fortes, propres à la course ; les tarses à quatre articles. Leur couleur varie. Ils vivent sur les feuilles des plantes.

I.re *Famille.* LES SÉDENTAIRES, à cuisses postérieures non renflées.

1. C. NIGRICORNE. (*C. nigricornis.*)

Jaunâtre ; base de la tête et des élytres cuivrée ; antennes noires.

FABR. *ib.* p. 453, 19.
HERBST. Arch. pl. 45, fig. 5.

Corcelet avec un point enfoncé de chaque côté; abdomen jaunâtre.

2. C. DU CERISIER. (*C. cerasi.*)

Tête et corcelet roux; élytres et pattes fauves.

FABR. *ib.* p. 456, 30.
GEOF. Ins. 1, 242, 6.

Antennes brunes, premier article rouge; tête rousse, avec les bords postérieurs noirâtres; corps sombre avec un duvet cendré; pattes fauves.

3. C. RUFIPÈDE. (*C. rufipes.*)

Noire, brillante; base des antennes et pattes jaunes.

FABR. *ib.* p. 461, 54.
PANZ. Faun. Germ.

Ce n'est, suivant Hedwig qu'une variété du suivant.

4. C. FLAVIPÈDE. (*C. flavipes.*)

Noire; corcelet et pattes jaunes.

FABR. *ib.* p. 461, 55.

5. C. BRULÉ. (*C. adusta.*)

Tête et corcelet roux; élytres fauves; tache brune à leur extrémité.

FABR. *ib.* p. 461, 55.
CREUTZ. Ins. 121, 12, pl. 2, fig. 24.

6. C. Linéaire. (*C. lineola.*)

Noire, corcelet sanguin, avec une ligne noire sur le dos; élytres pâles.

>FABR. *ib.* p. 462, 62.
>PANZ. Fn. Germ. 34, 5.

II.e *Famille*. SAUTEUSES, à cuisses postérieures renflées.

7. C. Fulvipède. (*C. fulvipes.*)

Bleuâtre; tête, corcelet et base des antennes roux.

>FABR. *ib.* p. 463, 68.
>GEOF. Ins. 1, 245, 2.
>SCH. Icon. pl. 166, fig. 5.

8. C. Fuscipède. (*C. fuscipes.*)

Violette; tête et corcelet roux; pattes noires.

>FABR. *ib.* p. 464, 69.

Ce n'est peut-être qu'une variété de l'espèce précédente; elle en diffère cependant par les pattes noires.

9. C. Ruficorne. (*C. ruficornis.*)

Bleuâtre; tête, corcelet, antennes et pattes rousses.

>FAB. *ib.* p. 404, 70.

Cette espèce est distincte de la rufipède; les antennes sont toutes rouges, et les élytres sont crénelées et striées.

10. C. Quadri-pustulée. (*C. 4. pustulata.*)

Elytres avec quatre lignes jaunâtres.

>FAB. *ib.* p. 69, 72.
>GEOF. Ins. 1, 250, 15.

Une des lignes est à la base des élytres, et l'autre à l'extrémité.

11. C. Atricille. (*C. atricilla.*)

Noire, corcelet et élytres cendrées.

Fab. *ib.* p. 465, 75.
Geof. Ins. 1, 251, 19.

12. C. Anglaise. (*C. anglica.*)

Noire; élytres et jambes pâles.

Fab. *ib.* p. 464, 71.

Elle ressemble à la précédente; mais le corcelet est noir et les jambes de couleur pâle.

13. C. Nasturienne. (*C. nasturtii.*)

Noire; élytres fauves, avec tous les bords noirs.

Fab. *ib.* p. 465, 77.

14. C. Dorsale. (*C. dorsalis.*)

Noire, corcelet et bords des élytres de couleur pâle.

Fab. *ib.* p. 465, 78.

Ce n'est peut-être qu'une variété de l'atricille, mais elle en diffère par le dos des élytres, qui est noir.

15. C. Exolete. (*C. exoleta.*)

Ferrugineuse; élytres striées.

Fabr. *ib.* p. 466, 80.
Geof. Ins. 1, 250, 16.

Sur les fleurs de l'échium, ou herbe aux vipères.

16. C. Holsatique. (*C. holsatica.*)

Noire, brillante; élytres avec un point rouge à son extrémité.

Fabr. *ib.* p. 467, 85.

17. C. Debile. (*C. tabida.*)

Couleur pâle, yeux noirs.

Fab. *ib.* p. 467, 86.

18. C. Noire. (*C. atra.*)

Noire; base des antennes et pattes brunes.

Fab. *ib.* p. 467, 88.
Geof. Ins. 1, 247, 8.

19. C. Silvicole. (*C. nemorum.*)

Noire; élytres avec une bandelette longitudinale jaune.

Fabr. *ib.* p. 468, 89.
Geof. Ins. 1, 247, 9.
Sulz. pl. 3, fig. 11.

Sur la pulmonaire, la dentaire et autres plantes.

20. C. du Chou. (*C. brasicæ.*)

Noire; élytres pâles, fauves, avec tous les bords noirs et une raie dans le milieu, de même couleur.

Fabr. *ib.* p. 468, 90.

La base des antennes est de couleur pâle; les pattes sont noires.

LXIV. HELODE. (*Helodes.*)

Palpes, six inégaux.
Lèvre échancrée, cornée.
Antennes grossissant à leur extrémité.

Les hélodes ont le corps alongé, lisse, bordé, lent; la tête ovale, obtuse, rentrée; les yeux oblongs, transversaux, latéraux; les antennes plus courtes que le corcelet, insérées en avant des yeux; le corcelet applati, égal, beaucoup plus large que la tête; l'écusson court, triangulaire; les élytres dures, convexes, de la longueur de l'abdomen; les pattes courtes, fortes, propres à la course; les tarses ont quatre articles. Leur couleur varie. Ils vivent sur les plantes.

1. H. DE LA PHELANDRIE. (*H. pellandrii.*)

Noir; bords du corcelet et des élytres jaunes, avec deux lignes de même couleur.

FAB. *ib.* p. 469, 1.
GEOF. Ins. 1, 266, 20.
DEGEER, Ins. 5, 324, 25, pl. 9, fig. 34.

On le trouve sur les racines du *phellandrium aquaticum*.

2. H. VIOLET. (*H. violacea.*)

D'un noir violet; élytres striées.

FAB. *ib.* p. 470, 3.
GEOF. Ins. 1, 254, 6.

LXV. LEME. (*Lema.*)

Palpes, inégaux filiformes.
Mâchoire cornée, bifide.
Lèvre membraneuse, arrondie, bifide.
Antennes filiformes.

Les lemes ont le corps petit, oblong, bordé, lent; la tête ovale, rentrée; les yeux arrondis, proéminens, latéraux; les antennes plus longues que le corcelet, insérées au côté antérieur des yeux; le corcelet convexe, cylindrique, le plus souvent comprimé; l'écusson petit, arrondi; les élytres dures, convexes, de la longueur de l'abdomen; les pattes moyennes, minces; les tarses à quatre articles. Leur couleur est sombre et varie. La larve et l'insecte parfait habitent sur les plantes dont ils se nourrissent. La plupart des larves, pour se transformer en nymphes, se couvrent de leurs excrémens ou de leur bave.

1. L. Merdigère. (*L. merdigera.*)

Noire, rouge en dessus; anus et pattes rouges.

Fab. *ib.* p. 472, 9.
Geof. Ins. 1, 239, 1.
Sch. Icon. pl. 4, fig. 4.
Sur le lys.

2. L. Douze points. (*L. 12. punctata.*)

Rouge, élytres avec six points noirs.

Fab. 473, 12.
Geof. Ins. 1, 241, 2, pl. 4, fig. 5.
Schf. Icon. pl. 4, fig. 5.

Sur l'asperge, qu'elle ronge.

3. L. D'Asperge. (*L. d'asparagi.*)

Corcelet rouge avec deux points noirs; élytres jaunes; quatre points noirs en croix, bord extérieur fauve.

Fab. *ib.* p. 474, 17.
Geof. Ins. 1, 241, 3.
Sch. Icon. pl. 52, fig. 9, 10.

Sur l'asperge.

4. L. Bleue. (*L. cyanella.*)

Bleue, avec les côtés du corcelet convexe.

Fab. *ib.* p. 475, 23.
Geof. Ins. 1, 343, 5.
Herbst. Arch. pl. 23, fig. 34.

5. L. Melanope. (*L. melanopa.*)

Bleue; corcelet et pattes rouges.

Fab. *ib.* p. 470, 27.
Sulz. Ins. 3, pl. 3, fig. 10.

LXVI. GALERUQUE. (*Galeruca.*)

Palpes, six, dernier article pointu.
Lèvre bifide.
Antennes filiformes.

Les galeruques ont le corps oblong, lisse, un peu

applati, bordé, lent; la tête petite, arrondie, rentrée; les yeux arrondis, latéraux, proéminens; les antennes rapprochées, insérées entre les yeux; le corcelet court, transversal, ayant souvent une raie transversale, enfoncée; l'écusson petit, arrondi; les élytres dures, applaties, de la longueur de l'abdomen; les pattes moyennes, fortes, propres à la course; les tarses à quatre articles. Leur couleur varie. La larve et l'insecte parfait vivent sur les feuilles des plantes dont elles mangent le parenchyme.

I.re *Famille.* LES SÉDENTAIRES, à cuisses postérieures non renflées.

1. G. LITTORALE. (*G. littoralis.*)

Noire; élytres raboteuses.

FAB. *ib.* p. 479, 7.
GEOF. Ins. 1, 252, 1, pl. 4, fig. 6.

2. G. RUSTIQUE. (*G. rustica.*)

Noire; corcelet et élytres grises.

FAB. *ib.* p. 481, 15.
GEOF. Ins. 1, 253, 1, var. *b.*

3. G. TANAISIE. (*G. tanaceti.*)

Noire, ponctuée; élytres fortement pointillées.

FAB. *ib.* p. 481, 16.
SCH. Icon. pl. 21, fig. 14.

Sur la tanaisie.

4. G. Aulne. (*G. alni.*)

Violette ; élytres parsemées de points enfoncés, antennes noires ainsi que les pattes.

    Fab. *ib.* p. 483, 27.
    Geof. Ins. 1, 132, 1.
    Sch. Icon. pl. 65, fig. 6.

Sur l'aulne, le bouleau.

5. G. du Bouleau. (*G. betulae.*)

Violette ; élytres ponctuées, striées.

    Fab. *ib.* p. 484, 33.
    Rœs. Ins. 2, scar. 3, pl. 1.

Sur la partie inférieure des feuilles de bouleau. Forêt de Carnelle.

6. G. du Nenuphar. (*G. nympheae.*)

Bords des élytres proéminens, jaunâtres.

    Fab. *ib.* p. 487, 45.
    Geof. Ins. 1, 254, 4.

Sur le nenuphar et autres plantes aquatiques.

7. G. du Caprier. (*G. capreæ.*)

Corcelet noir, taché ; élytres grises, antennes noires.

    Fab. *ib.* p. 487, 46.
    Geof. Ins. 1, 254, 5.

8. G. de l'Orme. (*G. calmariensis.*)

Cendrée ; élytres avec une bande et une ligne noires à leur base.

Fab. *ib.* p. 488, 52.
Geof. Ins. 1, 253, 3.

Sur l'orme et le saule.

9. G. Délicate. (*G. tenella.*)

Ferrugineuse; corcelet et bords des élytres jaunes.

Fab. *ib.* p. 490, 62.

Sur les saules.

II.ᵉ *Famille.* Sauteuses, à cuisses postérieures renflées.

10. G. Bruyère. (*G. erucæ.*)

D'un bleu brillant; antennes noires.

Fab. *ib.* p. 497, 99.

Sur les bruyères.

11. G. Potagère. (*G. oleracea.*)

D'un vert cuivré; élytres ponctuées.

Fab. *ib.* p. 498, 108.

Sur les crucifères elledevastes, les choux et autres plantes potagères. On les chasse avec les cendres du tabac.

12. G. Mercuriale. (*G. mercurialis.*)

Ronde, noire, brillante; antennes et pattes noires.

Fab. *ib.* p. 499, 113.

LXVII. CYPHON. (*Cyphon.*) Paykull.

Palpes, quatre.
Les antérieurs en alène.
Les postérieurs à dernier article bifide.
Lèvre bifide.
Antennes filiformes.

Les cyphons ont le corps petit, arrondi, velu, bordé, agile; la tête petite, transversale, rentrée; les yeux grands, arrondis, proéminens, latéraux; les antennes plus longues que le corcelet, écartées, insérées en avant des yeux; le corcelet applati, à bords antérieurs proéminens, arrondi, plus étroit que les élytres; les élytres molles, convexes, de la longueur de l'abdomen; les pattes assez alongées, comprimées; les tarses ont cinq articles. Leur couleur est livide ou sombre. On les trouve sur les plantes.

I.re *Famille.* Les sédentaires, à cuisses postérieures non renflées.

1. C. Pale. (*C. pallidus.*)

Couleur pâle, extrémité des élytres brune.

Fab. *ib.* p. 501, 1.

II.e *Famille.* LES SAUTEUSES ; cuisses postérieures renflées.

2. C. HEMISPHÉRIQUE. (*C. hemisphericus.*)

Hémisphérique, noire ; pattes plus claires.
   FAB. *ib.* p. 503, 7.

Dans les prés humides et sur les noisetiers.
Il est parsemé d'un poil cendré très-court.

LXVIII. ENDOMIQUE. (*Endomichus.*)

Palpes, quatre inégaux, dernier article tronqué.
Lèvre alongée, cornée, entière.
Antennes à collier à leur extrémité.

Les endomiques ont le corps petit, un peu applati, ovale, lisse, lent ; la tête ovale, plate, rentrée ; les yeux arrondis, à peine proéminens, latéraux ; les antennes plus longues que le corcelet, écartées, insérées en avant des yeux ; le corcelet applati, bordé, à angle antérieur, proéminent ; l'écusson petit, arrondi ; les élytres de la longueur de l'abdomen, dures, rentrées ; les pattes courtes, fortes ; les tarses à quatre articles ; la couleur brillante. Ils vivent sur les plantes.

1. E. ECARLATE. (*E. coccineus.*)

Corcelet d'un rouge sanguin, avec une tache noire ; élytres d'un rouge sanguin, avec deux taches noires.

FABR. *ib.* p. 505, 2.
NATURFORSCHER, 24, 14, pl. 1, fig. 20.
DEGEER Ins. 5, 301, 10, pl. 9, fig. 1.

Sur le coudrier.

2. E. CROIX. (*E. cruciatus.*)

Rouge; élytres avec une croix rouge.

FAB. *ib.* p. 505, 3.

Sous l'écorce du bouleau.

3. E. TACHÉ. (*E. 4. pustulatus.*)

Noir, bords du corcelet rouge, avec deux taches aux élytres, et les pattes de même couleur.

FABR. *ib.* p. 505, 4.

Sur le licoperdon.

4. E. BOVISTE. (*E. bovistæ.*)

Noir, brillant; antennes et pattes ferrugineuses.

FABR. *ib.* p. 505, 6.

Sur le licoperdon bovista.

LXIX. CISTÈLE. (*Cistela.*)

Palpes, quatre, plus ou moins renflés à leur extrémité.
Mâchoire à une seule dent.
Lèvre membraneuse, échancrée.
Antennes filiformes.

Les cistèles ont le corps oblong, un peu velu, bordé,

agile; la tête ovale, distincte; les yeux arrondis, latéraux; les antennes insérées sous les yeux; le corcelet à peine bordé, souvent un peu rétréci à sa partie antérieure; l'écusson petit, arrondi; les élytres dures, convexes, de la longueur de l'abdomen; les pattes assez longues, minces; les cuisses comprimées; les tarses antérieurs à cinq articles, les postérieurs à quatre. La couleur est souvent obscure et plus rarement variée ou brillante. La larve et l'insecte parfait habitent les fleurs et les plantes. Ils volent assez facilement.

1. C. Céramboïde. (*C. ceramboïdes.*)

Pâle; les pattes brunes.

FABR. Ent. Syst. t. 1, p. 2, 42, 4.
GEOF. Ins. 1, 354.

Sur les arbres et les plantes.
Le corcelet est quelquefois fauve.

2. C. Lepturoïde. (*C. lepturoïdes.*)

Noire; corcelet carré; élytres fauves, striées.

FABR. Ent. Syst. part. 2, p. 43, 5.

Le corcelet carré, transversal et un peu bordé, sert à la faire distinguer du précédent, auquel elle ressemble.
Sur les plantes graminées.

3. C. Sulphureuse. (*C. sulphurea.*)

Jaune; élytres de même couleur; antennes brunes, avec la base des articles jaune.

FABR. *ib.* p. 43, 8.
GEOFF. Ins. 1, 351, 11.

Sur les fleurs en ombelles.

Les palpes, dans cette espèce, sont à peine renflés à leur extrémité.

4. C. Murine. (*C. murina.*)

Noire; élytres striées, pattes fauves.

    Fabr. *ibid.* p. 44, 16.
    Geof. Ins. 1, 355, 4.
    Herbst. Arch. pl. 23, fig. 29.

Les palpes sont renflés, mais terminés en alêne.

5. C. Flavipède. (*C. flavipède.*)

Noire; élytres noires avec une tache jaune à leur base, pattes et base de l'abdomen jaunes.

    Fabr. *ib.* p. 45, 19.
    Fabr. *ib.* p. 45, 20. *C. humeralis.*

Sur l'écorce du chêne, en mai et en juin.

La lèvre est arrondie, entière, et diffère du caractère générique.

6. C. Morio. (*C. morio.*)

Noire; pattes fauves, élytres avec des stries profondes.

    Fabr. *ib.* p. 46, 24.

Petite, étroite, oblongue; toutes les pattes sont ferrugineuses, ainsi que les antennes.

Dans cette espèce, tous les derniers articles des palpes sont très-dilatés et en forme de hache. La lèvre est légèrement échancrée.

Obs. Ce genre est mal fait et nécessite une réforme. Nous avons marqué avec soin les caractères qui, dans chaque espèce en particulier s'éloignent des caractères génériques.

LXX. ATOPE. (*Atopa.*) Paykull.

Palpes, quatre filiformes.
Lèvre membraneuse, quadrifide.
Antennes filiformes.

Caractères habituels du genre précédent.

1. A. Cervine. (*A. cervina.*)

Livide; pattes brunes.

FABR. *ib.* p. 42, 1. *Cistela cervina.*
DEGEER, Ins. 4, p. 435, 6, pl. 9, fig. 8.

2. A. Cendrée. (*A. cinerea.*)

Noire; élytres et pattes brunes.

FABR. *ib.* p. 42, 2. *Cistela cinerea.*

Suivant Helwig et Paykull, ce n'est qu'une variété de la précédente.

LXXI. GRIBOURIS. (*Cryptocephalus.*)

Palpes, quatre filiformes.
Mâchoire unidentée.
Lèvre cornée, entière.
Antennes filiformes.

Les gribouris ont le corps cylindrique, obtus à sa partie antérieure et postérieure, lisse, bordé; la tête plane, rentrée; les yeux latéraux, arrondis; les antennes insérées sous les yeux, plus courtes que le corps; le corcelet court, transversal, arrondi; l'écusson petit, arrondi; les élytres dures, convexes, un peu plus longues que l'abdomen; les pattes fortes, de longueur médiocre; les tarses à quatre articles. Leur couleur varie et est la plupart du tems brillante. La larve et l'insecte parfait dévorent les feuilles et les fleurs des plantes.

1. G. Quadri-maculé. (*C. 4. maculatus.*)

Roux; base de la tête et des élytres avec deux taches jaunes.

Fabr. *ib.* p. 57, 23.
Sch. Icon. pl. 6, fig. 67.

Sur le noisetier.

2. G. Biponctué. (*C. bipunctatus.*)

Noir, brillant; élytres rouges, avec deux points noirs; antennes de la longueur du corps.

Fabr. *ib.* p. 59, 29.
Geof. Ins. 1, 234.
Sch. Icon. pl. 8, fig. 8.

Sur le noisetier.

3. G. Cordifer. (*C. cordiger.*)

Noir; corcelet varié de jaune; élytres rouges, avec deux points noirs.

Fabr. *ib.* p. 59, 32.
Geoff. Ins. 1, 235, 1.
Sch. Icon. pl. 30, fig. 1.

Sur le noisetier et le saule.
La tache intermédiaire du corcelet est quelquefois en cœur.

1. Suture des élytres noire, avec quatre points noirs discoïdes.
2. Suture des élytres noire, avec trois points noirs discoïdes.

Ces deux variétés se trouvent assez fréquemment aux environs de Chantilly.

4. G. DU NOISETIER. (*C. coryli.*)

Noir; corcelet et élytres fauves; suture noire.

FABR. *ib.* p. 60, 38.

1. Un petit point noir à la partie supérieure des élytres.
2. Un petit point noir à la partie supérieure des élytres, et un autre discoïde dans le milieu.

Dans toutes ces variétés, le mâle a le corcelet entièrement noir, tandis que dans la femelle il est noir en-dessus et rouge en-dessous.

Sur le noisetier.

5. G. A SIX-POINTS. (*C. 6. punctata.*)

Noir; corcelet varié; élytres rouges, avec trois taches noires.

FABR. *ib.* p. 62, 44.
SCH. Icon. pl. 30, fig. 3.

Les articulations des jambes sont marquées d'un point blanc.

1. Elytres avec quatre points noirs. Cette variété est assez rare.

Sur les feuilles du noisetier.

6. G. SOYEUX. (*C. sericeus.*)

Vert-bleuâtre; antennes noires.

FABR. *ib.* p. 63, 56.

GEOF. Ins. 1, 233.
OLIV. Ins. 96, pl. 1, fig. 5.
1. Corps couleur d'or.
Sur les saules.

7. G. BRILLANT. (*C. nitens.*)

Noir en-dessous, bleu en-desus; corcelet lisse; la bouche, la base des antennes et les pattes fauves.

FABR. *ib.* p. 60, 57.

1. Deux points jaunâtres sur le devant de la tête.

FABR. *ib.* p. 65, 65. *C. flavifrons.*

2. Tête cuivrée à sa base; antennes d'un noir jaunâtre; ligne noire sur les cuisses.

FABR. *ib.* p. 64, 61. *C. nitidulus.*

Cette espèce et ses deux variétés se trouvent sur le noisetier. Elle diffère de la précédente, parce qu'elle est moins grande, que le corcelet est plus lisse et les élytres plus longues.

8. G. LABIÉ. (*C. labiatus.*)

Noir, brillant; bouche, base des antennes et pattes jaunâtres; corcelet lisse.

FABR. *ib.* p. 65, 62.

Sur les roses; très-petit.

9. G. DE MORÉE. (*C. moræi.*)

Noir; élytres avec deux taches jaunes marginales.

FABR. *ib.* p. 66, 67.
SCH. Icon. pl. 30, fig. 7, pl. 238, fig. 5.

Sur le millepertuis.

10. G. Dix-points. (*C. 10. punctatus.*)

Corcelet fauve, bande marginale noire, élytres fauves, dix points noirs.

    Fabr. *ib.* p. 66, 70.
    Herbst. Arch. pl. 23, fig. 26.

11. G. Hemorrhoïdale. (*C. hemorrhoïdalis.*)

Bleu; élytres et pattes fauves à leur extrémité.

    Fabr. *ib.* p. 67, 73.
    Sch. Icon, pl. 77, fig. 7.

12. G. Grêle. (*C. gracilis.*)

Noir; tête et corcelet fauves; élytres avec une raie marginale blanche à leur base.

    Fabr. *ib.* p. 70, 88.
    Geoff. Ins. 1, 237, 11.

Très-petit.

13. G. Pigmé. (*C. pygmœus.*)

Noir, brillant: élytres fauves: suture noire.

    Fabr. *ib.* p. 70, 89.

Très-petit: antennes noires et jaunes à leur base: tête noire, avec un front jaune: bord antérieur et latéral du corcelet jaune: élytres striées, fauves, avec un point calleux et la suture noire: corps noir, pattes fauves.

14. G. Menu. (*C. minutus.*)

Corcelet fauve, lisse: élytres striées, fauves.

    Fabr. *ib.* p. 70, 87.

1. Elytres fauves, avec la suture noire : un point noir à leur partie antérieure, et un autre de même couleur à leur partie postérieure.

Fabr. *ib.* p. 69, 86. *C. pusillus.*

Il est très-petit. Quelquefois le point postérieur des élytres forme une raie transversale.

LXXII. CLYTHRE. (*Clythra.*)

Palpes, quatre inégaux filiformes.
Lèvre dilatée à son extrémité, échancrée.
Antennes courtes, en scie.

Les clythres ont le corps petit, bordé, cylindrique, le plus souvent glabre, lent ; la tête rentrée ; les yeux oblongs ; les antennes de la longueur du corcelet, en scie, écartées, insérées en avant des yeux ; le corcelet transversal, arrondi, à bords défléchis ; l'écusson petit, arrondi ; les élytres plus longues que l'abdomen, convexes ; les pattes fortes, les antérieures alongées ; les tarses à quatre articles ; le dernier article bifide. Leur couleur est variée. On les trouve sur les fleurs.

1. C. Quatre-points. (*C. 4. punctata.*)

Noire : élytres rouges avec deux points noirs.

Fabr. Supplém. Entom. p. 110, 4.
Sch. Icon. pl. 6, fig. 1, 2.
Geoff. Ins. 1, 195, 1, pl. 3, fig. 4.

Sur le coudrier, le chêne, le prunier, l'aubépine.

2. C. Tridentée. (*C. 3. dentata.*)

Bleuâtre : élytres fauves, avec un point calleux noir à leur partie supérieure.

Fabr. Supplém. Entom. p. 112, 15.
Sch. Icon. pl. 77, fig. 5.

Sur différentes fleurs, particulièrement sur le chêne et le camerisier. (*Lonicera xylosteo.*)

Quelquefois les élytres sont d'un brun foncé.

3. C. Oreille. (*C. aurita.*)

Noire : corcelet avec une tache jaune de chaque côté : jambes jaunes.

Fabr. Supplem. Entom. p. 113, 19.
Herbst. Arch. pl. 44, fig. 5.

Sur le noisetier.

4. C. Semblable. (*C. affinis.*)

Noire, bleuâtre : côtés du corcelet et pattes rouges.

Panz. Faun. Germ. 190, 8.

Très-semblable au précédent ; mais elle est plus petite et moins noire.

5. C. Quatre taches. (*C. 4. maculata.*)

Rousse : base de la tête et des élytres avec deux taches bleues.

Fabr. Supplem. Entom. p. 113, 21.
Sch. Icon. pl. 6, fig. 67.

6. C. Longimane. (*C. longimane.*)

Sombre, cuivrée : élytres avec un point calleux à leur base : pattes alongées dans l'un des sexes.

Fabr. Supplem. Ent. p. 113, 22.
Oliv. Ins. Gribouris, pl. 2, fig. 16.
Geoff. 1, 196, 3.
Sch. Icon. pl. 36, fig. 13.

Sur le trèfle de pré et de montagne (*trifolium pratense et montanum*), sur l'ésule ou tithymale capillaire (*euphorbia cyparisias.*) On voit un petit point cuivré à la base des élytres.

La larve est glabre et a un sac pyriforme, velu, brun.

Elle est la moitié plus petite que la tridentée, à laquelle elle ressemble beaucoup.

7. C. BLEUE. (*C. cyanea.*)

Bleue, corcelet et pattes rouges.

FABR. Supplém. Ent. p. 114, 29.
GEOFF. 1, 197, 4.
OLIV. Ins. Gribouris, pl. 1, fig. 10.

8. C. BUCÉPHALE. (*C. bucephala.*)

Bleue : la bouche, les bords du corcelet et les pattes rouges.

FABR. Suppl. Ent. p. 114, 30.
OLIV. Ins. Gribouris, pl. 2, fig. 24.
GEOF. Ins. 1, 197, 5.

Sur l'anthyllis vulnéraire.

Dans l'un des sexes les mâchoires sont beaucoup plus grosses, en pinces rouges, et noires seulement à leur extrémité.

LXXIII. HISPE. (*Hispa.*)

Palpes, quatre, renflés dans leur milieu, filiformes.

Mâchoire bifide.

Lèvre cornée, entière.

Antennes cylindriques.

Les hispes ont le corps oblong, bordé, lent, petit ;

la tête petite, ovale, rentrée; les antennes rapprochées et presque réunies, insérées entre les yeux, de la longueur du corcelet; les yeux oblongs, grands, latéraux; le corcelet court, arrondi; l'écusson triangulaire; les élytres dures, de la longueur de l'abdomen, presque toujours épineuses et dentées à leur extrémité; les pattes courtes, fortes, arrondies; les tarses à quatre articles. Leur couleur varie et est peu brillante. Ils habitent les plantes.

1. H. NOIRE. (*H. atra.*)

Noire : antennes en fuseau : corcelet, élytres et base des antennes épineux.

FABR. Ent. Sys. t. 1, part. 2, p. 70, 1.
GEOFF. Ins. 1, 243, 7.
Act. Soc. Berol. Nat. Cur. 4, pl. 7, fig. 6.

A la racine des graminées.

2. H. FAUVE. (*H. testacea.*)

Antennes en fuseau, corps fauve, antennes et yeux noirs.

FABR. *ib.* p. 71, 2.
VILLER. Ent. t. 1, p. 169, 2, pl. 1, fig. 18.

J'ai trouvé cet insecte deux fois dans le bois de Carnelle. Les élytres ont des épines noires : elles sont latérales au corcelet.

LXXIV. DRYOPS. (*Dryops.*)

Palpes, quatre inégaux.
Les antérieurs en forme de hache.
Les postérieurs filiformes.
Lèvre membraneuse, fortement échancrée.
Antennes filiformes.

Les dryops ont le corps alongé, cylindrique, lisse ou un peu cotonneux, bordé, agile; la tête ovale, rentrée; la bouche et les palpes proéminens; les yeux grands, globuleux, latéraux; les antennes écartées, insérées sous les yeux, plus courts que le corcelet; le corcelet presque cylindrique; l'écusson court, arrondi; les élytres assez dures, de la longueur de l'abdomen; les pattes médiocrement longues, minces, propres à la course; les tarses à quatre articles. Leur couleur varie et est médiocrement brillante. Ils habitent les plantes.

1. D. Femoré. (*D. femorata.*)

Livide, avec le front et deux taches noires sur le corcelet: cuisses postérieures renflées.

FABR. *ib.* 2, p. 74, 1.

2. D. Cuivré. (*D. cuprata.*)

Alongé, noir en-dessous, couleur de cuivre sombre en-dessus, finement ponctué.

FABR. *ib.* p. 75, 2.

Sous l'écorce des troncs de bouleau.

LXXV. LAGRIE. (*Lagria.*)

Palpes, quatre inégaux.
Les antérieurs en forme de hache.
Les postérieurs renflés à l'extérieur.
Lèvre courte, cornée, arrondie à son extrémité.
Antennes filiformes, simples.

Les lagries ont le corps oblong, velu, bordé; la tête ovale, rentrée; les yeux oblongs, latéraux; les antennes écartées, insérées sous les yeux, de la longueur du corcelet; le corcelet arrondi; l'écusson petit, orbiculé; les élytres convexes, quelquefois molles, de la longueur de l'abdomen; les pattes minces, propres à la course; les tarses antérieurs et intermédiaires à cinq articles, les postérieurs à quatre. Leur couleur varie. Elles vivent sur les plantes.

1. L. VELUE. (*L. hirta.*)

Velue, noire : corcelet rond, élytres pâles.

FAB. *ib.* p. 79, 4.
DEGEER, Ins. 5, pl. 2, fig. 23, 24.
GEOF. Ins. 1., 344, 6.

Le mâle est plus petit et plus mince : c'est le *L. pubescens*.

FABR. p. 79, 3.

LXXVI. DASYTE. (*Dasytes.*) Paykull.

Palpes, quatre filiformes renflés à l'extérieur, tronqués obliquement à leur extrémité.

Mâchoire unidentée.

Lèvre membraneuse, alongée, cylindrique, arrondie à son extrémité, entière.

Antennes en scie.

Les dasytes ont le corps oblong, velu; la tête ovale; les antennes écartées, insérées en avant des yeux; le corcelet un peu convexe et comme bordé; l'écusson petit, arrondi à sa partie postérieure; les élytres molles, couvrant l'abdomen; les pattes courtes; tous les tarses à cinq articles. Leur couleur varie. Ils vivent sur les fleurs.

1. D. Noir. (*D. niger.*)

Noir, velu : élytres très-finement ponctuées.

Lagria nigra. Fabr. *ib.* p. 80, 11.
Oliv. Mely. Ins. 21, pl. 2, fig. 10.

2. D. Bleu. (*D. cœruleus.*)

Bleu : antennes noires.

Lagria cœrulea. Fabr. *ib.* p. 157, 2.
Oliv. Ins. Mely. 21, 8, 8, pl. 2, fig. 9.
Geof. Ins. 1, 177, 14.

Elle est quelquefois verdâtre.

3. D. NIGRICORNE. (*D. nigricornis.*)

Cuivré ; antennes noires à l'extérieur, jambes et tarses fauves, élytres ponctuées profondément.

Lagria nigricornis. FABR. *ib.* p. 81, 16.

4. D. FLAVIPÈDE. (*D. flavipes.*)

Linéaire, d'un noir verdâtre ; bases des antennes, jambes et tarses fauve.

Lagria flavipes. FABR. *ib.* p. 80, 13.

LXXVII. LYTTE. (*Lytta.*)

Palpes, quatre inégaux, les postérieurs en massue.
Mâchoire bifide.
Lèvre tronquée.
Antennes filiformes.

Les lyttes ont le corps oblong, lisse, bordé, lent ; la tête grande, distincte, ovale, plus large que le corcelet ; les yeux latéraux, arrondis ; les antennes écartées, insérées au côté extérieur des yeux, plus longues que le corcelet ; le corcelet presque cylindrique ; l'écusson petit ; les élytres molles, convexes, de la longueur de l'abdomen ; les pattes alongées, minces, propres à la course ; les tarses antérieurs à cinq articles ; les postérieurs à quatre. Leur couleur varie et est brillante : elles vivent sur les plantes.

1. L. VÉSICATOIRE. (*L. vesicatoria.*)

Verte, très-brillante; antennes noires.

FABR. *ib.* p. 83, 62.
GEOFF. Ins. 1, 341, 1, pl. 6, fig. 5.
SCH. Icon. Ins. pl. 47, fig. 1.

Sur le frêne, le troëne, le sureau, le lilas, le chèvre-feuille, le peuplier noir, le catalpa; mais plus particulièrement sur le frêne.

C'est l'insecte célèbre par ses propriétés médicales, vulgairement connu sous le nom de *cantharide*. On recueille les cantharides en secouant, avec un bâton, les rameaux sur lesquels elles vivent, et on les ramasse sur un drap qu'on a eu soin d'étendre. On les fait périr à mesure dans du vinaigre; on les en retire quelques heures après pour les faire sécher au soleil. On les renferme ensuite dans des bocaux que l'on ferme très-hermétiquement. Lorsqu'on veut en faire usage, on les pulvérise et on mêle la poudre qui en provient avec de la cire, de la graisse ou de la térébenthine, pour en composer un emplâtre vésicatoire.

LXXVIII. LYMEXYLON. (*Lymexylon.*)

Palpes, quatre inégaux.

Les antérieurs ayant l'avant-dernier article grand, avec un appendice ovale, fendu; et le dernier, ovale, aigu dans le mâle.

Filiformes et tronqués dans la femelle.

Antennes filiformes.

Les lymexylons ont le corps alongé, cylindrique,

glabre, bordé, agile; la tête arrondie, applatie en-dessus, rentrée; les yeux arrondis, proéminens, latéraux; les antennes écartées, courtes, insérées en avant des yeux; le corcelet court, transversal, à peine bordé; l'écusson arrondi; les élytres tombantes, flexibles, de la longueur de l'abdomen; les pattes courtes, fortes; les cuisses comprimées; les tarses à cinq articles. Leur couleur est sombre. Ils vivent sous l'écorce des arbres.

1. L. DERMESTOÏDE. (*L. dermestoïdes.*)

Fauve, yeux, ailes et poitrine noirs.

FABR. *ib.*, p. 91, 1.
OLIV. Ins. 25, pl. 1, fig. 1.

Le mâle a les élytres fauves à leur extrémité.

L. probscideum. FABR. *ib.* p. 92, 3.
OLIV. Ins. 25, 6, 5, pl. 1, fig. 5.
L. barbatum. FABR. *ib.* p. 92, 4.
SCH. Icon. pl. 279, fig. 7.

2. L. NAVALE. (*L. navale.*)

Jaune; tête, bords et extrémité des élytres noirs.

FABR. *ibid.* p. 92, 5.
SCH. Icon. pl. 59, fig. 1.

Sur le chêne. Quelquefois les élytres sont entièrement noires. Dans cette espèce, les antennes sont plus longues que le corcelet, tandis que dans l'espèce précédente elles sont plus courtes.

LXXIX. DIRCÉE. (*Dircœa.*)

Palpes, quatre inégaux.
Les antérieurs alongés, à dernier article grand, à trois lobes.
Antennes filiformes.

Les dircées ont le corps alongé, presque cylindrique, bordé, lisse, lent; la tête penchée; les yeux arrondis, à peine proéminens, latéraux; les antennes plus courtes que le corps, insérées en avant des yeux; le corcelet convexe, élevé, à angles postérieurs proéminens; les élytres un peu plus longues que le corps; les pattes propres à la course, comprimées; les tarses antérieurs à cinq articles; les postérieurs à quatre : le second article est bilobé. Leur couleur est sombre et obscure. Ils vivent dans le bois pourri.

1. D. BARBU. (*D. barbata.*)

Brun-foncé; corcelet bordé, élytres striées.

FABR. Supplém. Entom. System. p. 121, 1.
OLIV. *Lynexylon barbatum.* Ins. 25, 5, 3, pl. 1, fig. 3.
SCH. Icon. pl. 66, fig. 1.

LXXX. CUCUJE. (*Cucujus.*)

Palpes, quatre égaux à dernier article plus gros, tronqué.

Languette courte, bifide, à faisceaux linéaires, écartés.

Antennes moniliformes et filiformes.

Les cucujes ont le corps oblong, applati, lisse, agile; la tête ovale, distincte, se prolongeant en angle à sa partie postérieure; les yeux petits, arrondis, latéraux, proéminens; les antennes alongées, écartées, insérées sous les yeux; le corcelet applati, légèrement bordé, arrondi, à bords très-souvent dentés; l'écusson court, arrondi; les élytres planes, dures, embrassant l'abdomen et de la même longueur; les pattes courtes, fortes; les cuisses renflées à leur extrémité; les tarses à quatre articles. Leur couleur est sombre. Ils habitent sous l'écorce des arbres et dans le bois mort ou carrié.

I.re *Famille.* Antennes moniliformes.

1. C. Applati. (*C. depressus.*)

Noir; corcelet sillonné, dentelé; dos du corcelet et des élytres rouge.

Fabr. Ent. Syst. p. 93, 1.
Frisch. Ins. 12, pl. 7, fig. 1.

Dans le bois de Carnelle, près Beaumont.

2. C. Monile. (*C. monilis.*)

Noir; corcelet non denté, à bords ferrugineux, tache de même couleur sur les élytres.

Fab. ib. p. 96, 13.

Les antennes sont courtes, le corps en-dessous est d'une couleur ferrugineuse, sombre.

II.ᵉ *Famille.* Antennes filiformes.

3. C. FLAVIPÈDE. (*C. flavipes.*)

Corcelet dentelé, noir, pattes jaunâtres ; antennes de la longueur du corps.

FABR. *ib.* p. 95, 8.
FOURC. Ent. Par. p. 76, 11.
FEUST. Arch. Ins. 2, fig. 7, 8.

4. C. NOIRATRE. (*C. piceus.*)

Corps applati, noirtre, sans tache ; élytres striées.

OLIV. Ins. Encycl. Méth. t. 6, p. 243, 9.

Plus petit que le précédent. Sous l'écorce du bois mort.

5. C. TESTACÉ. (*C. testaceus.*)

Corcelet presque carré, non denté, fauve, les cuisses comprimées.

FAB. *ib.* p. 96, 11.

Trois fois plus petit que le flavipède.

LXXXI. LAMPYRE. (*Lampyris.*)

Palpes, quatre, renflés à leur extrémité.

Mâchoire bifide.

Lèvre cornée, entière.

Antennes filiformes.

Les lampyres ont le corps oblong, lisse, bordé ; la tête petite, arrondie, cachée sous le corcelet ; les yeux grands, globuleux, rapprochés ; les antennes rapprochées, insérées sous les yeux; le dessus du corcelet bordé, dilaté, couvrant la tête; l'écusson petit, arrondi; les élytres molles, tombantes, de la longueur de l'abdomen dans le mâle; la femelle est aptère et sans ailes; l'abdomen est presque toujours phosphorescent; les pattes sont courtes, comprimées, fortes; les tarses ont cinq articles. Leur couleur est presque toujours sombre. Ils vivent dans l'herbe, et on les trouve sur le bord des bois et des lieux ombragés. Le vulgaire les nomme vers-luisans.

1. L. LUMINEUX. (*L. noctiluca.*)

Oblong, brun; dessus du corcelet cendré, avec deux points transparens en-dessus des yeux.

FAB. *ib.* p. 98, 4.
OLIV. Ins. *Lampyre*, pl. 1, fig. 2.
GEOFF. Ins. 1, 166, 1.

2. L. LUISANT. (*L. splendidula.*)

Oblong, brun; dessus du corcelet jaune à son extrémité.

FAB. *ib.* p. 98, 2.
OLIV. Ins. *Lampyre*, pl. 1, fig. 1, var. *a*, *b*, *c*, *d*.

Il n'a pas les points transparens sur le corcelet; les signes des élytres sont peu élevés et plus distincts; il est d'ailleurs constamment plus petit. Il est assez rare dans nos environs.

3. L. HÉMIPTÈRE. (*L. hemiptera.*)

Noir; élytres très-courtes.

FABR. *ib.* p. 103, 23.
GEOFF. Ins. 1, 168, 2.
OLIV. Ins. *Lampyre*, pl. 2, fig. 25.

Cette espèce est très-petite.

LXXXII. OMALYSE. (*Omalysus.*)

Palpes, quatre égaux, renflés à leur côté extérieur.
Mâchoire membraneuse, bifide.
Languette échancrée.
Antennes filiformes.

Les omalyses ont le corps alongé, applati; la tête étroite; les yeux arrondis, saillans; le corcelet un peu applati, rebordé, moins large que les élytres et terminé postérieurement par deux angles aigus; les élytres dures, applaties, de la longueur de l'abdomen; les pattes de longueur moyenne; les tarses à cinq articles. On les trouve sur les plantes, et ils volent avec beaucoup d'agilité.

1. O. SUTURAL. (*O. suturalis.*)

Noir; bord extérieur et extrémité des élytres rouges.

FABR. *ibid.* p. 103, 1.
GEOFF. Ins. 1, 180; pl. 2, fig. 9.
OLIV. Ins. *Omalyse*, 24, 14, 1, pl. 1, fig. 1.

J'ai trouvé plusieurs fois cet insecte dans le bois de Carnelle, en vendémiaire.

LXXXIII. PYROCHRE. (*Pyrochroa.*)

Palpes, quatre inégaux, presque filiformes.
Mâchoire entière.
Languette large, bifide, à faisceaux égaux.
Lèvre cornée, linéaire, entière.
Antennes en scie, ou pectinées, et comme flabellées.

Les pyrochres ont le corps oblong, applati, bordé, lent; la tête ovale, distincte, applatie; les yeux arrondis, proéminens, latéraux : les antennes plus longues que le corcelet, en scie ou flabellées, insérées devant les yeux : le corcelet arrondi, applati : l'écusson petit, arrondi : les élytres dures, convexes, de la longueur de l'abdomen : les pattes de longueur médiocre, minces, propres à la course : les tarses antérieurs à cinq articles : les postérieurs à quatre. Leur couleur est rouge et noire, assez brillante. Ils habitent les pieds des haies et les troncs d'arbres pourris.

1. P. CARDINALE. (*P. coccinea.*)

Noir : corcelet et élytres d'un rouge sanguin, sans taches.

FABR. *ib.* p. 104, 1.
GEOFF. Ins. 1, 338, 1, pl. 6, fig. 4.
SCH. Icon. pl. 90, fig. 4.

Les antennes sont en scie dans la femelle et flabellées dans le mâle.

2. P. ROUGEATRE. (*P. rubens.*)

Tête rouge.

FABR. *ib.* p. 105, 2.

C'est peut-être une variété de la précédente, dont elle ne diffère que par la couleur de la tête. Dans les troncs pourris des saules.

LXXXIV. LYQUE. (*Lycus.*)

Bouche prolongée en forme cylindrique et courbe.

Palpes, quatre, dernier article plus gros, tronqué.

Antennes filiformes.

Les lyques ont le corps oblong, lisse, lent ; la tête petite, arrondie, cachée sous le corcelet ; la bouche avancée, cylindrique, en bec; les yeux petits, globuleux, latéraux; les antennes rapprochées, en scie, plus longues que le corcelet, insérées devant les yeux ; le dessus du corcelet applati, bordé, dilaté, couvrant la tête; l'écusson petit, arrondi ; les élytres flexibles, dilatées, plus larges que l'abdomen; les pattes courtes, comprimées; les tarses à cinq articles. Leur couleur varie. On les trouve sur les fleurs ; ils enfoncent leur tête au fond de leurs corolles, et se nourrissent de leur suc.

1. L. SANGUIN. (*L. sanguineus.*)

Noir : côtés du corcelet et des élytres d'un rouge sanguin.

FABR. *ib.* p. 108, 10.
GEOFF. Ins. 1, 168, 3.
SCH. pl. 24, fig. 1.

LXXXV. RIPIPHORE. (*Ripiphorus.*)

Palpes, quatre filiformes.
Mâchoire très-courte, ovale.
Languette pointue.
Antennes flabelliformes.

Les riphiphores ont le corps oblong, comprimé, convexe, lisse, bordé, agile; la tête ovale, redressée, distincte; les yeux ovales, latéraux; les antennes courtes, écartées, insérées au côté des yeux; le corcelet convexe, atténué à sa partie antérieure, divisé en trois lobes à sa partie postérieure; l'écusson nul; les élytres dures, terminées en pointe; l'abdomen court, obtus; les pattes de longueur médiocre, fines, comprimées; les tarses antérieurs à cinq articles, les postérieurs à quatre: la couleur peu brillante. On les trouve sur les fleurs.

1. R. Paradoxale. (*R. paradoxus.*)

Noir : côtés du corcelet et élytres fauves.

Fabr. *ib.* p. 111, 5.

Sur les ombellifères.

LXXXVI. HALLOMINE. (*Hallominus.*) Paykull.

Palpes, quatre.

Les antérieurs renflés à l'extérieur, amincis à leur côté extérieur, à articles inégaux.

Les postérieurs filiformes, à articles presque égaux.

Mâchoire bifide.

Lèvre membraneuse, tronquée, entière.

Antennes filiformes.

Les hallomines ont le corps oblong, convexe, pubescent, agile; la tête penchée : les yeux latéraux, écartés; les antennes insérées entre les yeux; le corcelet un peu court; l'écusson arrondi à sa partie postérieure; les élytres allant en diminuant à leur partie postérieure, et couvrant l'abdomen; les tarses antérieurs et intermédiaires à cinq articles; les postérieurs à quatre. Ils vivent sous l'écorce des arbres et sur les champignons.

1. H. BIPONCTUÉ. (*H. bipunctatus.*)

Couleur pâle : corcelet avec deux points enfoncés : ligne brune de chaque côté du corcelet : élytres brunes à leur extrémité.

PAYKULL. Faun. Succ. p. 179, 1.

ILLIGER VERZEICH. p. 134, 10. *serropalpus humeralis*.

PANZ. Faun. Germ. 16, 17. *Hallomenus humeralis*.

Sur les champignons et sous les écorces d'arbres.

2. H. Brillant. (*H. micans.*)

Brun, sans tache en-dessus, ferrugineux en-dessous : jambes pourvues de deux épines.

PAYKULL. Fn. Suecica. 2, p. 181, 1.
HERBST. Col. 4, p. 97, 5, pl. 39, fig. 5.
PANZ. Fn. Germ. 17, 17.

Dans les vieilles haies et sous les écorces d'arbres.

LXXXVII. MORDELLE. (*Mordella.*)

Palpes, quatre inégaux.
Les antérieurs en massue; les postérieurs filiformes.
Mâchoire bifide.
Languette bifide.
Antennes moniliformes.

Les mordelles ont le corps oblong, comprimé, glabre, convexe, bordé, agile, petit; la tête arrondie, penchée, à peine distincte; les yeux ovales, latéraux, enfoncés; les antennes de la longueur du corcelet, insérées sous les yeux; le corcelet convexe, transverse; l'écusson petit; les élytres dures, allant en diminuant vers leur partie postérieure, souvent terminées en pointe aigue; les pattes propres à la course, comprimées; les tarses à cinq articles; les postérieurs à quatre : leur couleur est peu brillante. Elles vivent sur les fleurs et volent avec rapidité.

Ire. *Famille*. Anus non terminé en pointe aigue.

1. M. Thoracique (*M. thoracica.*)

Noire : tête et corcelet jaunes.

FABR. *ibid.* p. 115, 11.

1. Tête noire : bouche jaune.

GEOFF. Ins. 1, 356, 3. *Anaspis.*
FABR. *ibid.* p. 115, 12. *Mordella ruficollis.*

Jaune : abdomen et poitrine noirs : extrémité des élytres noire.

FABR. *ibid.* p. 115, 13. *Mordella flava.*

Sur les ombellifères.

II.e *Famille.* Anus terminé en pointe aigue.

2. M. Pointue. (*M. aculeata.*)

Corps noir, sans tache.

FABR. *ibid.* p. 113, 1.
GEOFF. Ins. 1, 353, 1.
SCH. Icon. pl. 127, fig. 7.

Sur les semi-flosculeuses et les ombellifères.

3. M. Rayée. (*M. fasciata.*)

Noire : élytres avec deux raies cendrées, soyeuses.

FABR. *ibid.* p. 113, 2.
GEOFF. Ins. 1, 354, 2.

4. M. Humerale. (*M. humeralis.*)

Noire : base des élytres jaunâtre.

FABR. *ibid.* p. 114, 7.
GEOFF. Ins. 1, 356. *Anaspis.*

1. Noire, avec les pattes jaunâtres : élytres fauves, bordées de noir.

FABR. *ibid.* p. 114, 4. *Mordella testana?*

2. Noire : bouche, côté du corcelet et pattes jaunâtres; élytres fauves, bordées de noir.

Cette espèce et ses deux variétés se trouvent sur les fleurs et dans le voisinage des bois.

LXXXVIII. DONACIE. (*Donacia.*)

Palpes, quatre filiformes.
Mâchoire unidentée.
Languette entière.
Antennes sétacées.

Les donacies ont le corps un peu applati, glabre, bordé, lent; la tête petite, arrondie, rentrée; les yeux globuleux, proéminens, latéraux; les antennes plus longues que le corcelet, rapprochées, insérées entre les yeux; le corcelet étroit, cylindrique; l'écusson petit, arrondi; les élytres dures, convexes, de la longueur de l'abdomen, qui est souvent soyeux; les pattes assez longues, minces, arrondies; les cuisses souvent rentrées à leur extrémité; les tarses à quatre articles; la couleur est presque toujours dorée, brillante en-dessus, et soyeuse en-dessous. Elles vivent sur les plantes aquatiques, et la larve de leurs racines.

I.re *Famille*. Cuisses sans dentelures.

1. D. HYDROCHARIS. (*D. Hydrocharis.*)

Elytres cendrées, brillantes, finement striées, ponctuées, arrondies à leur extrémité : corps et pattes cendrés.

FABR. *ibid.* p. 118, 10.
HOPE, ENUM. pl. fig. 11. D. *cinerea*.

Sur les plantes aquatiques, particulièrement sur les rubans d'eau, *typha-sparganium*, en mai.

2. D. SIMPLE. (*D. simplex.*)

Cuivrée, brillante en-dessus : cendrée, argentée en-dessous : élytres striées par des points : pattes fauves.

FABR. *ib.* p. 118, fig. 9.
PAYK. t. 2, p. 189, 2.
HOPE, Enum. fig. 10. D. *linearis*.
DEGEER, Ins. 5, p. 142, 19. *Lept. aquat. mutica.*

3. D. CLAVIPÈDE. (*D. clavipes.*)

Vert-cuivré en-dessus : abdomen cendré, argenté : élytres larges, crénelées, striées : cuisses postérieures renflées.

FABR. *ib.* p. 117, 7.
PAYK. t. 2, p. 190, 3.

Sur les plantes aquatiques. C'est l'espèce la plus grande de ce genre.

II. *Famille*. Cuisses postérieures revêtues d'une seule dent.

4. D. RAYÉ. (*D. fasciata.*)

Elytres d'un vert-cuivré, dans le milieu une ligne longitudinale rouge : abdomen et pattes bronzés.

FABR. *ib.* p. 116, 3. D. *dentipes*.
HOPE, Enum. p. 41, fig. 3.

Degeer, Mem. Ins. t. 5, p. 142, 20. *Lept. aquat. fasciata.*

Oliv. Encycl. méth. Ins. t. 6, p. 292, 4. *D. vittata.*

Sur les plantes aquatiques.

5. D. de la Sagittaire. (*D. sagittariœ.*)

En-dessus d'un vert cuivré, lisse : en-dessous d'un jaune doré, pubescent : élytres inégales, à stries ponctuées, tronquées à leur extrémité.

Fabr. *ib.* p. 117, 5.
Hope, Enum. p. 43, fig. 5. *D. aurea.*

6. D. Cuivrée. (*D. aenea.*)

Elytres bronzées, égales, arrondies à leur extrémité : abdomen et pattes bronzés.

Hope, Enum. Ins. p. 44, fig. 6.

Sur les plantes aquatiques.

7. D. du Nenuphar. (*D. nimphœae.*)

En-dessus cuivrée ou d'un vert bronzé : corcelet canaliculé : élytres étroites, convexes, avec des stries ponctuées et ridées transversalement.

Fabr. *ib.* p. 116, 4.

Sur les feuilles du nénuphar.

Dans le mâle, les élytres sont d'un vert bronzé : elles sont couleur de cuivre brillant dans la femelle. L'abdomen de cette dernière est un peu jaunâtre, tandis qu'il est gris dans la femelle.

Paykull indique une variété bleuâtre qu'il rapporte à la *don. festucæ* de Fabricius : je ne l'ai jamais trouvée. Ne serait-ce pas aussi la *donacia violacea* de Hope, p. 44, fig. 7 ?

8. D. NOIRE. (*D. nigra.*)

D'une couleur bronzée, sombre ou tout-à-fait noire en-dessus: élytres convexes : antennes, anus et pattes rouges.

FABR. *ibid*. p. 117, 6. Le mâle.
HERBST. *D. palustris*, la femelle.
HOPE, Enum. p. 45. *D. discolor*, fig. 8, la femelle ; fig. 9, le mâle.
SCHRANK, Enum. Lept. p. 155, 293, et p. 156, 294.

Sur les fleurs du soucis des marais. (*Caltha palustris.*)
Dans la femelle, la tête, le corcelet, les élytres et le corps sont noirs en-dessous, tandis qu'ils sont de couleur cendrée et velue dans le mâle.

III.e *Famille*. Cuisses postérieures revêtues de deux dents.

9. D. CRASSIPÈDE. (*D. crassipède.*)

Elytres d'un violet brillant ; cuisses postérieures avec deux dentelures ; toutes les jambes sans dentelures.

FABR. *ib*. p. 115, 1.
GEOFF. Ins. 1, 229, 12.
HOPE, Enum. p. 39, fig. 1.

Sur les plantes aquatiques, en juillet, en août.

10. D. DENTÉE. (*D. dentata.*)

Elytres d'un vert brillant ; cuisses postérieures à deux dentelures ; jambes postérieures pourvues de cinq dents.

HOPE, Enum. p. 40, fig. 2.
OLIV. Encycl. Meth. t. 6, p. 291, fig. 2. *D. bidens.*

Dans les mêmes lieux et le même tems que la précédente.

LXXXIX. TRICHIE. (*Trichius.*)

Palpes, quatre filiformes.
Mâchoire bifide.
Antennes en massue feuilletée.

Les trichies ont le corps ovale, applati, velu, bordé, lent; la tête ovale, rentrée; la lèvre proéminente; les antennes courtes, écartées, insérées sous les yeux; le corcelet rétréci à sa partie antérieure, velu; l'écusson petit, triangulaire; les élytres dures, embrassant l'abdomen et plus courtes que lui; les pattes courtes, fortes; les jambes antérieures dentées; les tarses à cinq articles. Leur couleur varie. Elles vivent sur les fleurs et sur les troncs d'arbres. Les femelles sont pourvues de tarières et fréquentent les bois cariés, pour y déposer leurs œufs. Les larves vivent dans le bois mort et dans les racines des arbres qu'elles rongent.

1. T. HERMITE. (*T. eremita.*)

Noire, cendrée; corcelet inégal avec un sillon longitudinale.

FABR. *ib.* p. 118, 1.
SCH. Icon. pl. 26, fig. 1.

Dans les troncs pourris du poirier, du saule; trois fois plus grande que la trichie noble. Elle répand une odeur de cuir de Russie.

2. T. NOBLE. (*T. nobilis.*)

D'un vert doré; couleur de cuivre en-dessous; corcelet sillonné, élytres et abdomen tachés de blanc.

FABR. *ib.* p. 119, 2.
GEOFF. Ins. 1, 73, 6.
SCH. Icon. pl. 66, fig. 5.

La larve est grise, a des pattes jaunâtres et la tête ferrugineuse. Elle habite le bois pourri, et l'insecte parfait se trouve sur les fleurs en ombelle et sur les arbres fruitiers.

3. T. RAYÉE. (*T. fasciatus.*)

Noire, hérissée de poils d'un gris jaunâtre; élytres noires, avec deux bandes jaunes.

FABR. *ib.* p. 119, 4.
GEOFFR. Ins. 1, 80, 16.
SCH. Icon. pl. 1, fig. 4.

Sur les fleurs, et sur-tout sur les roses et les fleurs en ombelles.

4. T. HEMIPTÈRE. (*T. hemipterus.*)

Corcelet cotonneux; élytres tronquées, avec deux rides longitudinales.

FABR. *ibid.* p. 121, 9.
SCH. Icon. pl. 16, fig. 10, 11.

Dans le bois pourri. Une tarière pointue, noire à l'anus dans la femelle.

XC. CETOINE. (*Cetonia.*)

Palpes, quatre filiformes.
Mâchoires soyeuses à leur extrémité.
Languette coriacée, échancrée, couvrant les palpes.
Antennes en massue feuilletée.

Les cétoines ont le corps oblong, glabre, bordé, lisse,

lent; la tête ovale, rentrée; la lèvre proéminente, à bords renflés; les yeux globuleux, latéraux; les antennes courtes, écartées, insérées sous les yeux; le corcelet rétréci à sa partie antérieure, élevé, muni d'une pièce triangulaire latérale; l'écusson grand, triangulaire; les élytres dures, convexes, un peu plus courtes que l'abdomen; les pattes courtes, fortes; les jambes dentées; les tarses à cinq articles. Leur couleur est le plus souvent brillante.

L'insecte parfait vit sur les fleurs composées en ombelles, les saules, les peupliers, les buissons, les haies : il suce le suc des plantes et n'y fait aucun tort. La larve se nourrit de terre grasse, d'argile et de débris de végétaux : elle reste en terre trois ou quatre ans, s'enfonce en automne à deux ou trois pieds de profondeur, se pratique une loge et y passe l'hiver : elle change de peau tous les ans; et au bout de trois ou quatre ans, elle construit une coque ovale avec des grains de sable, de terre, de débris de végétaux, s'y change en nymphe, quitte sa peau de nymphe, perce la coque, sort peu à peu de terre, et prend son essor sur les fleurs.

1. C. DORÉE. (*C. aurata.*)

D'un vert doré, très-brillant en-dessus; élytres garnies de poils; lignes transversales blanches; enfoncement indéterminé et peu profond à leur partie postérieure.

FABR. *ibid.* p. 127, 8.
GEOFF. Ins. 1, 73.
SCH. Icon. pl. 26, fig. 2, 3, 7.

Sur les fleurs.

2. C. MARBRÉE. (*C. marmorata.*)

Couleur de cuivre olivâtre; chaperon tronqué, sillonné; corcelet et élytres parsemés de points blancs nombreux.

FABR. *ibid.* p. 127, 10.
HERBST. Col. 3, 212, 11, pl. 29, 2.

Sur les fleurs. Plus grande que la précédente.

3. C. MÉTALLIQUE. (*C. metallica.*)

D'un vert-cuivré, sombre en-dessus, parsemé de points blancs; chaperon légèrement échancré; front applati; enfoncement des élytres plus prononcé à sa partie antérieure.

FABR. *ibid.* p. 128, 12.

Sur les fleurs.

Elle est quelquefois de couleur cuivrée : souvent le point et la ligne blanche du corcelet s'effacent; et elle est sans tache. Même grandeur que la cétoine dorée ou un peu plus grande.

Ces trois espèces se trouvent assez fréquemment dans nos environs : mais les deux dernières ont été confondues avec la première. La cétoine dorée diffère de la marbrée par son chaperon échancré, par la ligne élevée sur le front, par la structure de l'enfoncement des élytres, par la grandeur et la couleur. On la distingue de la métallique par sa couleur plus claire, par la ligne élevée du front, par les poils des élytres et par la forme de l'enfoncement.

4. C. STICTIQUE. (*C. stictica.*)

Noire, tachée de blanc, chaperon et ventre avec quatre points blancs.

FABR. *ibid.* p. 149, 83.
GEOFF. Ins. 1, 79, 14.

Sur les fleurs de chardons.

XCI. HANNETON. (*Melolontha.*)

Palpes, quatre, filiformes.

Mâchoire cornée, garnie de plusieurs dents simples et aigues à son extrémité.

Antennes en masse, à feuillets.

Les mélolonthes ont le corps oblong, convexe, cotonneux ou couvert de duvet, lisse, bordé, lent; la tête ovale, rentrée; la lèvre arrondie; les yeux globuleux, latéraux, rentrés; les antennes courtes, insérées sous les yeux; le corcelet transversal; l'écusson arrondi; les élytres dures, convexes, de la longueur de l'abdomen; les pattes courtes, fortes; les jambes dentées; les tarses à cinq articles : leur couleur varie. La masse des antennes et la pointe de l'abdomen sont plus longues dans le mâle que dans la femelle.

L'insecte parfait vit sur les arbres et les plantes, dont il dévore les fleurs et les feuilles. La larve détruit leur racine : elle s'enfonce en terre, se fait une coque, change de peau tous les ans et en vit trois ou quatre avant de se transformer, comme celle des cétoines. Chaque individu de l'insecte parfait vit à peine quinze jours. Le mâle périt aussitôt après l'accouplement, et la femelle après la ponte.

1. H. VULGAIRE. (*M. vulgaris.*)

Brun-fauve : corcelet velu : élytres et pattes fauves : divisions de l'abdomen et une ligne latérale blanches : masse des antennes à sept feuillets.

FABR. *ibid.* p. 155, 3.

GEOFF. Ins. 1, 70.
SCH. Icon. pl. 93, fig. 1, 2. pl. 10, 2, fig. 3, 4.

Dans l'herbe, sur les arbres, excepté sur le tilleul : volant le soir avec grand bruit ; le jouet des enfans, le fléau des cultivateurs, la nourriture des corbeaux, des pies, des tête-chèvres, des poules, des dindons, des pintades, des cochons et des grands carabes : le corcelet est tantôt noir, tantôt roux : et d'après l'observation de Rœsel, chacune de ces deux variétés paraît alternativement tous les deux ans.

2. H. VELU. (*M. villosa.*)

Fauve-chatain : chaperon rebordé : dessous du corps très-velu : écusson blanc : masse des antennes à sept feuillets.

FABR. *ibid.* p. 156, 4.
OLIV. Ins. 1, 5, 6, pl. 1, fig. 4.

Assez semblable au précédent, mais beaucoup plus velu.

3. H. SOLSTITIALE. (*M. solstitialis.*)

Gris-fauve, velu : le front, la poitrine et l'abdomen noirs : trois lignes plus pâles sur les élytres : masse des antennes à trois feuillets.

FABR. *ibid.* p. 157, 11.
SCH. Icon. pl. 93, fig. 3.
GEOFF. t. 1, p. 74, 7.

Moitié plus petit que le précédent. Sur les arbres dans les chaleurs de l'été.

4. H. ŒQUINOCTIALIS. (*M. œquinoctial.*)

Pâle : corcelet avec une raie et deux points obseurs : élytres fauves, avec la suture obscure : masse des antennes à trois feuillets.

FABR. *ibid.* p. 158, 14.

OLIV. Ins. hanneton. pl. 1, fig. 11.

Peu différent du précédent : il paraît un peu plus tard : les antennes sont rousses.

5. H. BRUN. (*M. brunnea.*)

Rouge - fauve, glabre : corcelet avec un point latéral obscur : élytres striées, antennes à trois feuillets.

FABR. *ibid.* p. 165, 42.

GEOFF. Ins. 1, 83, 22.

OLIV. Ins. 1, 5, 43, 55, pl. 4, fig. 33.

Sur les arbres, dans les jardins et les prés. Quatre fois plus petit que le solstitiale.

6. H. DE JUILLET. (*M. julii.*)

Vert-obscur, convexe, glabre : les élytres légèrement striées, fauves : corcelet à bords jaunes : masse des antennes à trois feuillets.

FABR. *ibid.* p. 167, 51.

Var. 1. Elytres d'un noir-bleuâtre : corcelet d'une seule couleur.

Le hanneton de Frisch ressemble beaucoup à celui-ci ; mais il en diffère par le corps plus large, moins convexe, et les bords du corcelet bordés d'une raie fauve plus large.

7. H. DE FRISCH. (*M. Frischii.*)

Noir-cuivré : élytres fauves : masse des antennes à trois feuillets.

FABR. *ibid.* p. 1, 67, 53.

FRISCH. Ins. 4, 29, pl. 14.

SCH. pl. 23, fig. 3, 7.

Sur la vigne et le rosier. Il varie pour les élytres, qui sont tantôt fauves, tantôt bleues, tantôt bronzées.

8. H. DE LA VIGNE. (*M. vitis.*)

Vert, cuivreux en-dessous : côtés du corcelet jaunes.

FABR. *ibid.* p. 167, 54.
SCH. Icon. pl. 259, fig. 6.

Sur la vigne.
Semblable au précédent, dont il n'est peut-être qu'une variété.

9. H. HORTICOLLE. (*M. horticolla.*)

Un peu applati, velu, d'un vert sombre : élytres fauves : pattes noires : masse des antennes noire, à trois feuillets.

FABR. *ibid.* p. 171, 68.
SCH. Icon. pl. 23, fig. 4.

Dans les jardins. La larve de cette espèce, suivant Lister, ronge la racine du chou-pommé et du chou-fleur, et elle ne touche pas à celle du chou vert et du chou de Savoie. L'insecte parfait dévaste les arbres à fruits, et ne touche pas au poirier commun : lorsqu'il s'est nourri des feuilles du pommier sauvage ou cultivé, ses intestins contiennent un chyle jaune, qui pourrait être employé dans la peinture.

Il varie par le corcelet, qui est quelquefois bleuâtre, et par les élytres, qui sont tantôt noirâtres, tantôt d'un brun foncé.

10. H. FRUTICOLLE. (*M. fruticolla.*)

Tête et corcelet bleuâtres, velus : élytres pâles, chaperon rebordé à son extrémité.

FABR. *ibid.* p. 172, 73.
SCH. Icon. pl. 63, fig. 1.
PETAGN. Ins. Col. pl. 1, fig. 2.

Dans le seigle.
La femelle a une tache noire, carrée sur les deux élytres, qui entoure l'écusson.

11. H. Ruricolle. (*M. ruricolla.*)

Noir, soyeux : élytres rougeâtres, bordées de noir.

    Fabr. *ibid.* p. 173, 75.
    Geof. Ins. 1, 80, 15.
    Oliv. Ins. 1, 5, 52, 71, pl. 3, fig. 25.

Dans les gramens. Quelquefois les élytres sont d'une couleur plus sombre, mais les bords en sont toujours plus foncés.

12. H. Farineux. (*M. farinosa.*)

Brillant, revêtu d'écailles ou de poussière bleue en-dessus : argenté en-dessous : écusson entier.

    Fabr. *ibid.* p. 173, 77.
    Geoff. Ins. 79, 13.
    Oliv. Ins. 1, 5, 66, 90, pl. 2, fig. 14. *a. c.* Mel. *squammosa.*

Sur les arbrisseaux en fleur.

13. H. Argenté. (*M. argentea.*)

Noirâtre ; élytres noirâtres ou brunes : dessous du corps couvert d'une poussière argentée.

    Fabr. *ibid.* p. 174, 80.
    Oliv. Ins. 1, 5, 67, 91, pl. 3, fig. 22.

Les pattes postérieures sont fauves, alongées.

14. H. Variable. (*M. variabilis.*)

Noirâtre ; élytres cendrées, brillantes ; antennes et pattes fauves.

    Fabr. *ibid.* p. 180, 101.
    Geoff. Ins. 74, 25.
    Oliv. Ins. 1, 5, 52, 70, pl. 4, fig. 37.

XCII. BUPRESTE. (*Buprestis.*)

Palpes, quatre filiformes.
Mâchoire obtuse, unidentée.
Languette cylindrique, pointue.
Antennes filiformes, en scie.

Les buprestes ont le corps oblong, applati, bordé, glabre, lent; la tête arrondie, rentrée, obtuse; les yeux grands, latéraux, oblongs, à peine proéminens; les antennes plus courtes que le corcelet, en scie, rapprochées, insérées sous les yeux; le corcelet transverse, très-souvent festonné; les élytres dures, concaves, à bords le plus souvent dentés; l'écusson petit, arrondi; les pattes courtes, fortes; les tarses à cinq articles. Leur couleur est ordinairement brillante.

Ils vivent sur les arbustes, les buissons, les fleurs. Il est probable que la larve vit dans les bois, car on trouve fréquemment l'insecte parfait dans les chantiers.

1. B. Chrisostigmate. (*B. chrisostigma.*)

Corcelet raboteux : élytres en scie à leur extrémité, avec cinq sillons raboteux : deux points couleur d'or enfoncés; cuisses antérieures dentées.

FABR. *ib.* p. 199, 57.
GEOFF. Ins. 1, 125, 1.
HERBST. pl. 28, fig. 6.

Dans les bois.

2. B. A DEUX TACHES. (*B. biguttata.*)

Elytres très-finement découpées en scie à leur extrémité,

marquées d'un point blanc ; abdomen bleu, avec trois points blancs de chaque côté.

 Fabr. *ibid.* p. 213, 115.
 Oliv. Ins. Bupreste, pl. 7, fig. 75.

Il varie par la couleur, qui est tantôt verte et tantôt bleue.

3. B. Huit taches. (*B. 8. guttata.*)

Elytres bleuâtres, avec quatre taches jaunes.

 Fabr. *ibid.* p. 203, 72.
 Geof. Ins. 1, 126, 2.
 Sch. Icon. pl. 204, fig. 4.

Dans les bois.

4. B. Rustique. (*B. rustica.*)

Elytres échancrées, striées, couleur de cuivre foncé.

 Fabr *ibid.* p. 205, 81.
 Geof. Ins. 1, 126, 3.
 Sch. Icon. pl. 2, fig. 1.

Dans les bois. Dans les deux sexes, le dernier segment de l'anus déborde et est marqué de deux taches jaunes. Il varie pour la couleur, qui est tantôt bleuâtre, tantôt d'un vert bronzé.

5. B. de la Ronce. (*B. rubi.*)

Elytres entières; bande cendrée, ondée ; corps cylindrique noir.

 Fabr. *ibid.* p. 208, 91.
 Oliv. Ins. 32, pl. 4, fig. 29.

Sur la ronce.

(190)

6. B. A QUATRE POINTS. (*B. 4. punctata.*)

Brun en-dessus ; corcelet avec quatre points très-profondément enfoncés ; élytres très-finement ponctuées, entières.

FABR. *ib.* p. 211, 106.
OLIV. Ins. 32, pl. 10, fig. 117.

Sur le soucis des marais.

7. B. RUBIS. (*B. manca.*)

Rouge, cuivreux en-dessous ; corcelet avec deux raies obscures ; élytres entières, obscures.

FABR. *ib.* p. 236, 117.
GEOFF. Ins. 1, 12, 4, pl. 2, fig. 3.

Dans les bois, sur les buissons.

8. B. MENU. (*B. minuta.*)

D'un noir cuivré, obscur ; front échancré ; élytres presque triangulaires, ridées, avec des lignes blanches, ondées, velues.

FABR. *ibid.* p. 212, 111.
GEOF. Ins. 1, 128, 6.
OLIV. Ins. 32, pl. 2, fig. 14.

Sur les fleurs.

9. B. VERT. (*B. viridis.*)

Elytres entières, linéaires, ponctuées ; corps vert, alongé.

FABR. *ibid.* p. 213, 114.
GEOFF. Ins. 1, 127, 5.
SCH. Icon. Ins. pl. 67, fig. 5, 6.

Sur les fleurs, le bouleau. Il varie pour la couleur, qui est quelquefois plus sombre et cuivrée.

10. B. DU SAULE. (*B. salicis.*)

Elytres entières, d'un vert brillant; élytres dorées, vertes à leur base.

FABR. *ibid.* p. 215, 125.
SCH. Icon. pl. 31, fig. 12.

Sur le saule : il est vert en-dessous et sans tache.

11. B. ECHANCRÉ. (*B. emarginata.*)

Linéaire, bronzé; corcelet à deux lignes transversales, enfoncées; élytres pointillées, entières.

OLIV. Ins. Bupreste, pl. 10, fig. 116.
Ibid. Encycl. t. 5, p. 240, 140.

12. B. DU MILLEPERTUIS. (*B. hyperici.*)

Linéaire, cuivré, sombre en-dessus, brillant en-dessous; élytres entières.

CREUTZ. Versuche, p. 122, 14, pl. 3, fig. 16.

XCIII. TAUPIN. (*Elater.*)

Palpes, quatre, à dernier article en forme de hache.
Mâchoire unidentée, obtuse.
Languette bifide.
Antennes filiformes, en scie.

Les taupins ont le corps alongé, presque cylindrique, bordé, lent; la tête petite, arrondie, rentrée; les yeux globuleux, latéraux, non proéminens; les antennes de la longueur du corcelet, en scie, écartées, insérées sous les yeux ; le corcelet applati, à angles postérieurs proéminens, aigu, ayant à la poitrine un crochet qui s'insère dans une cavité de l'abdomen ; l'écusson petit, arrondi ; les élytres dures, voûtées, de la longueur de l'abdomen ; les pattes courtes, fortes ; les tarses ont cinq articles ; leur couleur varie, et est le plus souvent obscure.

Ils vivent sur les plantes : mis sur le dos, ils sautent en l'air, par le moyen du crochet de la poitrine, qu'ils font échapper avec violence du trou de l'abdomen. Plusieurs espèces étrangères ont, comme les lampyres, la faculté de luire à volonté. La plupart se trouvent dans les jardins.

1. T. Ferrugineux. (*E. ferrugineus.*)

Corcelet court : corps noir ; dessus du corcelet et élytres noirs : antennes en scie.

Fabr. *ibid.* p. 220, 18.
Geoff. Ins. 1, 130, 1, pl. 2, fig. 4.
Sch. Icon. pl. 19, fig. 1.

Dans les bois.

2. T. Atre. (*E. aterrimus.*)

Corcelet très-noir, alongé, brillant ; élytres striées, noires.

Fabr. *ibid.* p. 221, 24.
Geoff. Ins. 1, 136, 73.

Dans les jardins.

3. T. Noir. (*E. niger.*)

Corcelet noir, opaque, alongé ; élytres striées, noires ; antennes et pattes de même couleur.

Fabr. *ibid.* p. 221, 25.
Oliv. Ins. 31, pl. 6, fig. 65.

Dans les jardins. Semblable au précédent, mais ayant la couleur moins brillante : les antennes et les pattes de même couleur.

4. T. Souris. (*E. murinus.*)

Corcelet court, varié de brun et de gris ; pattes brunes ; tarses roux.

> Fabr. *ibid.* p. 221, 26.
> Sch. Icon. pl. 4, fig. 6.

5. T. Soyeux. (*E. holosericeus.*)

Corcelet court, d'un brun cendré, soyeux, ainsi que les élytres.

> Fabr. *ibid.* p. 222, 27.
> Geoff. Ins. 1, 235, 10.

Assez semblable au précédent, mais plus petit et autrement coloré : il est varié en-dessus d'un cendré brun. Son corps est noir en-dessous.

6. T. Marqueté. (*E. tessellatus.*)

Corcelet alongé ; élytres bronzées, marquetées de taches plus pâles : ongles des tarses roux : écusson pâle.

> Fabr. *ibid.* p. 222, 28.
> Geoff. Ins. 1, 135, 9.
> Sch. Icon. pl. 4, fig. 7.

7. T. Rayé. (*E. fasciatus.*)

Corcelet alongé, sillonné, varié de taches noires et pâles : élytres noirâtres : bande ondée blanche.

> Fabr. *ibid.* p. 222, 29.
> Oliv. Ins. 31, pl. 5, fig. 45.

8. T. Varié. (*E. varius.*)

Corcelet alongé, noir : base des élytres et bords velus, jaunes.

FABR. *ibid.* p. 222, 30.
HERBST. Arch. pl. 27, fig. 11.

Moitié moins grand que le précédent.

9. T. Bronze. (*E. aeneus.*)

Corcelet alongé : élytres et corcelet couleur de bronze : antennes simples.

FABR. *ibid.* p. 223, 31.
OLIV. Ins. 31, pl. 8, fig. 83.

10. T. Pectinicorne. (*E. pectinicornis.*)

Corcelet alongé : élytres et corcelet bronzés : antennes du mâle pectinées : celles de la femelle en scie.

FABR. *ibid.* p. 223, 33.
GEOFF. Ins. 1, 133, 7.
SCH. Icon. pl. 2, fig. 4.

11. T. Cuivré. (*E. cupreus.*)

Corcelet alongé, couleur de cuivre : élytres striées, à base fauve, à extrémité couleur de cuivre.

FABR. *ibid.* p. 225, 37.
SCH. Icon. pl. 38, fig. 2.

Les antennes sont pectinées dans un sexe et simples dans l'autre : le corps est quelquefois couleur de bronze, bleuâtre : les pattes tantôt noires et tantôt rouges.

12. T. Croix. (*E. cruciatus.*)

Corcelet court, noir ; côtés ferrugineux : élytres fauves, avec les bords et une croix noirs.

FABR. *ibid.* p. 225, 38.
GEOF. Ins. 1, 133, 6.
SULZ. Hist. Ins. pl. 6, fig. 10.

13. T. CHATAIN. (*E. castaneus.*)

Corcelet alongé, couvert de poils fauves : élytres jaunes, noires à leur extrémité : corps noir.

FABR. *ibid.* p. 225, 40.
GEOFF. Ins. 1, 132, 4.
SCH. Icon. pl. 11, fig. 9, pl. 31, fig. 4.

14. T. LIVIDE. (*E. livens.*)

Noir : corcelet très-lisse, rouge ; élytres fauves.

FABR. *ibid.* p. 225, 41.
SCH. Icon. pl. 11, fig. 8.

15. T. MESOMÈLE. (*E. mesomelus.*)

Bords des élytres ferrugineux ; corps et élytres noirs.

FABR. *ibid.* p. 226, 42.
OLIV. Ins. 31, pl. 5, fig. 15.

Larve à six pattes, filiforme, avec une queue dure, revêtue d'une pièce cornée ; côtés dentés, avec un tubercule conique, pédiforme, tubuleux.

Ce n'est peut-être qu'une variété de sexe du précédent.

16. T. LINÉAIRE. (*E. linearis.*)

Corcelet alongé, roux, brun dans le milieu ; élytres fauves, linéaires ; tête, corps et écusson noirs ; base des antennes et jambes pâles.

FABR. *ibid.* p. 226, 43.
OLIV. Ins. 31, pl. 7, fig. 67.

17. T. Obscur. (*E. obscurus.*)

Brun; corcelet alongé; noir-obscur, ainsi que les élytres.

FABR. *ibid.* p. 226, 44.
SCH. Icon. pl. 19, fig. 2.

18. T. Triste. (*E. tristis.*)

Corcelet court, noir, brillant; élytres à bases extérieures pâles.

FABR. *ibid.* p. 227, 49.
SCH. Icon. p. 194, fig. 1.

Dans le bois pourri.

19. T. Bordé. (*E. marginatus.*)

Corcelet alongé, brun; élytres fauves; bords noirs.

FABR. *ibid.* p. 227, 50.
OLIV. Ins. 31, pl. 8, fig. 29.

20. T. Thoracique. (*E. thoracicus.*)

Noir; corcelet entièrement roux.

FABR. *ibid.* p. 227, 51.
GEOF. Ins. 1, 132, 5.
OLIV. Ins. 31, pl. 3, fig. 24.

21. T. Ruficol. (*E. ruficollis.*)

Noir; corcelet d'un rouge brillant à sa partie postérieure.

FABR. *ibid.* p. 227, 52.
SCH. Icon. pl 31, fig. 3.

Dans le champs.

22. C. BRUN. (*E. brunneus.*)

Corcelet court, brun, roux, noir dans son milieu; élytres et corps ferrugineux.

FABR. *ibid.* p. 228, 53.
SCH. Icon. pl. 151, fig. 5, 6.

23. T. SANGUIN. (*E. sanguineus.*)

Noir; élytres striées d'un rouge sanguin, sans taches.

FABR. *ibid.* p. 228, 55.
GEOFF. Ins. 1, 131, 2.
SCH. Icon. pl. 31, fig. 7.

24. T. CEINTURÉ. (*E. balteatus.*)

Corcelet court, moitié de la partie antérieure des élytres rouge.

FABR. *ibid.* p. 229, 59.
SCH. Icon. pl. 77, fig. 2.

25. T. CRACHEUR. (*E. sputator.*)

Corcelet alongé, brun, brillant; élytres cendrées, corps noir.

FABR. *ibid.* p. 230, 62.
SCH. Icon. pl. 19, fig. 2.

26. T. RUFIPÈDE. (*E. rufipes.*)

Noir; corcelet brillant; élytres striées, pattes rousses.

FABR. *ibid.* p. 231, 70.
GEOFF. Ins. 1, 136, 14.
OLIV. Ins. 31, pl. 7, fig. 72.

Assez semblable au taupin menu; tête et corcelet noirs; brillant, sans tache; élytres striées, noires; toutes les pattes rouges, avec les tarses noirs.

27. T. Menu. (*E. minutus.*)

Corcelet noir, brillant; élytres et pattes noires; corps petit, noir, brillant.

FABR. *ibid.* p. 231, 71.
OLIV. Ins. 31, pl. 6, fig. 62.

28. T. Pale. (*E. pallens.*)

Noir; élytres striées; pattes fauves.

FABR. *ibid.* p. 232, 72.
GEOF. Ins. 1, 139, 19.

29. T. Gentil. (*E. pulchellus.*)

Corcelet alongé, noir, ainsi que la tête; élytres noires; taches unes; pattes jaunes.

FABR. *ibid.* p. 233, 77.
OLIV. Ins. 31, pl. 4, fig. 38.

30. T. Bipustulé. (*E. bipustulatus.*)

Corcelet court, noir, brillant, élytres avec un point rouge à leur base.

FABR. *ibid.* p. 235, 88.
GEOF. Ins. 1, 136, 15.
SCH. Icon. pl. 104, fig. 6.

Dans les bois. Il varie par la couleur des élytres, qui sont rouges à leur base, et dont la suture est cependant toujours noire.

XCIV. THROSQUE. (*Throscus.*) Latreille.

Palpes, quatre, presque filiformes; les antérieurs composés de quatre articles dont le premier est mince, alongé, les trois derniers arrondis, plus gros.

Antennes terminées en massue composée de trois articles qui sont dentés d'un côté.

Caractère habituel du genre précédent; penultième article des tarses bilobé : corps un peu convexe.

1. T. RESSERRÉ. (*T. adstrictor.*)

Oblong, sombre ; élytres crénelées, striées.

Dermestes adstrictor. FABR. Syst. eleut. t. 1, p. 310, 24.

GEOFF. Ins. 1, 137, 16. *Taupin à antennes en masse.*

Elater clavicornis. OLIV. Ins. 31, 73, pl. 8, fig. 85, 6.

XCV. LUCANE. (*Lucanus.*)

Palpes, quatre filiformes inégaux.
Languette bifide en pinceau.
Antennes en masse pectinées.

Les lucanes ont le corps grand, oblong, applati,

glabre, bordé, lent; la tête grande, applatie, distincte, presque carrée; les mandibules souvent alongées, en forme de cornes; les yeux arrondis; les antennes écartées, de la longueur du corcelet; le corcelet transversal; l'écusson arrondi; les élytres dures, convexes; les pattes fortes, propres à la course; les tarses à cinq articles; la couleur brune ou noire.

La larve est grise, a le corps courbé en arc, et composé de treize anneaux: sa tête est brune, écailleuse, armée de deux fortes mâchoires: elle ronge le bois et les racines des arbres. Après six ans d'existence, suivant Rœsel, elle construit avec de la sciure de bois une coque, où elle se transforme en nymphe, et d'où elle sort sous la forme d'insecte parfait. Sous ce dernier état, les lucanes ne font aucun tort, et ne survivent pas à l'hiver. La femelle place ses œufs dans l'intérieur du bois pourri, qu'elle a réduit en poudre. On les trouve dans les bois.

1. L. CERF. (*L. cervus.*)

Brun-marron; mandibules à une seule dent dans le milieu, accompagnées de plusieurs petites dentelures très-alongées et fourchues à l'extrémité dans le mâle, simples dans la femelle; chaperon avec une ligne transversale élevée.

FABR. Ent. Syst. p. 236, 2.
GEOFF. Ins. 1, 61, 1. pl. 1, fig. 1.
SCH. Icon. pl. 133, fig. 1.

La femelle est plus courte et plus épaisse, et n'a point les mandibules aussi alongées.

Rœsel croit que sa larve était le Cossus que mangeaient les anciens. Sa tête est blanche et ses pattes sont ferrugineuses.

2. L. Chèvre. (*L. capreolus.*)

Mandibules alongées dans le mâle, plus courtes dans la femelle; dents du milieu épaisses et fourchues; couleur brun-marron.

 Fabr. *ib.* p. 237, 4.
 Oliv. Ins. 1, 12, 3, pl. 1, fig. 12.

Un tiers plus petit que le précédent, aussi commun que lui dans le bois de Carnelle, près Beaumont.

3. L. Parallépipède. (*L. parallepipedus.*)

Mandibules de la longueur de la tête, avec une dent latérale élevée; corps applati; couleur noire.

 Fab. *ib.* p. 239, 11.
 Geof. Ins. 1, 62, 3.
 Sch. Icon. pl. 63, fig. 7.

Dans les bois.

Fabricius observe que dans un des sexes, les mandibules sont moins fortes, et qu'il y a deux points proéminens sur le devant de la tête. J'ajouterai que dans ma collection, les individus qui réunissent ces deux caractères sont un tiers plus forts que les autres, et qu'ils ont la dent des mandibules moins élevée; que la partie antérieure de leur chaperon est peu large, peu avancée, un peu échancrée dans le milieu et sur les côtés, tandis qu'elle est large, avancée et coupée en ligne droite dans les autres; ce qui me porte à croire que ce sont deux espèces que l'on a confondues ensemble.

4. L. Caraboïde. (*L. caraboïdes.*)

Bleu ou vert; mandibules en croissant dentées.

 Fab. *ib.* p. 239, 14.
 Geof. Ins. 63, 4.
 Sch. Icon. pl. 6, fig. 8, pl. 75, fig. 7.

Petit: il y a deux variétés de cet insecte; l'une d'un vert cuivré, l'autre bleue. Je les ai trouvées toutes deux le même jour, dans un bois planté de jeunes bouleaux, en juillet.

XCVI. PRIONE. (*Prionus.*)

Palpes, quatre égaux filiformes.
Mâchoires cylindriques, entières.
Languette très-courte, arrondie.
Antennes sétacées.

Les priones ont le corps grand, oblong, applati, lisse, lent; la tête grande, transversale, applatie, rentrée; les yeux transversaux, en forme de reins; les antennes écartées, alongées, insérées au-dessus des mandibules; le corcelet applati, bordé, à bords le plus souvent dentés; l'écusson arrondi; les élytres dures, voûtées, bordées, de la longueur de l'abdomen; les pattes médiocrement longues, propres à la course; tous les tarses n'ont que quatre articles. Leur couleur est sombre. On les trouve dans les bois. Leur vol est lourd. Les femelles ont leur abdomen garni d'une partie écailleuse, composée de plusieurs pièces qui leur servent à déposer leurs œufs. La larve vit dans le bois carrié, s'y construit une coque, et s'y transforme en insecte parfait.

1. P. SCABRICORNE. (*P. scabricornis.*)

Corcelet légèrement bordé, à une seule dent; un peu velu, noirâtre; élytres brunes, avec deux lignes élevées; antennes de longueur médiocre.

Fab. *ib.* p. 244, 7.
Geoff. Ins. 1, 210, 6.
Fuesly, Ins. helv. 13, 241, pl. 1, fig. 3.

Plus alongé que ceux de ce genre. Le corcelet est à peine bordé ; dans l'un des sexes la dent est presque nulle.

2. P. Corroyeur. (*P. coriarius.*)

Corcelet bordé, à trois dents ; corps brun ; antennes courtes.

Fab. *ib.* p. 246, 15.
Geoff. Ins. 1, 198, pl. 3, fig. 9.
Oliv. Ins. 66, pl. 1, fig. 1.

XCVII. CAPRICORNE. (*Cerambix.*)

Palpes, quatre égaux, filiformes, à dernier article sétacé.
Mâchoires obtuses à une seule dent.
Lèvre bifide.
Antennes sétacées.

Les capricornes ont le corps oblong, étroit, applati, glabre, bordé, lent ; la tête ovale, rentrée ; les yeux petits, arronndis, latéraux ; les antennes alongées, insérées entre les yeux ; le corcelet arrondi, applati, inégal, revêtu de dents ou d'épines latérales ; l'écusson arrondi ; les élytres dures, voûtées, de la longueur de l'abdomen ; les pattes assez longues, propres à la course ; les cuisses comprimées ; les tarses à quatre articles : leur couleur varie. On les trouve dans les bois et sur les troncs des arbres : ils volent assez rapidement. L'abdomen de la femelle est garni d'un tuyau cylindrique, charnu, long comme la moitié de son corps, qui lui sert à déposer ses œufs, et qui est rentré et invisible dans l'état ordinaire. La larve vit dans le bois carié, et après deux ou trois ans d'existence, elle s'y transforme en nymphe et en insecte parfait.

1. C. MUSQUÉ. (*C. moschatus.*)

D'un vert brillant, à corcelet épineux; antennes de longueur médiocre, bleuâtre.

FAB. *ib.* p. 251, 1.
GEOF. Ins. 1, 103, 5.
SCE. Icon. pl. 11, fig. 7, pl. 55, fig. 1.

Sur les saules. Il répand une forte odeur de rose.

2. C. SAVETIER. (*C. cerdo.*)

Noir; corcelet épineux, raboteux; élytres arrondies à leur extrémité, antennes longues.

FABR. *ib.* p. 255, 15.
GEOFF. Ins. 1, 200, 1.

3. C. HEROS. (*C. heros.*)

Noir; corcelet épineux, raboteux; élytres brunes, terminées par une petite épine; antennes longues.

FABR. *ib.* p. 255, 15.
GEOF. Ins. 1, 200, 1.
OLIV. Ins. 67, pl. 1, fig. 1.

Sur le chêne.

4. C. ALPIN. (*C. alpinus.*)

Corcelet épineux; élytres avec une raie commune et quatre taches noires; antennes longues.

Fab. *ib.* p. 257, 20.
Geof. 1, 202, 4.
Oliv. Ins. 67, pl. 9, fig. 58.

Je n'ai jamais trouvé cet insecte dans nos environs.

5. C. Kaehlerien. (*C. kaehlerien.*)

Noir; élytres d'un rouge sanguin; corcelet épineux.

Fab. *ib.* p. 257, 24.
Geof. Ins. 1, 204, 6.
Sch. Icon. pl. 1, fig. 1, pl. 153, fig. 4.

Le corcelet a souvent une tache rouge de chaque côté; stature d'une lamie.

6. C. Nébuleux. (*C. nebulosus.*)

Corcelet épineux; élytres avec des points, des taches et une raie noirs; antennes alongées.

Fab. *ib.* p. 261, 35.
Geoff. Ins. 1, 204, 7.
Sch. Icon. pl. 14, fig. 9.

Dans le tronc des sapins.

7. C. Hispide. (*C. hispidus.*)

Brun, avec des taches, des points et trois petits faisceaux de poils noirs; corcelet épineux; élytres blanches à leur base, armées de deux petites dents à leur extrémité; antennes de longueur médiocre, velues.

Fab. *ib.* p. 262, 40.
Geof. Ins. 1, 206, 9.
Sch. Icon. pl. 176, fig. 5.

XCVIII. LAMIE. (*Lamia.*)

Palpes, quatre presque égaux, filiformes.
Mâchoire cornée, bifide.
Languette cornée, bifide.
Antennes sétacées.

Les lamies ont le corps cylindrique, arrondi, glabre, bordé, lent; la tête grande, obtuse, penchée, sillonnée entre les antennes; les yeux grands, arrondis, latéraux, proéminens; les antennes alongées, rapprochées, insérées entre les yeux; le corcelet cylindrique, épineux, inégal; l'écusson arrondi; les élytres dures, voûtées, de la longueur de l'abdomen; les pattes fortes et propres à la course; les tarses à quatre articles : leur couleur varie. La larve et l'insecte parfait ont le même genre de vie que les priones et les capricornes. On les trouve dans les bois et les troncs d'arbres.

1. L. TISSERANDE. (*L. textor.*)

Corcelet épineux; élytres convexes, noires; antennes courtes.

FABR. *ib.* p. 268, 8.
GEOF. Ins. 1, 201, 3.
SCH. Icon. pl. 10, fig. 1.

2. L. CORDONNIÈRE. (*L. sutor.*)

Noire; antennes très-longues; corcelet épineux; écusson et taches sur les élytres jaunâtres.

FABR. *ib.* p. 277, 41.
SCH. Icon. pl. 65, fig. 1.

3. L. Charançon. (*L. cuculionoïdes.*)

Brune; deux points noirs sur les élytres et deux sur le corcelet non épineux.

>FABR. *ib.* p. 283, 60.
>GEOF. Ins. 1, 210, 5.
>SCH. Icon. pl. 39, fig. 1.

4. L. Triste. (*L. tristis.*)

Brune; corcelet épineux; élytres raboteuses, avec deux taches noires; antennes de longueur médiocre.

>FAB. *ib.* p. 284, 64.
>OLIV. Ins. 67, pl. 9, fig. 62.

Sur les cyprès. Dans un des sexes, les antennes sont souvent deux fois plus longues que la tête.

5. L. Enfumée. (*L. fuliginator.*)

Noire; élytres cuivrées; corcelet un peu épineux; antennes courtes.

>FAB. *ib.* p. 286, 72.
>GEOF. Ins. 1, 205, 8.

Dans les endroits sablonneux et exposés au soleil. Je connais trois variétés de cet insecte; dans la première, les élytres sont entièrement cendrées; dans la seconde elles sont rayées longitudinalement de bandes noires et cendrées; dans la troisième elles sont brunes.

XCIX. RHAGIE. (*Rhagium.*)

Palpes, quatre inégaux, en massue.
Mâchoires unidentées.
Languette bifide, à faisceaux arrondis.
Antennes sétacées.

Les rhagies ont le corps oblong, glabre, bordé, lent; la tête grande, ovale, proéminente; les yeux arrondis, latéraux, proéminens; les antennes alongées, rapprochées, insérées entre les yeux; le corcelet étroit, cylindrique, garni d'épines latérales; l'écusson arrondi; les élytres dures, voûtées, beaucoup plus larges que le corcelet, de la longueur de l'abdomen; les pattes propres à la course; les tarses à quatre articles: leur couleur varie. Ils ont les mœurs des précédens, et se trouvent dans le bois carié.

1. R. INQUISITRICE. (*R. inquisitor.*)

Noire; corcelet épineux; élytres jaunâtres, parsemées de points noirs, avec deux bandes jaunes.

FAB. *ib.* p. 304, 2.
GEOF. Ins. 223, 2.
SCH. Icon. pl. 2, fig. 10.

Larve hexapode, nue, blanche; tête et cou bruns, dos sillonné. (*Strœm. act. Hafniens.*) On doit remarquer qu'au contraire les larves des lamies, des capricornes, des saperdes ont les pattes à peine visibles.

2. R. BIFASCIÉE. (*R. bifasciatum.*)

Corcelet épineux ; élytres avec deux raies obliques jaunes.

FAB. *ib.* p. 3o5, 7.
SCH. Icon. pl. 8, fig. 1, 3.
GEOFF. Ins. 1, 222, 1.

Les antennes sont ferrugineuses, leur premier article est noir ; la tête est sillonnée et le corcelet l'est aussi légèrement ; les bandes des élytres n'atteignent pas les bords ; les pattes sont noires ; les jambes et la base des cuisses sont de couleur rouge.

3. R. BRILLANTE. (*R. fulgidum.*)

Corcelet épineux, rouge ; écusson noir ; élytres rouges dans un sexe et bleues dans l'autre ; antennes rouges à leur base et noires à leur extrémité ; pattes et extrémité de l'abdomen rouges.

GEOF. Ins. 1, 124, 4.

On trouve les deux variétés de cet insecte à la fin du printems, sur les marroniers d'Inde, le saule, les ormes en décrépitude. Il n'est pas très-rare aux environs de Paris, et je ne sais pourquoi je ne le trouve décrit nulle part dans Fabricius.

C. SAPERDE. (*Saperda.*)

Palpes, presqu'égaux, filiformes.
Mâchoires membraneuses, bifides.
Languette en cœur tronqué.
Antennes sétacées.

Les saperdes ont le corps alongé, cylindrique, glabre, bordé, agile; la tête arrondie, transversale, rentrée; les yeux latéraux, en forme de reins; les antennes alongées, insérées dans la sinuosité des yeux; le corcelet court, arrondi, sans épines; l'écusson petit, arrondi; les élytres dures, convexes, de la longueur de l'abdomen; les pattes courtes, propres à la course; les tarses à quatre articles: leur couleur varie. La larve et l'insecte parfait ont les mœurs des genres précédens.

1. S. CARCHARIAS. (*S. carcharias.*)

Jaune, ponctuée de noir; antennes de longueur médiocre.

FABR. *ib.* p. 307, 1.
GEOF. Ins. 1, 308, 1.
SCH. Icon. pl. 152, fig. 4.

Dans les bois.

2. S. SCALAIRE. (*S. scalaris.*)

Elytres noires, avec une ligne jaune, dentée à la jonction des deux élytres, accompagnées de points jaunes.

FABR. *ib.* p. 307, 2.
SCH. Icon. pl. 38, fig. 5.

Dans les bois, sur le peuplier.

3. S. OCULÉE. (*S. oculata.*)

Corcelet jaune, avec deux points noirs; élytres noires.

FABR. *ib.* p. 308, 8.
SCH. Icon, pl. 128, fig. 4.

Dans les bois.

4. S. LINÉAIRE. (*S. linearis.*)

Noire, cylindrique; pattes jaunes; antennes de longueur médiocre.

FABR. *ib*. p. 309, 8.
SCH. Icon. pl. 55, fig. 6.

Sur le noisetier.

5. S. CYLINDRIQUE. (*S. cylindrica.*)

Noire, cylindrique; pattes antérieures jaunes.

FABR. *ibid*. p. 310, 14.
GEOF. Ins. 1, 208, 2.

Sur les poiriers et les pruniers.

6. S. DU PEUPLIER. (*S. populnea.*)

Corcelet rayé de jaune; élytres avec quatre points jaunes; antennes de longueur médiocre.

FABR. *ib*. p. 315, 37.
GEOFF. Ins. 1, 208 3.
SCH. Icon. 48, 5.

7. S. VERDATRE. (*S. virescens.*)

Corcelet cendré, velu, élytres verdâtres.

FABR. *ib*. p. 315, 40.
OLIV. Ins. 2, fig. 11.

Sur le sureau, la viperine.

8. S. BRULÉE. (*S. præusta.*)

Noire; élytres fauves, tachées de noir à leur extrémité.

FABR. *ib*. p. 317, 48.
GEOFF. Ins. 1, 209, 4.
SCH. Icon. pl. 52, fig. 8.

CI. CALLIDE. (*Callidium.*)

Palpes, quatre égaux, légèrement renflés à leur extrémité.
Mâchoires membraneuses, bifides.
Languette bifide, à faisceaux très-minces.
Antennes sétacées.

Les callides ont le corps applati, souvent pubescent, bordé, lent; la tête ovale, obtuse, rentrée; les yeux latéraux, en forme de reins; les antennes plus longues que le corcelet, insérées dans la sinuosité des yeux; le corcelet applati, à bords arrondis, proéminens; l'écusson petit, triangulaire; les élytres dures, voûtées, de la longueur de l'abdomen; les pattes alongées, propres à la course; les cuisses presque toujours renflées à leur extrémité; les tarses à quatre articles : leur couleur varie. La larve et l'insecte parfait vivent dans le bois carié, comme ceux des genres précédens. On les trouve dans les bois et les chantiers.

1. C. PORTEUR. (*C. bajulus.*)

Corcelet noir, avec des poils blanchâtres; deux tubercules élevés sur le dos; corps noir; antennes courtes.

FABR. *ib.* p. 318, 2.
SCH. Icon. pl. 68, fig. 1.

Les élytres sont pâles dans l'un des sexes.

2. C. VARIABLE. (*C. variabilis.*)

Corcelet tuberculé; antennes et cuisses alongées; élytres du mâle violettes.; celles de la femelle fauves ou violettes seulement à leur extrémité.

C. *fennicum.* FABR. *ib.* p. 319, 3. *Le mâle.*
C. *præustum.* FABR. *ib.* p. 327, 38. *La femelle à extrémité des élytres violette.*
C. *testaceum.* FABR. *ib.* p. 326, 36. *La femelle à élytres entièrement fauves.*
GEOFF. Ins. 1, 219, 19. *Ibid.* 218, 18.
SCH. Icon. pl. 4, fig. 12. *Ibid.* 64, 6.

3. C. CLAVIPÈDE. (*C. clavipes.*)

Noir, opaque, avec toutes les cuisses très-renflées à leur extrémité; antennes longues.

FABR. *ib.* p. 320, 7.
OLIV. Ins. 70, pl. 4, fig. 33.

4. C. VIOLET. (*C. violaceum.*)

Violet, brillant; corcelet pubescent, arroudi.

FABR. *ib.* p. 320, 9.
OLIV. Ins. 70, pl. 1, fig. 2.

5. C. DILATÉ. (*C. dilatatum.*)

Couleur de cuivre en-dessus, d'un fauve brillant en-dessous : corcelet arrondi : élytres inégales, dilatées à leur partie postérieure.

C. *variabile.* FAB. *ib.* p. 321, 16.

6. C. RUSTIQUE. (*C. rusticum.*)

Brun, brillant en-dessus : dos du corcelet inégal : élytres avec deux lignes élevées.

Fab. *ib.* p. 322, 19.
Sch. Icon. pl. 63, fig. 6.

7. C. Sanguin. (*C. sanguineum.*)

Corcelet légèrement tuberculé : élytres d'un rouge sanguin : antennes de longueur médiocre.

Fabr. *ibid.* p. 326, 35.
Geoff. Ins. 1, 220, 21.
Sch. Icon. pl. 64, fig. 1.

8. C. Strié. (*C. striatum.*)

Corcelet glabre, corps noir, élytres striées, antennes courtes.

Fabr. *ibid.* p. 329, 48.
Oliv. Ins. 70, pl. 2, fig. 24.

9. C. Ondé. (*C. undatum.*)

Corcelet tuberculé : élytres noires, avec deux bandes blanches, ondées.

Fabr. *ib.* p. 331, 56.
Oliv. Ins. 70, pl. 3, fig. 36.

Les antennes sont plus longues que le corps dans le mâle, et elles ne surpassent pas de beaucoup sa moitié dans la femelle.

10. C. Belier. (*C. arietis.*)

Corcelet arrondi, noir; élytres noires, avec des raies jaunes, dont la seconde forme un accent circonflexe : pattes ferrugineuses.

Fabr. *ib.* p. 333, 65.
Geoff. Ins. 1, 214, 11.
Sch. Icon. pl. 38, fig. 7, pl. 107, fig. 3.

Le corcelet est bordé antérieurement et postérieurement d'une raie jaune, dont la postérieure est quelquefois interrompue.

11. C. Arqué. (*C. arcuatum.*)

Corcelet arrondi : élytres avec quatre points jaunes et quatre raies jaunes, dont la première est interrompue.

FABR. *ib.* p. 333, 64.
GEOFF. Ins. 1, 2, 12, 0.

12. C. Usé. (*C. detritum.*)

Corcelet arrondi, rayé de jaune : élytres noires, avec cinq raies jaunes ; pattes ferrugineuses.

FABR. *ib.* p. 335, 72.
SCH. Icon. pl. 38, fig. 9, pl. 64, fig. 3.
GEOF. Ins. 1, 216, 13.

13. C. Plebeien. (*C. plebeium.*)

Corcelet globuleux, sans tache : élytres noires, avec trois raies et un point sur le haut de l'élytre blancs.

FABR. *ib.* p. 334, 67.
SCH. Icon. pl. 2, fig. 7,
GEOF. Ins. 1, 215, 12.

Le point est très-grand : la poitrine est tachée de blanc.

14. C. Marseillois. (*C. massiliense.*)

Corcelet globuleux, sans tache : élytres noires, avec trois raies blanches, l'antérieure courbe.

FAB. *ib.* p. 334, 68.
GEOFF. Ins. 1, 215, 12.
OLIV. Ins. 70, pl. 6, fig. 70.

Assez semblable au précédent, mais moitié moins grand ; tête, antennes et corcelet noirs : élytres noires, avec trois bandes sans points : côtés du corps tachés de blanc : pattes noires.

15. C. QUATRE POINTS. (*C. 4. punctatum.*)

Corcelet arrondi, verdâtre : élytres avec quatre points.

FABR. *ib.* p. 337, 78.
GEOFF. Ins. 213, 8.

De grandeur moyenne : tête brune, antennes courtes, corcelet pubescent, sans tache : corps de couleur cendrée, cotonneux.

16. C. MYSTIQUE. (*C. mysticum.*)

Corcelet arrondi : élytres brunes, rouges à leur base et avec des raies cendrées, linéaires, pubescentes à leur extrémité.

FABR. *ib.* p. 337, 81.
GEOFF. Ins. 1, 217, 15.
SCH. pl. 2, fig. 9.

Dans les jardins et dans les prés.

17. C. DE L'AUNE. (*C. alni.*)

Corcelet arrondi, noir : élytres avec deux bandes blanches : base des élytres, antennes et jambes ferrugineuses.

FABR. *ibid.* p. 338, 86.
HERBST. Arch. pl. 26, fig. 21.

Dans les chantiers, au printems.

CII. LEPTURE. (*Leptura.*)

Palpes, quatre inégaux, filiformes, à dernier article tronqué.
Mâchoire unidentée, soyeuse à son extrémité.
Languette bifide.
Antennes sétacées.

Les leptures ont le corps oblong, atténué à sa partie antérieure et postérieure, le plus souvent cotonneux, bordé, lent; la tête distincte, ovale; les yeux globuleux, proéminens, marginaux; les antennes plus longues que le corcelet, rapprochées, insérées entre les yeux; le corcelet arrondi, peu large et rétréci à sa partie antérieure; l'écusson petit, triangulaire; les élytres dures, convexes, souvent échancrées, de la longueur de l'abdomen; les pattes de longueur médiocre, propres à la course; les tarses à quatre articles: leur couleur varie. Ils volent avec légèreté, et courent vîte. On les trouve sur les fleurs et les feuilles des plantes. Leur larve ronge l'intérieur du bois et la racine des plantes.

1. L. LAMED. (*L. lamèd.*)

Corcelet légèrement épineux, pubescent; élytres amincies vers leur extrémité; bande festonnée, longitudinale, peu marquée.

FABR. Suppl. Ent. p. 153.
GEOFF. Ins. 1, 226, 6.

2. L. HASTÉE. (*L. hastata.*)

Noire: élytres rouges, avec l'extrémité et le milieu de la suture noirs.

Fabr. Entom. Sys. p. 339, 2.
Geoff. Ins. 1, 226, 6.
Oliv. Ins. 73, pl. 1, fig. 5.

La couleur noire se termine en points; les bords des segmens de l'abdomen sont revêtus de poils argentés.

3. L. Cotonneuse. (*L. tomentosa.*)

Corcelet velu, d'un fauve doré : élytres fauves et noires à leur extrémité.

Fabr. *ibid.* p. 340, 4.
Geof. Ins. 1, 227, 8.

Elle est plus grande que la lepture mélanure : la tête et les antennes sont noires : le corcelet est couvert de poils, cotonneux, doré : les élytres sont lisses, noires, échancrées à leur extrémité : le corps est noir : l'abdomen est velu, argenté : l'anus est échancré : les pattes noires.

4. L. Melanure. (*L. melanura.*)

Noire : élytres d'un rouge livide, avec la suture et l'extrémité noires.

Fabr. *ib.* p. 340, 5.
Geoff. Ins. 1, 226, 7, pl. 4, fig. 1.
Sch. Icon. pl. 39, fig. 4.

Sur les fleurs.

5. L. Sanguinolente. (*L. sanguinolenta.*)

Noire : élytres d'un rouge sanguin.

Fabr. *ib.* p. 341, 10.
Sch. Icon. pl. 39, fig. 9.

Elle varie quelquefois par les bords des élytres, qui sont noires. Le mâle a les élytres fauves et noires, seulement à leur extrémité.

6. L. Méridiène. (*L. meridiana.*)

Corcelet légèrement épineux : élytres pointues : poitrine brillante.

>FABR. *ibid.* p. 341, 11.
>SCH. Icon. pl. 82, fig. 4, pl. 279, fig. 3.

Sur les fleurs. Le mâle est noirâtre, la femelle fauve.

7. L. Fermière. (*L. villica.*)

Ferrugineuse : antennes, élytres et poitrine brunes.

>FABR. *ib.* p. 341, 12.
>SCH. Icon. pl. 69, fig. 1.

Antennes noires, à premier article roux : tête rousse, yeux noirs : corcelet roux, avec des angles à sa partie postérieure ; abdomen et pattes couleur de fer rouillé.

8. L. Dissemblable. (*L. dispar.*)

Pubescente : corcelet ovale : élytres pointues, rouges ou fauves, sans taches.

>FABR. *ib.* p. 342, 13. *Leptura rubra.*
>*Ibid.* p. 342, 14. *Leptura testacea.*
>SCH. Icon. pl. 39, fig. 2 et fig. 3.

9. L. Atre. (*L. atra.*)

Corps entièrement noir.

>FAB. *ib.* p. 342, 18.
>GEOF. Ins. 1, 228, 10.
>OLIV. Ins. 73, pl. 1, fig. 4.

Sur les fleurs.

10. L. Noire. (*L. nigra.*)

Elytres amincies à leur extrémité : corps noir, brillant : abdomen rouge.

Fab. *ib.* p. 344, 27.
Geoff. Ins. 1, 227, 9.
Sch. Icon. pl. 39, fig. 7.

Sur les fleurs.

11. L. Six taches. (*L. 6. maculata.*)

Noire : élytres fauves, avec trois bandes noires, dentées ; l'antérieure un peu interrompue.

Fabr. *ib.* p. 346, 37.
Sch. Icon. pl. 6, fig. 9.

12. L. Brulée. (*L. præusta.*)

Pubescente, fauve, dorée ; tête et extrémité des élytres noires.

Fabr. *ib.* p. 344, 28.

Le premier article des antennes est ferrugineux : le corcelet, les élytres, la poitrine et l'abdomen sont couverts d'un poil cotonneux doré. Les pattes sont rouges.

13. L. Atténuée. (*L. attenuata.*)

Elytres amincies, avec quatre bandes noires : les pattes fauves.

Fabr. *ib.* p. 346, 40.
Sch. Icon. pl. 39, fig. 6.

Sur les fleurs. L'abdomen est rouge et a l'extrémité noire. Quelquefois il est entièrement noir.

14. L. Eperonnée. (*L. calcarata.*)

Noire : élytres jaunes, amincies vers leur extrémité : quatre bandes noires. l'antérieure ponctuée, la seconde interrompue; les jambes postérieures bidentées.

    Fabr. *ibid.* p. 347, 41.
    Geoff. Ins. 1, 226, 1.

15. L. Quatre bandes. (*L. 4. fasciata.*)

Noire : élytres fauves : quatre bandes noires dentées.

    Fab. *ib.* p. 348, 44.
    Sch. pl. 59, fig. 6.

Sur les fleurs.

16. L. Soyeuse. (*L. sericea.*)

D'un vert-bleuâtre : élytres pointues.

    Fabr. *ibid.* p. 349, 49.
    Sch. Icon. pl. 84, fig. 1.

17. L. Collier. (*L. collaris.*)

Corcelet globuleux : abdomen rouge : élytres noires.

    Fab. *ib.* p. 349, 51.
    Geof. Ins. 1, 228, 11.
    Sch. Icon. pl. 58, fig. 9.

Sur les fleurs.

18. L. Vierge. (*L. virginea.*)

Corcelet globuleux, noir : élytres violettes : abdomen rouge.

    Fabr. *ib.* p. 349, 52.
    Sch. Icon. pl. 58, fig. 8.

CIII. NECYDALE. (*Necydalis.*)

Palpes, quatre filiformes.
Mâchoire unidentée.
Antennes filiformes.

Les nécydales ont le corps oblong, étroit, cotonneux, bordé, agile ; la tête ovale, rentrée ; les yeux globuleux, proéminens, marginaux ; les antennes plus longues que le corcelet, rapprochées, insérées entre les yeux ; le corcelet arrondi ; le dos inégal ; l'écusson court, arrondi ; les élytres dures, amincies, de la longueur de l'abdomen ; les pattes longues, minces : les jambes postérieures presque toujours renflées : les tarses antérieurs à cinq articles, les postérieurs à quatre : leur couleur varie. On les trouve sur les fleurs.

1. N. VERTE. (*N. viridissima.*)

Corcelet arrondi : corps vert, pattes antérieures fauves.

FABR. *ib.* p. 350, 2.
GEOF. Ins. 1, 177, 14.
DEGEER, Ins. 5, 15, 4, pl. 1, fig. 13.

Dans les jardins.

2. N. BLEUATRE. (*N. coerulescens.*)

Corcelet arrondi, court ; corps bleuâtre, opaque ; élytres avec trois lignes élevées, peu marquées.

FABR. *ib.* p. 350, 3.

3. N. HUMÉRALE. (*N. humeralis.*)

Elytres noires, pointues, jaunes à leur base.

FABR. *ib*. p. 352, 12.
GEOFF. Ins. 1, 342, 2.

Corps noir ; élytres sans lignes ou bords élevées ; pattes noires.

4. N. ROUSSE. (*N. rufa.*)

Noir ; élytres pointues, avec toutes les cuisses en massue ; élytres et antennes rousses.

FABR. *ib*. p. 353, 17.
GEOFF. Ins. 1, 220, 22.
SCH. Icon. pl. 94, fig. 8.

Elytres avec un point noir à leur base ; écusson blanc ; corcelet blanc à sa base et à son extrémité ; abdomen avec des taches latérales, blanches.

5. N. PODAGRAIRE. (*N. podagrariæ.*)

Elytres pointues ; corps noir ; cuisses postérieures renflées et fauves à leur base.

FABR. *ibid*. p. 354, 20.
GEOF. Ins. 1, 343, 4.

Dans les jardins et les bois.

CIV. MOLORQUE (*Molorchus.*)

Palpes, quatre inégaux, filiformes.
Mâchoires membraneuses, bifides.
Languette bifide.
Antennes sétacées.

Les molorques ont le corps oblong, étroit, glabre,

(224)

bordé, agile : la tête ovale, penchée, rentrée : les yeux en forme de reins, à peine proéminens, marginaux : les antennes plus longues que le corcelet, rapprochées, insérées entre les yeux : le corcelet arrondi, étroit : le dos canaliculé : les élytres dures, voûtées, raccourcies : les aîles pliées, presqu'aussi longues que l'abdomen, qui est alongé et a les bords relevés : les pattes sont longues : les cuisses sont renflées à leur extrémité : les tarses ont quatre articles : leur couleur est fauve. On les trouve sur les fleurs.

1. M. ABREGÉE. (*M. abreviata.*)

Elytres très-courtes, sans taches ferrugineuses ; antennes courtes.

FABR. *ib.* p. 356.
SCH. Mon. 1753. fig. 12. Icon. pl. 10, fig. 10, 11.

Je n'ai trouvé qu'une seule fois ce bel insecte dans l'enclos de ma demeure à la campagne, près Beaumont-sur-Oise. Il volait. C'étoit dans les grandes chaleurs de l'été.

2. M. ECOURTÉE. (*M. dimidiata.*)

Elytres courtes, fauves, avec une ligne blanche à son extrémité ; antennes longues.

FABR. *ib.* p. 357, 3.
SCH. Mon. 1753, fig. 6, 7. Icon. pl. 95, fig. 5.

3. M. OMBELLICOLLE. (*M. umbellatarum.*)

Elytres courtes, fauves, sans taches ; antennes longues.

FABR. *ib.* p. 357, 4.
SCH. Icon. pl. 95, fig. 4.

Sur les plantes en ombelles.

CV. SYNODENDRE. (*Synodendron.*)

Palpes, quatre inégaux, filiformes.
Mâchoire conique, épaisse, entière.
Languette cornée, filiforme, portant les palpes à son extrémité.

Les synodendres ont le corps cylindrique, glabre, bordé, obtus à leur partie antérieure et postérieure, lent; la tête petite, ovale, applatie; les yeux petits, arrondis, marginaux; les antennes courtes, recourbées en arrière, insérées sous les yeux; le corcelet bossu, tronqué à sa partie antérieure, armé de points ou inégal; l'écusson petit, triangulaire; les élytres dures, voûtées, embrassant l'abdomen, émoussées à leur extrémité, dentées; les pattes courtes, fortes; les jambes antérieures dentées; les tarses à cinq articles : la couleur sombre. Ils vivent sur les troncs d'arbres cariés.

1. S. CYLINDRIQUE. (*S. cylindricum.*)

Noir : tête avec une corne élevée : corcelet tronqué et denté antérieurement.

FABR. *ib.* p. 358, 1.
OLIV. Ins. 1, 3, 47, 54, pl. 9, fig. 80.

Le corcelet du mâle a cinq dents qui sont presque nulles dans la femelle. On trouve cet insecte sur les pruniers et les cerisiers.

CVI. APATE. (*Apate.*)

Palpes, quatre égaux, filiformes.
Mâchoire unidentée.
Languette membraneuse, tronquée.
Antennes perfoliées.

Les apates ont le corps cylindrique, un peu cotonneux, bordé, lent; la tête petite, arrondie, fléchie en-dedans; les yeux globuleux, petits, marginaux; les antennes écartées, courtes, insérées sous les yeux; le corcelet arrondi, convexe, le plus souvent revêtu de points à sa partie antérieure; l'écusson petit, arrondi; les élytres dures, voûtées, de la longueur de l'abdomen; les pattes courtes, fortes; les tarses à quatre articles: leur couleur est sombre.

La larve est vermiforme, a six pattes écailleuses, l'abdomen composé de douze anneaux, la tête écailleuse. Elle vit dans le bois carié pendant deux ans, et se transforme ensuite en insecte parfait. On trouve les apates sur le bois mort ou sous l'écorce des arbres cariés.

1. A. CAPUCIN. (*A. capucinus.*)

Noir: élytres et abdomen roux: corcelet échancré antérieurement.

FABR. *ib.* p. 362, 7.
GEOFF. Ins. 1, 302, 1, pl. 5, fig. 1.

CVII. BOSTRICHE. (*Bostrichus.*)

Palpes, quatre égaux, les antérieurs renflés dans le milieu.

Mâchoire cornée.

Lévre cylindrique, entière, portant les palpes à son extrémité.

Les bostriches ont le corps petit, cylindrique, cotonneux, bordé, obtus, lent; la tête petite, arrondie, cachée; les yeux arrondis, marginaux; les antennes courtes, écartées, insérées sous les yeux; le corcelet arrondi, cylindrique; l'écusson petit, arrondi; les élytres dures, voûtées, de la longueur de l'abdomen; les pattes courtes, pâles; les tarses ont quatre articles. Leur couleur est sombre et souvent noire. La larve et l'insecte parfait vivent dans les bois.

1. B. Typographe. (*B. typographus.*)

Brun, velu: élytres dentées sur leurs bords, extrémité postérieure fortement échancrée.

FABR. *ib.* p. 365, 5.
SCH. Icon. pl. 259, fig. 3.

Il forme dans l'intérieur de l'écorce des arbres des trous sinueux, remplis de poussière.

2. B. Polygraphe. (*B. polygraphus.*)

Noirâtre: corcelet étroit à sa partie antérieure: élytres d'un vert noirâtre: antennes et pattes jaunâtres.

FABR. *ib.* p. 365, 6.
HERBST. pl. 20, fig. 9.

3. B. Scolyte. (*B. scolytus.*)

Lisse, noirâtre; élytres tronquées, entières; abdomen coupé; front velu, cendré.

Faer. *ib.* p. 366, 9.
Geoff. Ins. 1, 350, 1, pl. 5, fig. 5.

Dans l'écorce des ormes. Le dernier article des antennes est obtus dans cette espèce, tandis qu'il est aigu dans les autres espèces de ce genre.

CVIII. BRUCHE. (*Bruchus.*)

Palpes, quatre égaux, filiformes.
Mâchoire membraneuse, bifide.
Languette courte, pointue.
Antennes filiformes.

Les bruches ont le corps ovale, petit, convexe, glabre, bordé, lent; la tête obtuse, ovale, rentrée; les yeux latéraux, arrondis, à peine proéminens; les antennes courtes, en scie, insérées devant les yeux; le corcelet ovale, convexe; l'écusson petit, triangulaire; les élytres dures, voûtées, plus courtes que l'abdomen; l'anus proéminent; les pattes courtes, fortes; les tarses à quatre articles. Leur couleur est sombre et varie.

La larve a le corps court, assez gros, composé d'anneaux distincts; la tête écailleuse, armée de deux mandibules. Elle vit dans l'intérieur des semences de différentes plantes, y passe l'hiver, y subit ses transformations, et en sort insecte parfait vers le milieu du printems. L'insecte parfait vit et s'accouple sur les fleurs, et la femelle dépose un œuf sur chaque semence non encore entièrement formée.

1. B. des Pois. (*B. pisi.*)

Elytres noires, tachées de blanc; anus blanc, accompagné de deux points noirs; tête et antennes noires.

Fabr. *ib.* p. 370, 5.
Geoff. Ins. 1, 267, 1, pl. 4, fig. 9.
Oliv. Ins. Bruche, pl. 1, fig. 1. *a. b. c.*

La larve vit dans l'intérieur des pois, des lentilles, des gesses, des fèves, et de toutes les espèces de vesce. On trouve l'insecte parfait sur les fleurs.

2. B. des Graines. (*B. granarius.*)

Noire : élytres noires, avec des points blancs; cuisses postérieures unidentées.

Fabr. *ibid.* p. 372, 15.
Geoff. Ins. 1, 268, 3.
Oliv. Ins. Bruche, pl. 2, fig. 10. *a. b.*

Les antennes sont fauves à leur base : le corcelet a une suture blanche : les élytres sont striées et plus courtes que l'abdomen : les jambes antérieures sont fauves.

3. B. du Ciste. (*B. cisti.*)

Noire, sans taches : cuisses non dentées.

Fabr. *ib.* p. 372, 16.
Oliv. Ins. Bruche, pl. 2, fig. 11. *a. b.*

4. B. des Semences. (*B. seminarius.*)

Noire : base des antennes et les pattes antérieures fauves : cuisses non dentées.

FABR. *ib.* p. 373, 19.
OLIV. Ins. Bruche, pl. 2, fig. 12. *a. b.*

Un peu plus petite que la bruche des grains : la tête proéminente : les antennes comme pedonculées, épaisses, en scie.

5. B. SUTURALE. (*B. suturalis.*)

Noire : suture des élytres jaunâtre.

FABR. *ibid.* p. 372, 17.

Petite : tête et corcelet noirs : le corcelet à sa partie postérieure se termine de chaque côté par un angle distinct et jaunâtre : élytres lisses, noires, avec une suture jaunâtre et quelquefois blanche ou cendrée : corps cendré, pubescent : pattes noires : les jambes antérieures quelquefois fauves.

6. B. RUFIPÈDE. (*B. rufipes.*)

Noire, obscure; antennes et pattes rousses; cuisses postérieures renflées, noires.

FABR. *ib.* p. 373, 21.
OLIV. Ins. Bruche, pl. 2, fig. 16. *a. b.*

Petite; antennes jaunes, noircissant un peu à leur extrémité; abdomen un peu pubescent, avec deux petites dents obtuses à son extrémité. Sur différentes fleurs.

7. B. DU PERSIL. (*B. persicœ.*)

Cendrée, noire; élytres cendrées, satinées, avec une bordure noire, opaque, festonnée.

J'ai trouvé cette espèce dans un jardin potager, sur le persil en fleur. Elle est bien distincte. Moitié plus petite que la bruche des pois; corcelet noir, alongé, marqué de trois taches blanches, dont deux latérales en croissant; l'autre à la base, proche l'écusson, triangulaire; élytres pubescentes, d'un cendré satiné, bordées de larges festons noirs, dont deux occupent les extrémités et quatre autres les côtés; cuisses noires sans dentelures.

CIX. ANTHRIBE. (*Anthribus.*)

Palpes, quatre égaux, filiformes.
Mâchoire très courte, bifide.
Languette bifide.
Antennes à articles arrondis, les trois derniers oblongs, plus gros; le dernier aigu, inséré sur un rostre (1), court, applati.

Les anthribes ont le corps ovale, convexe, bordé, lent; la tête ovale, prolongée en avant, plate, obtuse, rentrée; les yeux marginaux, globuleux, proéminens; les antennes assez longues, insérées sous les yeux, dans une cavité latérale; le corcelet arrondi; l'écusson petit,

---

(1) J'appelle *rostre*, le prolongement de la tête, au bout duquel se trouve la bouche dans les charançons, les attelabes et autres insectes. On le désigne ordinairement par le mot de *bec*, que l'on a employé aussi pour exprimer une partie bien différente, la bouche des ryngotes. On s'est servi aussi du mot *rostrum*, en latin, pour signifier ces deux choses. Il convient d'adopter ici la réforme proposée par M. Illiger, et d'appeler *rostellum* le bec des ryngotes, et *rostrum* le rostre des charançons et autres insectes.

arrondi ; les élytres dures, voûtées, défléchies à leur extrémité, de la longueur de l'abdomen ; les pattes courtes, fortes ; les tarses à quatre articles, leur couleur varie et est le plus souvent obscure. On les trouve sous l'écorce des arbres et sur les fleurs.

1. A. LATIROSTRE. (*A. latirostris.*)

Rostre très-large ; élytres blanches, avec deux points noirs à leur extrémité.

FABR. *ibid.* p. 376, 2.
GEOF. Ins. 1, 307, 8, pl. 3, fig. 2.
SCH. Icon. pl. 89, fig. 6.
CLAIRVILLE, Ent. Helv. p. 114, 1, pl. 14, fig. 1, 2.

2. A. RABOTEUX. (*A. scabrosus.*)

Noir ; élytres rouges, élevées, striées, parsemées de points noirs.

FABR. *ibid.* p. 377, 6.
GEOFF. Ins. 1, 306, pl. 5, fig. 3.

Sur la jacée. Corcelet cendré, velu ; élytres rougeâtres, avec des stries élevées, blanches et des points noirs soyeux.

3. A. VARIÉ. (*A. varius.*)

Élytres noires, striées, avec des points alternativement noirs et blancs.

FABR. *ibid.* p. 378, 8.
GEOFF. Ins. 1, 307, 2.

Le corps est noir, taché de cendré, brillant ; les élytres sont striées et ont plusieurs points qui alternent ; les pattes sont noires et les cuisses ne sont pas dentées.

4. A. ALBIROSTRE. (*A. albirostris.*)

Rostre très-large, applati; élytres blanches, tachées de noir à leur partie postérieure.

FABR. *ibid.* p. 376, 3.
HERBST. Arch. 80, 66, pl. 24, fig. 26.

Moitié moins grand que la latirostre; corcelet noir, sans tache; élytres noires, ayant à leur extrémité une grande tache blanche, palmée, noire; les pattes sont noires; les jambes et les tarses sont annelés de blanc.

CX. ATTELABE. (*Attelabus.*)

Palpes, quatre égaux, filiformes.

Mâchoire bifide.

Lèvre cornée, couvrant les palpes inférieurs.

Antennes moniliformes, grossissant à leur extrémité et insérées sur un rostre.

Les attelabes ont le corps ovale, petit, glabre, bordé, lent; la tête distincte, ovale, amincie à sa partie postérieure, prolongée en avant; les yeux globuleux, marginaux, insérés avant le rostre; les antennes courtes, rapprochées, insérées à la base du rostre; le corcelet arrondi, ovale; l'écusson arrondi; les élytres dures, voûtées, de la longueur de l'abdomen; les pattes courtes, fortes; les tarses à quatre articles: leur couleur varie.

Les larves des attelabes sont sans pattes; leur corps est mou, blanchâtre, composé de treize anneaux peu distincts; leur tête est dure, écailleuse et munie de deux mandibules. Elles roulent les feuilles des arbres et en mangent le parenchyme; elles filent une coque pour se transformer en nymphes, et restent peu de tems sous ce dernier état avant de se transformer en insectes parfaits. Ces derniers se nourrissent aussi des fleurs et des feuilles des plantes.

1. A. DU COUDRIER. (*A. coryli.*)

Noir; élytres rouges, réticulées.

FABR. *ibid.* p. 384, 1.
GEOF. Ins. 1, 237, 11.
SCH. Icon. pl. 56, fig. 5, 6. *Ibid.* pl. 75, fig. 8.

Il habite dans les feuilles du noisetier, qu'il roule en cylindre fermé par les deux bouts.

2. A. CHARANÇON. (*A. curculionoïdes.*)

Noir; corcelet et élytres rouges.

FABR. *ibid.* p. 386, 12.
GEOFF. Ins. 1, 273, 10.
SCH. pl. 75, fig. 8.

Sur les noisetiers, les saules.

3. A. BACCHUS. (*A. bacchus.*)

D'un rouge doré; rostre, tarses et antennes noirs.

FABR. *ib.* p. 387, 15.
GEOFF. Ins. 1, 270, 4.
SCH. Icon. pl. 39, fig. 18.

Sur la vigne et le noisetier.

4. A. DU BOULEAU. (*A. betuleti.*)

Corps vert, doré, de même couleur en-dessous ; corcelet de l'un des sexes revêtu d'épines à sa partie antérieure.

FABR. *ibid.* p. 387, 16.
GEOFF. Ins. 270, 2.
DEGEER, Ins. 5, pl. 7, fig. 25.

Il habite sur le bouleau blanc, dont il contourne les feuilles.

5. A. DU PEUPLIER. (*A. populi.*)

Corps d'un vert doré en-dessus, d'un noir bleuâtre en-dessous.

FABR. *ibid.* p. 388, 17.
GEOFF. Ins. 270, 3.

Sur le bouleau, le peuplier.
M. Paykull ne regarde cet insecte que comme une variété du précédent.

6. A. EGAL. (*A. œquatus.*)

Cuivré, noir ; élytres rouges.

FABR. *ibid.* p. 388, 20.
GEOFF. Ins. 1, 270, 4.

7. A. TÊTE-BLEUE. (*A. ceruleocephalus.*)

Violet, brillant ; corcelet et élytres fauves.

FABR. *ibid.* p. 389, 21.
HERBST. Arch. pl. 24, fig. 11.

Sur l'aube-épine. Tête pubescente, violette ; corcelet et élytres pubescents, brillans, fauves ; corps et pattes violets.

8. A. CUIVRÉ. (*A. cupreus.*)

D'un cuivre sombre en-dessus, plus sombre en-dessous.

FABR. *ibid.* p. 389, 22.

9. A. Cuprirostre. (*A. cuprirostris.*)

Vert-bronzé; élytres striées; rostre cuivré.

FABR. *ibid.* p. 389, 25.
GEOF. Ins. 1, 270, 2.

Rostre arqué, cuivré : corcelet vert-bronzé, brillant : élytres striées, de même couleur : pattes brunes.

10. A. Alliaire. (*A. alliariae.*)

Pubescent, bleu-violet : élytres striées.

FABR. *ibid.* p. 390, 27.

Sur l'alliaire érysimum alliariæ.

11. A. de la Vesce. (*A. craccae.*)

Noir, sombre : élytres striées, d'un bleu-sombre : rostre applati à son extrémité.

FABR. *ib.* p. 390, 28.
DEGEER Ins. 5, 253, pl. 6, fig. 31, 32.

Dans les gousses de la vesce (*viscia cracca.*)

12. A. Bleu. (*A. cyaneus.*)

Noir : élytres bleues, brillantes.

FABR. *ib.* p. 391, 30.

Corps petit : corcelet revêtu de chaque côté d'un tubercule élevé.

13. A. Flavipède. (*A. flavipes.*)

Noir, strié : cuisses jaunes.

FAB. *ib.* p. 391, 33.
GEOF. Ins. 1, 272, 8.

Au commencement du printems, dans les lieux les plus exposés au soleil, sur les fleurs composées.

14. A. Pourpre. (*A. purpureus.*)

Brillant, couleur de pourpre : rostre très-long.

    Fab. *ib.* p. 391, 3.
    Bergstr. Nom. 1, 16, 12, pl. 2, fig. 12.

Au printems, sur l'aube-épine.

15. A. du Froment. (*A. frumentarius.*)

D'un rouge sanguin : élytres crénelées, striées : rostre cylindrique : antennes insérées plus bas que le milieu : corps ovale.

    Fabr. *ib.* p. 392, 35.
    Clairville, Ent. Helv. pl. 13, fig. 1, 2. *Rhinomacer.*

Dans le froment.

16. A. Femoral. (*A. betulæ.*)

Noir : cuisses postérieures très-renflées : tête plus mince à sa partie postérieure.

    Fabr. *ib.* p. 392, 37.

Les cuisses postérieures sont très-renflées dans le mâle.

CXI. CHARANÇON. (*Curculio.*)

Palpes, quatre, filiformes.
Mâchoire cylindrique, unidentée.
Antennes en massue, à premier article très-long, insérées sur un rostre corné, brisée.

Les charançons ont le corps oblong, ovale, bordé,

lent; la tête arrondie, rentrée, prolongée en rostre rond; les yeux globuleux, proéminens, latéraux; les antennes de la longueur du corcelet, écartées, insérées sur le rostre; le corcelet le plus souvent arrondi; l'écusson court, arrondi; les élytres dures, voûtées; les côtés défléchis, de la longueur de l'abdomen; les pattes courtes, propres à la course; les cuisses souvent dentées; les tarses à quatre articles : leur couleur varie.

Leur larve est hexapode, molle, annelée, blanche; elle a les pattes et la tête écailleuses; elle se nourrit des semences, des fruits et des feuilles des plantes. Celles de plusieurs espèces filent une coque pour se transformer en nymphes; d'autres s'enfoncent simplement en terre. L'insecte parfait vit sur les fleurs et les feuilles des plantes.

I.re *Famille.* LES LONGIROSTRES dentés; rostre alongé, cuisses dentées.

§. I. *Oblongs; corps plus longs que la largeur des élytres réunies.*

1. C. DE LA PATIENCE. (*C. lapathi.*)

Elytres variées de blanc et de noir, revêtues de petits faisceaux de poils, en pente à leur partie postérieure : pattes variées de blanc et de noir.

FABR. *ibid.* p. 429, 149.
OLIV. Ins. 83, fig. 69, 6.

Toutes les cuisses sont armées de deux dents dans le mâle : la femelle n'a qu'une dent très-petite aux cuisses postérieures. Sur les saules et l'oseille sauvage.

2. C. Tordeur. (*C. tortrix.*)

Presque glabre, fauve ou ferrugineux : poitrine brune : élytres convexes, cylindriformes : antennes insérées sur le milieu de la trompe.

>Fab. *ib.* p. 444, 211.
>Geof. Ins. 1, 300, 51.
>Clairv. Ent. Helv. p. 92, 8, pl. 9, fig. 3, 4.
>*Curculio tortrix.*

Sur les feuilles du peuplier, du tremble, qu'il contourne.

3. C. du Cerisier. (*C. cerasi.*)

Noir, opaque : corcelet court, épineux dans l'un des sexes : élytres fortement ponctuées, striées : antennes insérées sur le milieu de la trompe.

>Fab. *ib.* p. 440, 190.
>Geoff. Ins. 1, 299, 48.
>Clairv. Ent. Helv. p. 90, 7. *Curculio cerasi.*

Sur le cerisier.

4. C. Violet. (*C. violaceus.*)

Noir-violet, brillant en-dessus, dessous noir : élytres légèrement ponctuées, striées, cylindriques.

>Fabr. *ib.* p. 440, 190.
>Geoff. Ins. 1, 271, 5.
>Berg. Nom. 1, 16, 13, pl. 2, fig. 13.

5. C. des Fruits. (*C. druparum.*)

Rostre droit, fauve : élytres globuleuses, avec deux raies transversales plus foncées.

>Fabr. *ib.* p. 443, 205.

GEOF. Ins. 1, 296, 43.
SCH. Icon. pl. 1, fig. 11.

Sur le cerisier à grappes (*prunus padus.*)

6. C. DES POMMES. (*C. pomorum.*)

Fauve, cendré, pubescent, une tache et deux bandes noirâtres renfermant une raie oblique blanche.

FABR. *ibid.* p. 444, 209.
FRISH. Ins. 1, 32, pl. 8.

Sur les fleurs des pommiers.

7. C. CINQ-POINTS. (*C. 5. punctatus.*)

D'un fauve rouge, luisant : ligne dans le milieu du corcelet : suture des élytres et deux taches sur chaque élytre blanches : corps cendré en-dessous.

FABR. *ib.* p. 435, 173.
SCH. Icon. pl. 1, fig. 12.

8. C. DU SAPIN. (*C. abietis.*)

Noir, avec deux lignes interrompues, grises.

FABR. *ib.* p. 428.
GEOF. Ins. 1, 192, 35.
SCH. pl. 25, fig. 1.

9. C. GERMAIN. (*C. germanus.*)

Noir : corcelet avec deux points cendrés de chaque côté.

FABR. *ib.* p. 433, 166.
GEOF. Ins. 1, 291, 34.
SCH. Icon. pl. 62, fig. 9, pl. 101, fig. 6.

10. C. Vierge. (*C. virgo.*)

Oblong, brun, parsemé de poils cendrés.

    Geof. Ins. 1, 301, 53.

Sur les fleurs.

11. C. Ecussonné. (*C. scutellatus.*)

Brun : écusson blanc : élytres avec une tache rougeâtre.

    Geof. Ins. 1, 300, 50.

§. II. *Carrés, dont la longueur du corps n'excède pas la largeur de la base des élytres réunies.*

12. C. des Noisettes. (*C. nucum.*)

Rostre très-alongé, arqué : élytres fauves, grisâtres, applaties, triangulaires.

    Fab. *ib.* p. 440, 192.
    Geof. Ins. 1, 295, 42.
    Sch. Icon. pl. 50, fig. 4.

Sa larve vit dans l'intérieur des noisettes, et se nourrit de leur amande.

13. C. de la Scrophulaire. (*C. scrophulariæ.*)

Brun, avec des poils fauves : corcelet très-petit : élytres striées, élevées, ponctuées de noir et de fauve, avec deux taches noires et blanches réunies.

    Fabr. *ibid.* p. 434, 167.

Geoffr. Ins. 1, 296, 44.
Réaum. Ins. 3, pl. 2, fig. 12.

Sur la scrophulaire noueuse (*scrophularia nodosa*). La larve se nourrit de cette plante; et pour se transformer, elle se fait une coque de la liqueur humide et gluante que son corps suinte.

14. C. Didime. (*C. didymus.*)

Corcelet dentelé : élytres striées, globuleuses, avec trois taches blanches : antennes insérées sur le milieu du rostre.

Fab. *ib.* p. 437, 177.
Geoff. Ins. 1, 299, 47.
Clairv. Ent. Helv. p. 98, 11, pl. 11, fig. 1, 2. *Curculio.*

Sur l'ortie.

15. C. du Verbascum. (*C. verbasci.*)

Côtés du corcelet jaunâtres : élytres striées par des points alternativement blancs et noirs.

Fabr. *ib.* p. 434, 169.
Geof. Ins. 1, p. 296, 45.

Sur le verbascum. Assez semblable à celui de la scrophulaire.

§. III. *Sauteurs; cuisses postérieures renflées.*

16. C. Viminale. (*C. viminalis.*)

Corps d'un fauve roux en-dessus, avec des poils très-courts, grisâtres ; cuisses postérieures fortement dentées, en scie.

Fab. *ib.* p. 447, 223.
Geof. Ins. 1, 286, 19.
Reaum. Ins. 3, 31, fig. 17, 18.

17. C. DE L'AUNE. (*C. alni.*)

Noir : corcelet et élytres roux, deux taches noires sur chaque élytre : cuisses postérieures armées seulement d'une petite dent.

Fab. *ib.* p. 446, 216.
Geoff. Ins. 1, 286, 20.

Sur l'aune. Il diffère du précédent par la grandeur et la dentelure des jambes postérieures. Quelquefois les élytres sont sans taches noires.

18. C. DU SAULE. (*C. salicis.*)

Élytres noires, avec deux raies blanches.

Fabr. *ib.* p. 447, 222.

IIe *Famille.* LES LONGIROSTRES non dentés; rostre très-long; cuisses non dentées.

§. I. *Oblongs.*

19. C. ACRIDULE. (*C. acridulus.*)

Brun : abdomen ovale, pyriforme : jambes d'un brun clair.

Fabr. *ib.* p. 411, 75.
Geof. Ins. 1, p. 290, 32.
Herbst. pl. 24, fig. 12.

20. C. COLON. (*C. colon.*)

Gris : élytres avec un point blanc.

Fab. *ib.* p. 401, 29.

GEOFF. Ins. 1, 280, 6.
SCH. Icon. pl. 25, fig. 9, pl. 62, fig. 10.
CLAIRV. pl. 7, fig. 1 et 2. *Curculio colon.*

Les antennes sont insérées près de la bouche.

21. C. PARAPLECTIQUE. (*C. paraplecticus.*)

Alongé, cylindrique, cendré : élytres terminées en pointe à leur extrémité : antennes insérées sur le milieu du rostre.

FABR. *ibid.* p. 414, 91.
GEOF. Ins. 1, 279.
SCH. Icon. pl. 44, fig. 1.
CLAIRV. Ent. Helv. p. 349, pl. 10, fig. 1, 2. (*Curculio.*)

La larve habite dans l'intérieur de la tige des plantes aquatiques en ombelle.

22. C. DES GRAINS. (*C. granarius.*)

Brun, roux : corcelet ponctué, de la longueur des élytres.

FABR. *ibid.* p. 414, 88.
GEOFF. Ins. 1, 255, 18.
CLAIRV. Ent. Helv. p. 62, pl. 2, fig. 1, 2.

Il dévaste les grains. On le chasse par le moyen du pastel, de la jusquianne, du sureau, du thlaspi.

23. C. QUADRI-MACULÉ. (*C. 4. maculatus.*)

Noirâtre : élytres avec quatre taches blanches.

FABR. *ib.* p. 410, 71.
GEOF. Ins. 1, 187, 22.

24. C. DE L'ARTICHAUT. (*C. cynarae.*)

Noir, tacheté de vert : rostre noir, presque caréné.

FABR. *ibid.* p. 401, 28.
ROSSI. Faun. Etr. 284, pl. 5, fig. 11.
GEOFF. Ins. 1, 281, 8.

25. C. RACCOURCI. (*C. abbreviatus.*)

Noir : corcelet applati, ponctué : élytres abrégées, légèrement striées.

FABR. *ibid.* p. 403, 37.
GEOFF. Ins. 1, 281, 9.
CLAIRV. Ent. Helv. p. 64, 2, pl. 2, fig. 3 et 4.

Le charançon raccourci et le charançon des grains font partie d'un nouveau genre que Clairville a nommé *calendre*, et qui comprend tous les charançons, dont les antennes sont de neuf articles, et dont la massue est composée de deux. M. Fabricius, qui a adopté ce genre, l'a ainsi caractérisé.

Calendre (*calendra*), mandibule large, voûtée, tronquée; les antennes brisées, dernier article de la massue spongieux, rétractile.

26. C. DU PRUNIER. (*C. pruni.*)

Brun, noir; antennes ferrugineuses; corcelet avec deux tubercules à sa partie postérieure.

FABR *ibid.* p. 405, 50.
GEOF. Ins. 1, 299, 49.

Sur le cerisier.

27. C. DU SISYMBRIUM. (*C. sisymbrii.*)

Varié de blanc et de brun; élytres avec un point noir élevé à leur base; rostre noir.

FABR. *ibid.* p. 409.

Sur le sisymbrium amphibium.

§. II. *Presque carrés.*

28. C. PERICARPE. (*C. pericarpius.*)

Rostre épais, cendré en-dessous; en-dessus noir, opaque, cendré en-dessous; corcelet bordé, avec deux tubercules; suture des élytres blanche à sa base.

>FABR. *ibid.* p. 408, 63.
>GEOF. Ins. 1, 298, 46.
>HERBST. Arch. pl. 24, fig. 4.

Sur la scrophulaire.

29. C. DU VÉLAR. (*C. erysimi.*)

Noir; corcelet avec deux tubercules verdâtres; élytres bleues.

>FABR. *ib.* p. 410, 70.

Sur le vélar (*erisimum.*)

30. C. BANDÉ. (*C. tricinctus.*)

Globuleux, roux; élytres avec une raie blanche.

>GEOFF. Ins. 1, 289, 27.

31. C. DE LA SALICAIRE. (*C. lythri.*)

Globuleux, noir; élytres striées, avec une raie blanche.

>FABR. p. 410, 73.
>GEOF. Ins. 1, 289, 28.
>CLAIRV. pl. 3, fig. 4.

La larve se nourrit de feuilles de saule.

Cet insecte fait partie du genre *cione*, de Clairville, qui comprend tous les charançons dont les antennes sont de neuf articles et la massue de trois.

32. C. Pygmé. (*C. pygmeus.*)

Arrondi, noir; corcelet épineux, avec trois lignes longitudinales blanches.

Geof. Ins. 1, 289, 25.

33. C. Linéaire. (*C. linearis.*)

Oblong, noir; antennes, jambes et tarses bruns.

Fabr. *ibid.* p. 419, 110.

Clairv. Ent. Helv. p. 501, pl. 1, fig. 1, 2, 3, 4.

Il varie par la couleur, qui est quelquefois entièrement ferrugineuse.

Ce petit charançon, que j'ai trouvé dans le bois de Carnelle, fait partie du genre *cossonus*, de Clairville, qui comprend les charançons dont les antennes ne sont composées que de neuf articles, et dont la massue n'est formée que d'un article. M. Fabricius, dans son nouvel ouvrage, a adopté ce genre; mais il n'en a pas encore publié les espèces. Voici les caractères qu'il lui assigne.

Cossone, mandibule arquée; antennes rompues, à massue uni-articulée.

§. III. *Sauteurs.*

34. C. du Peuplier. (*C. populi.*)

Alongé, noir; écusson blanc; antennes et pattes fauves; bande large, noire sur les cuisses postérieures.

Fab. *ib.* p. 448, 228.

Clairv. p. 72, 2, pl. 4, fig. 3.

Cet insecte fait partie du genre *rhynchænus* de Clairville, et comprend tous les charançons dont les antennes sont de dix articles et la massue de trois. M. Fabricius, qui a adopté ce genre, l'a ainsi caractérisé.

Rhynchène; mâchoire cylindrique, unidentée; antennes brisées; massue de trois articles.

III.e *Famille.* BREVIROSTRES dentés; rostre court, cuisses dentées.

§. I. *Aptères.*

35. C. OVALE. (*C. ovatus.*)

Noir; corcelet raboteux; élytres ovales, ponctuées, striées; antennes et pattes brunes.

FABR. *ib.* p. 490, 402.
HERBST. Col. 6, 88, fig. 2.

36. C. DE LA LIVÈCHE. (*C. ligustici.*)

Noir, avec des poils écailleux, grisâtres, élytres inégales; côtés ponctués, striés.

FABR. *ibid.* p. 484, 377.
GEOFF. Ins. 1, 292, 36.
SCH. Icon. pl. 2, fig. 12.

Sur la livèche.

37. C. NOIR. (*C. niger.*)

Ovale; élytres ridées; pattes rousses; antennes insérées près de la bouche.

FAB. *ib.* p. 473, 332.
CLAIRV. p. 88, 5, pl. 8, fig. 1, 2. *Curculio niger.*

§. II. *Ailés.*

38. C. DU POIRIER. (*C. pyri.*)

Noir, oblong, couvert d'écailles d'un vert brillant; antennes longues, pattes ferrugineuses.

Fabr. *ibid.* p. 487, 390.
Geof. Ins. 1, 282.
Oliv. Ins. 83, fig. 20.

Sur le poirier.

39. C. Argenté. (*C. argentatus.*)

Corps couvert d'écailles vertes, argentées; antennes, jambes et tarses jaunes.

Fabr. *ibid.* p. 489, 398.
Geoff. Ins. 1, 293, 38.
Oliv. Ins. 83, fig. 96.

Sur l'ortie, le bouleau, le groseiller.

40. C. Oblong. (*C. oblongus.*)

Noir, lanugineux; élytres, antennes et pattes lanugineuses.

Fab. *ib.* p. 489, 400.
Geof. Ins. 1, 294, 39.

IV.e *Famille.* Brevirostres non-dentés.

§. I. *Aptères.*

41. C. Picipède. (*C. picipes.*)

Brun, avec des mailles grises, nébuleuses; élytres avec des stries élevées, ponctuées de noir; interstices des stries et points occellés.

Fabr. *ibid.* p. 486, 385.
Geof. Ins. 1, 281, 9.

42. C. Blanc. (*C. incanus.*)

Oblong, cylindrique, noir, couvert de poils gris très-courts et très-brillants.

Fabr. *ibid.* p. 461, 281.
Geoff. Ins. 1, 282, 10.

§. II. *Ailés.*

43. C. Sulcirostre. (*C. sulcirostris.*)

Oblong, varié de noir et de cendré; rostre avec trois sillons; élytres marquées par des raies noires, glabres, obliques.

FABR. *ibid.* p. 458, 268.
SCH. Icon. pl. 25, fig. 3.
GEOFF. Ins. 1, 278, 1.

44. C. Nébuleux. (*C. nebulosus.*)

Oblong, noir, varié de blanc et de roux; rostre caréné; élytres profondément ponctuées, striées, avec des taches et des raies obliques, glabres.

FABR. *ibid.* p. 457, 265.
GEOF. Ins. 1, 278, 1, pl. 4, fig. 8.
SCH. Icon. pl. 25, fig. 3.

La larve vit dans les feuilles de saule.

45. C. Vert. (*C. viridis.*)

Verdâtre; bords du corcelet et des élytres jaunes.

FABR. *ibid.* p. 454, 254.
OLIV. Ins. 83, fig. 18.

Sur le bouleau.

46. C. Brillant. (*C. micans.*)

Noir, avec des poils épais, couleur d'or, brillant; élytres amples et renflées à leur partie postérieure; antennes et pattes rousses.

FAB. *ib.* p. 463, 289.
SCH. Icon. pl. 2, fig. 11.

Quelquefois les poils sont d'un brun verdâtre.

47. C. RAYÉ. (*C. lineatus.*)

Corcelet avec trois raies plus pâles; antennes insérées près de la bouche.

FABR. *ibid.* p. 466, 302.
GEOFF. Ins. 1, 284, 14.
CLAIRV. Ent. Helv. p. 80, 1, pl. 6, fig. 1.

Sur les arbres et les buissons.

Obs. Il a été publié plusieurs monographies de ce genre par de très-habiles naturalistes, et cependant il y règne encore de l'embarras et de l'obscurité. M. Fabricius, dans son *Genera*, imprimé en 1776, avait déjà dit que l'on parviendrait à de meilleures subdivisions en prenant pour base les antennes. « *Antennæ differunt, et forsitan meliores darent specierum subdivisiones*, p. 41. » M. de Clairville vient de mettre au jour, d'après cette idée, un plan de classification des charançons, avec des figures très-belles et très-exactes. J'ai indiqué les nouveaux genres qu'il a formés. L'auteur nous promet tous les insectes de la Suisse, d'après ce modèle; et pour l'intérêt de la science aussi bien que pour celui de sa propre gloire, on ne saurait trop l'inviter à tenir sa promesse. M. Illiger a formé un genre à part des charançons-sauteurs, sous le nom d'*orchestes*.

CXII. COLYDIE. (*Colydium.*)

Palpes, quatre égaux, en massue, à dernier article plus grand.
Languette bifide.
Antennes perfoliées.

Les colydies ont le corps petit, cylindrique, alongé,

glabre, bordé, lent; la tête ovale, applatie, de la largeur du corcelet, rentrée; les yeux globuleux, latéraux, à peine proéminens; les antennes courtes, écartées, insérées sous les yeux; le corcelet alongé, applati, à dos canaliculé; l'écusson triangulaire; les élytres dures, en voûte, applaties, de la longueur des élytres; les pattes courtes, fortes, comprimées; les tarses à quatre articles: leur couleur varie. On les trouve sous l'écorce des vieux arbres.

1. C. ALONGÉ. (*C. elongatum.*)

Noir; antennes et pattes ferrugineuses; corcelet sillonné, avec deux lignes élevées, entre lesquelles il y a deux rangées de points.

FABR. *ibid.* p. 495, 2.

Var. 1. Brun foncé; pattes, antennes et base des élytres ferrugineuses.

FABR. *ibid.* p. 496, 3. *C. filiformis.*

2. C. ROUX. (*C. rufum.*)

Roux; élytres ponctuées, striées.

FABR. Suppl. Ent. Syst. p. 174, 4.

Corps petit, entièrement roux; corcelet ponctué; élytres ponctuées, striées; cuisses comprimées.

CXIII. MYCETOPHAGE. (*Mycetophagus.*)

Palpes, quatre inégaux, à dernier article plus gros, obtus.
Mâchoire coriacée, bifide.
Lèvre arrondie, entière.
Antennes grossissant à leur extrémité.

Les mycétophages ont le corps oblong, glabre, bordé, agile; la tête petite, arrondie, rentrée; les yeux globuleux, proéminens, latéraux; les antennes courtes, écartées, insérées sous les yeux; le corcelet transverse, ovale, à bords arrondis; l'écusson arrondi; les élytres dures, voûtées, de la longueur de l'abdomen; les pattes courtes, propres à la course, comprimées; les tarses à cinq articles : leur couleur est souvent noire, variée de roux. Ils vivent dans les champignons et dans les arbres pourris.

1. M. BIPUSTULÉ. (*M. bipustulatus.*)

Alongé, couleur fauve en-dessous; élytres noires, striées, avec deux taches rouges à leur base.

GEOF. Ins. 1, 335, 1, pl. 6, fig. 2. *Tritoma*.

Sous l'écorce des saules.

2. M. QUADRI-MACULÉ. (*M. quadri-maculatus.*)

Ferrugineux; corcelet noir; élytres ponctuées, striées, avec deux taches rouges; antennes ferrugineuses à leur base et à leur extrémité, noires dans le milieu.

FABR. *ibid.* p. 497, 1.
GEOFF. Ins. 1, 106, 16.

3. M. MULTI-PONCTUÉ. (*M. multi-punctatus.*)

Oblong, d'un brun ferrugineux; élytres brunes, avec des points nombreux rouges.

FABR. *ibid.* p. 498, 5.

Dans les bolets. Dans cette espèce, la déchirure intérieure de la mâchoire est plus courte que dans la précédente et en forme de dent.

4. M. ATOME. (*M. atomarius.*)

Noir en-dessous, profondément ponctué; élytres avec une tache à leur partie supérieure, une raie ondée à leur partie inférieure, et plusieurs points discoïdes.

FABR. *ib.* p. 498, 4.

Sur les bolets des arbres.

5. M. FULVICOL. (*M. fulvicollis.*)

Oblong, pubescent; noir, corcelet et pattes fauves; élytres applaties, avec les bords et deux taches jaunes.

FABR. *ib.* p. 499, 8.

6. M. BRUN. (*M. piceus.*)

Brun, noirâtre en-dessus; élytres légèrement ponctuées, striées, deux points et une raie postérieure ferrugineux.

FABR. *ib.* p. 499, 9.

Dans les bolets des arbres.

CXIV. HYPOPHLÉ. (*Hypophlœus.*)

Palpes, quatre, égaux, en massue.
Mâchoire membraneuse, unidentée.
Languette filiforme, portant les palpes dans son milieu.
Antennes flabelliformes ou dentées des deux côtés.

Les hypophlés ont le corps alongé, cylindrique, glabre, bordé, agile; la tête ovale, transverse, rentrée; les yeux globuleux, proéminens, latéraux; les antennes courtes, écartées, insérées sous les yeux; le corcelet alongé, applati; l'écusson arrondi; les élytres dures, voûtées, de la longueur de l'abdomen; les pattes courtes, fortes, comprimées; les tarses à cinq articles: leur couleur varie. Ils vivent sous l'écorce des arbres.

1. H. MARRON. (*H. castaneus.*)

Brillant, couleur marron; corcelet alongé; élytres très-finement ponctuées, striées.

FAB. *ib.* p. 500, 1.
OLIV. Ins. 2, 15, pl. 1, fig. 2.

Sous les écorces d'arbres.

2. H. APPLATI. (*H. depressus.*)

Glabre, brillant, ferrugineux; corcelet carré; élytres ponctuées, striées.

FABR. *ib.* p. 501, 4.
OLIV. Ins. 2, 18, 12, 16, pl. 2, fig. 8.

Sous l'écorce des chênes.

3. H. BICOLOR. (*H. bicolor.*)

Brillant, ferrugineux; élytres rougeâtres à leur base et noires à leur moitié postérieure.

FAB. *ib.* 501, 5.
OLIV. Ins. 2, 18, 12, 15, pl. 2, fig. 14.

Sous l'écorce des chênes et des bouleaux.

CXV. LYCTE. (*Lyctus.*)

Palpes, quatre, très-courts, filiformes.
Mâchoire courte, membraneuse, bifide.
Lèvre entière.
Antennes en massue.

Les lyctes ont le corps oblong, applati, glabre, bordé, lent; la tête grande, ovale, applatie, rentrée; les yeux petits, latéraux, à peine proéminens; les antennes courtes, écartées, insérées sous les yeux; le corcelet ovale, applati; l'écusson petit; les élytres dures, voûtées, de la longueur de l'abdomen; les pattes courtes, fortes, comprimées; les tarses à cinq articles: leur couleur est souvent noire. Ils vivent dans le bois mort, sous les écorces et dans les bolets.

I.re *Famille.* Les deux derniers articles des antennes très-unis entr'eux et se terminant en pointe.

1. L. JOLI. (*L. polytus.*)

Noir; antennes et pattes ferrugineuses; corcelet applati, oblong, ponctué.

Fabr. *ib.* p. 502, 1.
Oliv. pl. 2, fig. 12.

Dans les bolets qui viennent dans les creux des arbres pourris. Il est quelquefois entièrement ferrugineux.

2. L. Perceur. (*L. terebratus.*)

Oblong, ferrugineux; élytres ponctuées, striées.

Fabr. *ib.* p. 503, 6.
Oliv. Ins. 2, 18, 5, 41, pl. 1, fig. 7.

Sous l'écorce des arbres.

II.e *Famille.* Les deux derniers articles des antennes, distincts et arrondis à leur extrémité.

3. L. Crénelé. (*L. crenatus.*)

Noir; corcelet ridé; élytres avec deux taches rouges et quatre raies élevées, entre lesquelles se trouvent deux rangées de points enfoncés.

Fabr. *ib.* p. 504, 9.
Oliv. Ins. 2, 18, 6, 6, fig. 9. *Ips crenata.*

Sous les écorces d'arbres. Quelquefois les élytres sont entièrement rouges.

4. L. Canaliculé. (*L. canaliculatus.*)

Brun-fauve, pubescent; corcelet canaliculé; élytres convexes, cylindriques, alongées.

Fabr. *ibid.* p. 504, 11.
Geof. 1, 103, 9.

Sous l'écorce des arbres.

5. L. Contracté. (*L. contractus.*)

Oblong, ferrugineux; élytres ponctuées, striées, suture noirâtre.

FABR. *ibid.* p. 505, 13.
GEOFF. Ins. 1, 103.
OLIV. Ins. pl. 2, fig. 10.

Sous l'écorce des arbres.

CXVI. TRITOME. (*Tritoma.*)

Palpes, quatre inégaux, les antérieurs en forme de hache.
Languette échancrée.
Antennes en massue perfoliée.

Les tritomes ont le corps ovale, convexe, glabre, bordé, agile; la tête petite, ovale, rentrée; les yeux globuleux, proéminens, latéraux; les antennes courtes, écartées, insérées sous les yeux, le corcelet convexe, transversal, ovale; l'écusson arrondi; les élytres dures, voûtées, convexes, de la longueur de l'abdomen, défléchies à leur extrémité; les pattes courtes, comprimées; les tarses à quatre articles : la couleur noire ou d'un roux brillant. Elles se nourrissent des champignons des arbres.

1. T. BIPUSTULÉE. (*T. bipustulata.*)

Noire, ovale, brillante; élytres avec une tache rouge, latérale, à leur base.

FABR. *ib.* p. 505, 1.

CXVII. TETRATOME. (*Tetratoma.*)

Palpes, quatre inégaux, renflés.
Mâchoire membraneuse, bifide.
Languette courte, arrondie, entière.
Antennes à massue perfoliée, de quatre articles.

Les tétratomes ont le corps oblong, glabre, bordé, lent; la tête ovale, rentrée; les yeux grands, globuleux, proéminens, latéraux; les antennes courtes, écartées, insérées sous les yeux; le corcelet convexe, transverse; l'écusson arrondi; les élytres dures, voûtées, de la longueur de l'abdomen, défléchies à leur extrémité; les pattes minces, assez longues; les tarses à cinq articles: leur couleur est noire et brillante. Elles vivent dans les bolets.

1. T. DES CHAMPIGNONS. (*Tetratoma.*)

Oblongue, d'un jaune roux, glabre, brillant; tête noire; élytres d'un noir violet.

FAB. *ib.* p. 507, 1.

CXVIII. SCAPHIDIE. (*Scaphidium.*)

Palpes, quatre inégaux, filiformes, à dernier article aigu.
Mâchoire membraneuse, bifide.
Lèvre cornée, arrondie, entière.
Antennes en massue perfoliée, de cinq articles.

Les scaphidies ont le corps ovale, pointu à leur partie

antérieure et postérieure, glabre, bordé, agile; la tête petite, aigue, rentrée; les yeux globuleux, proéminens, latéraux; les antennes courtes, écartées, insérées sous les yeux; le corcelet transverse, un peu rétréci à sa partie antérieure; l'écusson petit, arrondi; les élytres dures, voûtées, plus courtes que l'abdomen, lequel se termine en pointe; les pattes sont assez longues, arrondies, propres à la course; les tarses ont cinq articles; leur couleur est noire et rouge, brillante. Ils vivent sous les écorces des arbres et dans les champignons.

1. S. QUADRI-MACULÉ. (*S. 4. maculatum.*)

Noir, brillant; élytres tronquées avec quatre taches rouges.

FABR. *ibid.* p. 509, 1.
OLIV. Ins. 2, 20, pl. 1, fig. 1.

2. S. AGARICIN. (*S. agaricinum.*)

Noir, brillant; bouche, antennes et pattes d'un rouge fauve; élytres tronquées.

FABR. *ibid.* 510, 3.
OLIV. Ins. 2, 20, 5, 4, pl. 1, fig. 4.

Dans les champignons.

3. S. IMMACULÉ. (*S. immaculatum.*)

Noir, brillant; élytres sans taches.

FAB. Suppl. Ent. p. 178.

Semblable au quadri-maculé, mais tout noir.

CXIX. IPS. (*Ips.*) Paykull.

Palpes, quatre, courts, filiformes, presqu'égaux.

Mâchoire membraneuse, plus longue que les palpes, étroite, entière, recourbée à son extrémité.

Antennes en massue perfoliée, de trois articles.

Les ips ont le corps glabre, agile; la tête grande, distincte; les antennes insérées sous les yeux; le corcelet transverse, bordé; l'écusson petit, court; les élytres dures, souvent un peu convexes; les pattes courtes, fortes; tous les tarses à quatre articles; leur couleur est la plupart du tems noire, avec un petit nombre de taches rougeâtres. Elles vivent sous les écorces et dans les troncs des arbres.

1. I. QUADRI-PUSTULÉE. (*I. 4. pustulata.*)

Noire, applatie, alongée; élytres avec quatre taches rouges; les antérieures festonnées.

FAB. *ib.* p. 512, 6.
OLIV. Ins. 2, 12, 8, 9, pl. 3, fig. 22.

Dans les troncs d'arbres.

2. I. QUADRI-GUTTÉE. (*I. 4. guttata.*)

Noire, brillante, oblongue, ovale, convexe; pattes brunes, élytres avec quatre taches blanches difformes.

FABR. *ibid.* p. 513, 8.

Dans le suc des troncs du bouleau.

3. I. QUADRI-MARQUÉE. (*I. 4. notata.*)

Oblongue, ovale, applatie, noire; élytres ponctuées, striées, avec quatre taches rouges.

FAB. Suppl. Ent. p. 179.

Plus courte et plus convexe que la quadri-pustulée. Les organes de la bouche, dans cette espèce, se rapprochent un peu de ceux du genre Nitidule, et forme la liaison entre les deux genres.

CXX. TRIPLAX. (*Triplax.*) Paykull.

Palpes, quatre inégaux, en forme de hache.

Mâchoire très-courte, cornée, bifide.

Lèvre courte, membraneuse, trifide.

Antennes en massue perfoliée, de trois articles.

Les triplax ont le corps glabre, agile, convexe en dessus; la tête un peu rentrée; les antennes insérées sous les yeux et comme annexées à la bouche; l'écusson très-court; les élytres dures, de la longueur de l'abdomen; les pattes courtes; tous les tarses à quatre articles. Ils vivent dans les champignons.

1. T. RUSSE. (*T. Russica.*)

Oblong, ovale, d'un roux ferrugineux; antennes, élytres et poitrine noires.

FAB. *ib.* p. 513, 10. *Ips nigripennis.*
DEGEER, Ins. 5, p. 283, 1, 8, fig. 12, 15.

J'ai trouvé cet insecte dans le bois du Lys, non sur un champignon, mais dans un tronc d'arbre.

CXXI. ENGIS. (*Engis.*) Paykull.

Palpes, quatre inégaux, à dernier article obtus, subulé.

Mâchoire cornée, presque droite, bifide.

Lèvre cornée, entière, arrondie à son extrémité.

Antennes en massue perfoliée, de trois articles.

Les engis ont le corps oblong, glabre; la tête petite, rentrée; les yeux un peu enfoncés; les antennes insérées entre les yeux; le corcelet transverse, légèrement bordé; l'écusson court, arrondi à sa partie postérieure; les élytres dures, convexes, de la longueur de l'abdomen; tous les tarses à cinq articles; la couleur noire, variée de roux. Ils vivent sous l'écorce des arbres.

1. E. HUMÉRALE. (*E. humeralis.*)

Noir; tête, corcelet, pattes et points sur la partie antérieure des élytres, rouges.

FABR. *ibid.* p. 514, 14.

Sous l'écorce des arbres.

2. E. SANGUINICOL. (*E. sanguinicollis.*)

Noir; corcelet, pattes et quatre taches sur les élytres, d'un rouge ferrugineux.

FABR. *ib.* p. 498, 7. *Mycetophagus sanguinicollis.*
PANZ. Fn. Germ. D. 4. *pustulatus.*

Obs. Ce genre a beaucoup d'affinité avec le genre Mycetophage; mais il en diffère par la figure des palpes antérieurs et par les tarses, qui sont à cinq articles.

CXXII. CRYPTOPHAGE. (*Cryptophagus.*) Paykull.

Palpes, quatre inégaux, filiformes. *Mâchoire* plus courte que les palpes, entière, arrondie à son extrémité. *Antennes* en massue perfoliée, de trois articles.

Les criptophages ont le corps petit, pubescent; la tête petite; les antennes écartées, insérées sous les yeux, vers la bouche; le corcelet un peu plus large que long; l'écusson petit; les élytres dures, couvrant l'abdomen; les pattes de longueur médiocre; tous les tarses à quatre articles. Leur couleur est la plupart du tems ferrugineuse ou rougeâtre. Ils vivent dans les champignons des arbres.

§. I. *Corcelet à bords entiers.*

1. C. Bifascié. (*C. bifasciatus.*)

Noir: élytres avec deux raies et un point à l'extrémité, de couleur ferrugineuse, pâle.

Fabr. *ibid.* p. 500, 15.

§. II. *Corcelet à bords dentés.*

2. C. du Licoperde. (*C. licoperdi.*)

Ferrugineux: bords latéraux du corcelet armés de deux dents aigues: antennes noires: massue ferrugineuse.

Fab. Syst. eleut. t. 1, p. 315. *Dermestes licoperdi.*
Herbst. Col. 4, 176, 5, pl. 42, fig. 13.

3. C. CELLAIRE. (*C. cellaris.*)

Oblong, ovale, ferrugineux; bords latéraux du corcelet bidentés, en scie; élytres bruncs.

Fab. Syst. eleut. t. 1, p. 319. *Dermestes cellaris.*
Oliv. Ins. 2, 9, pl. 1, fig. 3. *Ips cellaris.*

Il est quelquefois fauve, ferrugineux, sans tache.

CXXIII. DIAPÈRE. (*Diaperis.*)

Palpes, quatre, presque filiformes, à dernier article ovale, un peu plus gros.
Mâchoire bifide.
Languette cylindrique, portant les palpes à son extrémité.
Antennes perfoliées et composées de feuillets minces, comprimés.

Les diapères ont le corps ovale, convexe, glabre, bordé, lent; la tête petite, arrondie, défléchie, rentrée; les yeux globuleux, proéminens, latéraux; les antennes courtes, écartées, insérées sous les yeux; le corcelet tranversal, à bords arrondis; l'écusson petit, trangulaire; les élytres dures, voûtées à l'extrémité, défléchies, de la longueur de l'abdomen; les pattes courtes, fortes; les tarses antérieurs à cinq articles, les postérieurs à quatre; leur couleur varie et est brillante.

Larve molle, d'un blanc jaunâtre, à corps composé

d'anneaux distincts; armée de deux mâchoires et munie de deux antennes à trois ou quatre articulations. Elle vit dans les bolets, les agarics, et se file une coque pour se transformer. L'insecte parfait vit aussi sur les bolets, les agarics.

1. D. DU BOLET. (*D. boleti.*)

Ovale, convexe, glabre, brillant; élytres avec trois raies dentelées, jaunes.

FAB. Ent. Syst. p. 516, 1.
GEOF. Ins. 1, 337, 1, pl. 6, fig. 3.
SCH. Icon. pl. 77, fig. 6.

Dans les agarics du chêne et du bouleau, et les bolets du noyer.

2. D. BRONZÉE. (*D. œnea.*)

Ovale; tête et corcelet d'un rouge sombre; élytres d'un brun cuivré.

FAB. Suppl. Ent. p. 179. *Scaphidium bicolor.*

Dans les agarics des arbres et le bois pourri.

CXXIV. MELOÉ. (*Meloé.*)

Palpes, quatre inégaux, filiformes.
Mâchoire droite, bifide.
Languette cylindrique, fortement échancrée.
Antennes moniliformes.

Les méloés ont le corps oblong, mou, glabre, bordé,

lent; la tête grande, ovale, distincte; les yeux oblongs, latéraux, non-proéminens; les antennes de longueur médiocre, insérées entre les yeux; le corcelet élevé, carrée; l'écusson presque nul; les élytres coriacées, molles, plus courtes que l'abdomen; les aîles nulles; les pattes alongées, comprimées; les tarses antérieurs à cinq articles, les postérieurs à quatre: leur couleur est sombre ou noire.

Larve d'un jaune d'ocre, munie de deux antennes composées de trois articles et terminées par un poil; corps composé de douze anneaux; mandibules très-longues, courbées, très-pointues; six pattes qui sont terminées par deux crochets. Elle vit, ainsi que l'insecte parfait, dans le gazon.

1. M. PROSCARABÉ. (*M. proscarabœus.*)

Corps violet; antennes plus grosses dans leur milieu.

FABR. *ib.* p. 517, 1.
GEOFF. Ins. 377.
SCH. Icon. pl. 3, fig. 5.

Insecte mou, lent, transsudant une liqueur jaunâtre, huileuse, très-limpide, sortant particulièrement par les articulations des pattes. La femelle est trois fois moins grande que le mâle : ses œufs ont une odeur agréable.

Var. 1. Segmens de l'abdomen rouges sur le dos.

FABR. p. 518, 2. *Meloé majalis.*
SCH. Icon. pl. 3, fig. 6.

CXXV. STAPHILIN. (*Staphilinus.*)

Palpes, quatre, filiformes.
Mâchoire unidentée.
Languette trifide.
Antennes moniliformes.

Les staphilins ont le corps alongé, glabre, bordé, agile; la tête grande, ovale, distincte; les yeux globuleux, latéraux, à peine proéminens; les antennes courtes, rapprochées et insérées dans l'articulation de la lèvre supérieure; le corcelet applati, arrondi à sa partie postérieure, à bords défléchis; l'écusson assez grand, triangulaire; les élytres n'atteignant pas la moitié de l'abdomen, dures, à bords défléchis, couvrant les aîles; les pattes fortes, tarses à cinq articles; leur couleur varie.

Larve assez semblable à l'insecte parfait; six pattes écailleuses, longues; tête écailleuse, garnie de dents; un mamelon au dernier anneau du corps. Elle vit dans la terre et dans le fumier, et y subit ses métamorphoses. Les staphilins sont carnassiers, et se nourrissent d'autres insectes, et de matières animales en putréfaction. On les trouve dans les endroits humides, sous les pierres, sous les écorces des arbres, dans les fumiers et sur les cadavres.

I.re *Famille*. Tête aussi large que le corcelet.

1. S. Velu. (*S. hirtus.*)

Noir; corcet et abdomen jaunes à leur partie postérieure.

Fabr. *ibid.* p. 519, 2.

Geoff. Ins. 1, 362, 7.
Sch. Monogr. 175, 4, pl. 2, fig. 12. *Ibid.* Icon. pl. 36, fig. 6.

Dans les lieux sablonneux.

2. S. Velouté. (*S. murinus.*)

Pubescent, cendré, d'un noir cuivré, nébuleux; pattes noires; abdomen et pattes noires.

Fabr. *ib.* p. 520, 4.
Sch. Icon. pl. 4, fig. 11.

Dans le fumier et les cadavres.

La larve est hexapède, nue, pâle, avec la tête et les trois segmens antérieurs de l'abdomen bruns; la queue avec deux scies articulées, et en-dessous un tubercule cylindrique et pédiforme.

Strom. Act. Hafn. 1.

3. S. Pubescent. (*S. pubescens.*)

Nébuleux, noir; tête et cuisses annelées de jaune ferrugineux; abdomen velu, argenté en-dessous.

Fab. *ib.* p. 520, 5.
Geoff. Ins. 1, 360, 1, pl. 7, fig. 1.

4. S. Maxillaire. (*S. maxillosus.*)

Noir, brillant; abdomen et élytres avec des bandes cendrées, laineuses.

Fabr. *ib.* p. 521, 9.
Geoff. Ins. 1, 360, 1, pl. 7, fig. 1.
Sch. Icon. pl. 20, fig. 1.

Dans les bois, dans le fumier, les ordures et les cadavres des animaux morts. Les bandes cendrées s'effacent avec l'âge, et il devient entièrement noir.

5. S. BLEU. (*S. cyaneus.*)

Noir, glabre; tête, corcelet et élytres bleus.

FABR. *ibid.* p. 521, 11.
GEOFF. Ins. 1, 361, 21.

6. S. ODORANT. (*S. olens.*)

Noir; tête et corcelet plus larges, opaques, sans tache; antennes ferrugineuses en croissant à leur extrémité.

FABR. *ib.* p. 520, 6.
GEOF. Ins. 1, 360, 1, pl. 7, fig. 1.

En Europe, dans les matières animales.

7. S. ERYTHROPTÈRE. (*S. erythropterus.*)

Noir, avec des taches jaunes, laineuses, brillantes; élytres, base des antennes et pattes rouges.

FABR. *ibid.* p. 522, 14.
GEOFF. Ins. 1, 364, 9.
SCH. Icon. pl. 2, fig. 2.

Dans les champignons pourris.

8. S. BICOLOR. (*S. bicolor.*)

Noir; tête et corcelet presque lisses; pattes et antennes d'un rouge jaunâtre; élytres alongées, brunes, ponctuées.

FABR. *ib.* p. 529, 47.

Dans les ordures.

9. S. BRUN. (*S. piceus.*)

Noir; corcelet très-court, avec trois sillons longitudinaux; élytres brunes; pattes pâles.

FAB. *ib.* p. 530, 55.

Var. 1. Noir, sans taches.

FABR. *ibid.* p. 530, 54. *St. rugosus.*

Commun dans les bouses.

10. S. CARABOÏDE. (*S. caraboïdes.*)

Applati, d'un roux jaunâtre; élytres et pattes plus pâles; corcelet presqu'en cœur; antennes alongées.

FABR. *ib.* p. 530, 53.

Dans les endroits humides, sous les feuilles tombées, au printems et en automne. Il se trouve plus souvent en été, dans les feuilles tombées des arbres.

II.e *Famille.* Tête plus étroite que le corcelet.

11. S. JOLI. (*S. politus.*)

Noir, brillant : tête, corcelet et élytres cuivrés : ailes brunes.

FABR. *ib.* p. 524, 20.
GEOF. Ins. 1, 361, 3.
SCH. Icon. pl. 39, fig. 12.

Il habite dans le fumier, le corps des animaux morts. Il répand une odeur d'ambroisie.

12. S. CYANIPENNE. (*S. cyanipennis.*)

Noir, brillant : élytres bleues.

FABR. *ib.* p. 525, 29.

Paykull regarde cet insecte comme une variété de l'espèce précédente.

13. S. BRUNIPÈDE. (*S. fuscipes.*)

Noir : corcelet arrondi : élytres et pattes brunes.

FAB. *ib.* p. 527, 38.

Petit, court, épais, noir, brillant : élytres brunes, avec les bords plus foncés.

14. S. ÉCHANCRÉ. (*S. emarginatus.*)

Roux, brun : élytres plus pâles, très-courtes, échancrées : bords du corcelet recourbés.

FABR. *ibid.* p. 528, 46.

15. S. Crénelé. (*S. crenatus.*)

Brun : corcelet bordé : élytres ponctuées, striées.

FAB. *ib.* p. 525, 26.

16. S. Florale. (*S. floralis.*)

Applati, noir : pattes rougeâtres : corcelet très-finement ponctué : antennes grossissant à leur extrémité.

FABR. *ibid.* p. 530, 52.

17. S. Anale. (*S. analis.*)

Noir, brillant : corcelet non ponctué : élytres lisses : anus et pattes d'un rouge jaunâtre.

FABR. *ib.* p. 526, 35.

18. S. Lunulé. (*S. lunulatus.*)

Roux, jaunâtre, très-finement ponctué : tête et moitié des élytres et de l'abdomen ceints d'une bande noire.

FAB. *ib.* p. 532, 3. *Oxyporus lunulatus.*

19. S. Chrisomelin. (*S. chrysomelinus.*)

Très-lisse, noir ; corcelet, pattes et élytres d'un rouge jaunâtre ; élytres convexes, à bords extérieurs noirs, de la longueur de la tête et du corcelet.

FAB. *ib.* p. 534, 15. *Oxyporus chrysomelinus.*
Ibid. p. 534, 13. *Oxyporus pygmœus.*
GEOF. Ins. 1, 368, 18.

Var. 1. Noir ; bords du corcelet et pattes jaunâtres ; élytres d'un rouge jaune ou brun, extrémité du bord extérieur noire.

FABR. *ib.* p. 335, 19. *Ox. brunneus.* 22. *Ox. hypnorum.*

Var. 2. Roux, jaunâtre; poitrine, yeux, anus et élytres noirs à leur partie antérieure.

FABR. *ib.* p. 533, 10. *Oxyporus analis.*

Cette espèce et ses variétés se trouvent sous les feuilles pourries.

20. S. RUFIPÈDE. (*S. rufipes.*)

Noir, glabre; élytres alongées; pattes rouges; avant-dernier segment de l'abdomen deux fois plus long que les autres.

FABR. *ib.* p. 535, 21. *Oxyporus rufipes.*
GEOFF. Ins. 1, 368, 18.

Var. 1. Noir; pattes et bords du corcelet et des élytres rouges.

FABR. *ib.* p. 536, 23. *Oxyporus marginellus.*

Obs. Ces trois dernières espèces ne sauraient appartenir au genre Oxypore, où Fabricius les a placées, puisqu'elles n'ont pas leurs palpes postérieurs en forme de hache. Elles sont par l'*habitus* de leur corps, le passage de ce genre au suivant.

CXXVI. OXYPORE. (*Oxyporus.*)

Palpes, quatre inégaux; les antérieurs filiformes; les postérieurs en forme de hache.

Languette échancrée, armée d'une pointe.

Antennes moniliformes.

Les oxypores ont le corps petit, alongé, glabre, bordé, agile; la tête ovale, grande, distincte; les mandibules avancées, en pinces; les yeux globuleux, proéminens, latéraux; les antennes courtes, écartées, insérées sous les yeux; le corcelet arrondi, à bords défléchis; l'écusson petit, arrondi; les élytres courtes et n'atteignant pas la moitié du corps, dures, voûtées, couvrant les aîles; les pattes assez longues, minces; les tarses à cinq articles: leur couleur varie. On les trouve dans les agarics et les bolets. Mœurs du genre précédent.

1. O. Roux. (*O. rufus.*)

Roux, glabre; tête, poitrine, anus et partie postérieure des élytres noirs.

FABR. *ibid.* p. 431, 1.
GEOF. Ins. 1, 370, 22.
SCH. Icon. pl. 85, fig. 3.

Dans les bolets.

2. O. Maxillaire. (*O. maxillosus.*)

Noir; élytres pâles; angle postérieur noir; abdomen rouge; anus brun.

FAB. *ib.* p. 531, 2.

CXXVII. PEDÈRE. (*Pœderus.*)

Palpes, quatre inégaux; les antérieurs en massue; les postérieurs filiformes.

Languette cylindrique, entière.

Antennes moniliformes.

Les pédères ont le corps alongé, glabre, bordé, agile;

la tête un peu globuleuse, distincte; les yeux globuleux, proéminens, latéraux; les antennes de longueur médiocre, écartées, insérées sous les yeux; le corcelet cylindrique, à bords défléchis; l'écusson petit; les élytres plus courtes que la moitié de l'abdomen, dures, voûtées, couvrant les aîles: les pattes courtes: les tarses à cinq articles: leur couleur varie.

Leur larve ressemble à celle des staphilins; et ils ont les mêmes mœurs. On les trouve plus particulièrement sur les bords des rives sablonneuses.

1. P. Riverain. (*P. riparius.*)

Roux; élytres bleues; tête, poitrine, genoux et extrémité de l'abdomen noirs.

Fabr. *ib.* p. 536, 1.
Geoff. Ins. 1, 369, 21.
Sch. Icon. pl. 71, fig. 3.

2. P. Orbiculé. (*P. orbiculatus.*)

Noir; bouche, antennes et pattes rougeâtres; tête orbiculée.

Fabr. *ib.* p. 538, 9.

3. P. Alongé. (*P. elongatus.*)

Noir; pattes et élytres rouges à leur partie postérieure.

Fabr. *ib.* p. 537, 3.

Var. 1. Noir; bouche, antennes et pattes brunes; élytres sans taches.

Fabr. *ibid.* p. 537. *P. brunnipes.*

Dans le fumier et sous les pierres.

CXXVIII. STENE. (*Stenus.*) Latreille.

Palpes, quatre inégaux en massue; les antérieurs très-longs; les postérieurs très-courts.

Languette membraneuse, trifide, faisceaux intermédiaires très-courts.

Antennes en massue.

Les stenes ont le corps alongé, étroit, filiforme: la tête globuleuse: les yeux globuleux, très-proéminens: les antennes en masse: le corcelet cylindrique, étroit: les élytres plus courtes que la moitié de l'abdomen: les tarses à cinq articles: leur couleur est sombre Ils vivent dans les lieux humides.

1. S. JUNON. (*S. Juno.*)

Noir, opaque.

FABR. *ib.* p. 527, 37. *S. clavicornis.*
GEOFF. Ins. 1, 371, 24.

2. S. BIGUTTÉ. (*S. biguttatus.*)

Noir; élytres avec une tache jaune ou rouge dans le milieu.

FABR. p. 527, 36.
GEOFF. Ins. 1, 371, 24. 6.

Je crois cette espèce très-distincte de la précédente. Paykull et Geoffroy ne la considèrent que comme une variété.

DEUXIÈME CLASSE.

ULONATES.

Mâchoires simples, découvertes, palpigères, surmontées d'un casque.

I. FORFICULE. (*Forficula.*)

Palpes, filiformes.
Languette bifide.
Antennes sétacées.

Les forficules ont le corps alongé, applati, glabre, bordé ; la tête grande, distincte, arrondie ; les yeux globuleux, latéraux, proéminens ; les antennes écartées, insérées en avant des yeux ; le corcelet presque bordé, applati, arrondi à sa partie postérieure ; l'écusson petit ; les élytres plus courtes que la moitié du corps ; les ailes ployées ; l'abdomen alongé, en pinces à son extrémité ; les pattes alongées ; les tarses à trois articles.

La larve est hexapode, agile, et très-semblable à l'insecte parfait, sans ailes ; la nymphe est hexapode, agile, très-semblable à l'insecte parfait et a des commencemens d'ailes. On les trouve dans les endroits humides, sous les pierres et les écorces d'arbres. Ils se nourrissent de différentes substances, mais sur-tout de fruits. Les parties sexuelles du mâle sont placées entre l'avant-dernier et le dernier anneau de l'abdomen en-dessous. Ils s'accouplent ventre contre ventre, mais dans une même ligne, leur partie postérieure se touchant, et la tête tournée du même côté; la femelle, après la ponte, soigne ses œufs et ses petits, lorsqu'ils sont éclos.

1. F. Auriculaire. (*F. auricularia.*) Le perce-oreille.

Pince arquée et dentée à sa base; antennes de quatorze articles.

Fab. Ent. Syst. t. 2, p. 1.
Geoff. Ins. 1, 375, 1.
Sch. Icon. pl. 144, fig. 3, 4.

Sous les écorces d'arbres, sous les pierres, dans les feuilles roulées, et dans les fruits très-mûrs dont il se nourrit.

2. F. Naine. (*F. minor.*)

Elytres fauves, sans taches: antennes de onze articles.

Fabr. *ibid.* p. 3, 7.
Geoff. Ins. 1, 376.
Sch. Icon. pl. 41, fig. 12, 13.

J'ai trouvé ce petit insecte dans les orties. On le voit quelquefois voler la nuit dans les maisons, où il paraît être attiré par la lumière.

II. BLATTE. (*Blatta.*)

Palpes, inégaux, filiformes.
Languette bifide, à faisceaux fendus, inégaux.
Antennes sétacées.

Les blattes ont le corps oblong, applati, glabre, agile; la tête cachée sous le corcelet, arrondie; les yeux grands, latéraux, en forme de reins; les antennes écartées, insérées dans la cavité des yeux; le corcelet applati, arrondi, à bords proéminens; l'écusson petit; les élytres demi-membraneuses, flexibles, plus longues que l'abdomen, très-rarement abrégées : l'abdomen avec quatre soies caudales : des vésicules près l'anus : des pattes alongées, épineuses, les antérieures à cinq articles, les postérieures à quatre.

La larve ne diffère de l'insecte parfait que parce qu'elle est sans ailes, et la nymphe, parce qu'elle n'a que des commencemens d'ailes. Elles se nourrissent sous leurs trois différens états, de farine, de sucre et de racines des plantes. Elles courent très-vîte, fuient la lumière, et se retirent le jour dans des trous et des fentes.

1. B. Gauloise. (*B. gallica.*)

Variée de gris et de jaune : élytres très-pâles.

Fab. *ib.* p. 8, 11.

2. B. Orientale. (*B. orientalis.*)

Brune, sans tache : élytres avec un sillon oblong, ferrugineux.

Fabr. *ib.* p. 9, 17.

Sch. Icon. pl. 155, fig. 6, 7.

Originaire d'Amérique, commune actuellement en Europe: dans les cuisines, où elle mange le pain et les provisions. La femelle n'a point d'ailes et est très-semblable à la larve. Elle pond un œuf presque cylindrique, arrondi par les deux bouts et élevé d'un côté en carène, gros comme la moitié de son abdomen. Elle le garde pendant six à sept jours à l'orifice de la partie sexuelle.

3. B. Laponaise. (*B. laponica.*)

Jaunâtre : élytres tachées de noir.

Fabr. *ib.* p. 10, 21.

Sch. Icon. pl. 88, fig. 2, 3.

Mêmes mœurs que la précédente. Le corcelet est noir, ses bords sont jaunâtres.

4. B. Livide. (*B. livida.*)

Livide, sans tache : élytres aiguës, striées à leur angle postérieur.

Fabr. *ib.* p. 10, 23.

Geof. Ins. 1, 381, 3.

Coquebert, Illust. Icon. Ins. Fasc. 1, pl. 1, fig. 1.

Assez semblable à la précédente. Les antennes sont brunes, plus longues que le corps : le corcelet et les élytres sont striées : le corps est pâle, sans tache.

Obs. Suivant Scopoli, la racine du nimphœa cuite avec le lait; et la fumée du charbon de terre, font périr les blattes et les achètes.

III. CRIQUET. (*Acridium.*)

Palpes, égaux, filiformes.
Languette ovale, fendue à son extrémité.
Antennes filiformes.

Les acrides ont le corps ovale, lisse, bordé, agile : la tête rentrée, verticale : les yeux globuleux, proéminens, presque verticaux : les antennes rapprochées, insérées sous les yeux : le corcelet en carène, abaissé latéralement, prolongé à sa partie postérieure en forme d'écusson, égalant la longueur de l'abdomen, couvrant les ailes : les élytres nulles : les ailes ployées, membraneuses : les pattes courtes, fortes, les postérieures alongées, propres à sauter : les tarses à trois articles.

La larve et la nymphe ne diffèrent de l'insecte parfait, que parce que la première est dépourvue d'ailes, et que la seconde n'en a que des rudimens.

1. C. Biponctué. (*A. 2. punctatus.*)

Ecusson du corcelet de la longueur de l'abdomen.
   FAB. *ib.* p. 26, 2.
   GEOFF. Ins. 1, 394, 5.
Dans les lieux secs et arides.

2. C. Subulé. (*A. subulatum.*)

Ecusson du corcelet plus long que l'abdomen.
   FABR. *ib.* p. 26, 3.
   GEOFF. Ins. 1, 394, 6.
   SCH. Icon. pl. 161, fig. 2, 3, pl. 154, fig. 9, 10.
Mêmes lieux que le précédent. Il n'en est peut-être qu'une variété.

IV. ACHÈTE. (*Acheta.*)

Palpes, inégaux, filiformes.
Lèvre quadrifide.
Antennes sétacées.

Les achètes ont le corps alongé, applati, glabre, bordé, lent : la tête grande, arrondie, rentrée : les yeux petits, ovales, proéminens, verticaux : les antennes médiocres, insérées dans une cavité frontale : le corcelet transverse, applati, abaissé latéralement : l'écusson nul : les élytres membraneuses, abaissées latéralement, de la longueur de l'abdomen : les ailes souvent pourvues de queues plus longues que les élytres : l'abdomen avec deux soies, et un sabre droit bifide : les pattes courtes, fortes : les cuisses postérieures renflées : les tarses à trois articles.

La larve et la nymphe ne diffèrent de l'insecte parfait, que parce que la première est dépourvue d'ailes, et la seconde n'en a que des rudimens. Elles font un bruit très-connu et très-importun, en frottant leurs élytres l'une contre l'autre. Elles rongent les racines des plantes, et habitent des trous qu'elles se font en terre, et où elles déposent leurs œufs. On les trouve dans les champs, les pâturages et les prairies.

1. A. Taupe-grillon. (*A. gryllo-talpa.*) La Courtillière.

Ailes revêtues de queue, plus longues que l'élytre : pattes antérieures palmées.

Fabr. *ib.* p. 28, 1.
Geoff. Ins. 1, 387, 1.
Sch. Icon. pl. 37, fig. 1.

Suivant Scopoli, le fumier de cheval attire cet insecte, tandis que le fumier de cochon le repousse. C'est le fléau des jardins potagers. J'ai observé qu'il nage assez bien, et peut traverser à la nage un étang assez large.

2. A. Domestique. (*A. domestica.*)

Ailes revêtues de queues, plus longues que l'élytre : corps cendré, jaunâtre.

Fab. *ib.* p. 29, fig. 3.
Geof. Ins. 1, 389, 2.
Rœs. Ins. 2, Gryll. pl. 12.

Elles habitent l'intérieur des maisons, et font entendre leur *cri-cri* pendant la nuit, sur-tout lorsque le tems menace de pluie. Elles se nourrissent de toute sorte de comestibles. Elles aiment la chaleur des fours. On les tue avec des racines de nenuphar, cuites dans du lait, et avec des pillules composées avec de l'arsenic, de la graine de carotte et de la farine fraîche de froment.

3. A. Champêtre. (*A campestris.*)

Ailes plus courtes que les élytres : corps noir : filets linéaires.

Fabr. *ibid.* p. 31, 11.
Sch. Icon. pl. 157, fig. 2, 3, 4.

Lorsqu'elle s'introduit dans les maisons, elle en chasse l'achète domestique. C'est particulièrement en mai qu'elle fait entendre son *cri-cri*. On la prend facilement, même lorsqu'elle est retirée dans son trou, en y jetant une fourmi attachée à un cheveu. Elle sort pour suivre sa proie, et se livre à son ennemi.

4. A. SILVESTRE. (*A. silvestris.*)

Noire, sans ailes: élytres convexes, très-courtes, cendrées, rayées de brun.

FABR. *ibid.* p. 33, 18.
COQUEBERT, Ill. Ins. Fasc. 1, pl. 1, fig. 2.

Dans les bois.

V. SAUTERELLE. (*Locusta.*)

Palpes, inégaux, filiformes.
Mâchoire tridentée à son extrémité.
Languette bifide; chacune des divisions garnies à l'intérieur d'une scie en alène.
Antennes sétacées.

Les sauterelles ont le corps alongé, comprimé, glabre, bordé, lent: la tête grande, ovale, verticale: les yeux globuleux, latéraux, proéminens: les antennes longues, insérées entre les yeux, dans une cavité frontale: le corcelet à dos applati, à côtés comprimés et abaissés latéralement, arrondi à sa partie postérieure, sans écusson: les élytres comprimées, verticales, membraneuses, plus longues que l'abdomen: le mâle a l'abdomen terminé par quatre filets courts; la femelle, par un sabre corné, bifide: leurs pattes sont fortes: les postérieures sont alongées, propres à sauter: les tarses ont quatre articles.

La larve et la nymphe ne diffèrent de l'insecte parfait, qu'en ce que la première n'a point d'ailes, et que la seconde n'en a que des rudimens : les mâles comme ceux des grillons, produisent un bruit très-aigu en frottant leurs élytres l'une contre l'autre. Elles sont très-voraces, et se nourrissent de toute sorte d'herbes et de plantes, sautent et volent avec rapidité. Le sabre sert à la femelle pour la ponte : elle le pique perpendiculairement en terre, et les œufs glissent entre ses deux lames.

1. S. VERTE. (*L. viridissima.*)

Ailes vertes, sans taches : antennes très-longues : sabre droit.

FABR. *ibid.* p. 41, 32.
GEOF. Ins. 1, 397, 2, pl. 8, fig. 3.
SCH. Icon. pl. 139, fig. 3, 4, 5.

Dans les champs et les prairies.

2. S. VERRUCIVORE. (*L. verrucivorus.*)

Ailes vertes, tachetées de brun; antennes de la longueur du corps : sabre courbé en-dessus.

FAB. *ib.* p. 42, 33.
GEOF. Ins. 1, 398, 1.
SCH. Icon. pl. 65, fig. 5.

VI. GRILLON. (*Gryllus.*)

Palpes, égaux, filiformes.
Languette arrondie, bifide, lobes arrondis.
Antennes filiformes.

Les grillons ont le corps alongé, comprimé, glabre, bordé, agile : la tête penchée, rentrée, ovale : les yeux grands, ovales, proéminens, situés aux côtés du sommet de la tête : les antennes courtes, rapprochées, insérées entre les yeux, dans une cavité frontale : le corcelet applati sur le dos, quelquefois relevé en carène, comprimé, abaissé latéralement : l'écusson nul : les élytres comprimées, verticales, membraneuses, plus longues que l'abdomen : les pattes courtes, fortes : les postérieures alongées, propres au saut : les jambes en scie : tous les tarses à trois articles.

La larve et la nymphe ne diffèrent de l'insecte parfait qu'en ce que la première n'a ni ailes, ni élytres, et que la seconde n'en a que des rudimens. Ils font entendre un bruit aigu, qui est produit par le frottement des cuisses postérieures contre les élytres. Quelques espèces déposent leurs œufs dans la terre ; d'autres les attachent aux tiges des plantes, et les enferment dans une matière écumeuse, qui d'abord est molle, mais qui se durcit ensuite ; ils sautent et volent avec rapidité. Ils se nourrissent d'herbes et de toutes sortes de plantes.

1. G. Voyageur. (*G. migratorius.*)

Corcelet un peu relevé en carène, avec un segment, et les mandibules bleuâtres.

Fab. *ib.* p. 53, 27.
Rœs. Ins. 2, Gryll. pl. 24.

Il se trouve à Fontainebleau.

2. G. Stridule. (*G. Stridulus.*)

Corcelet en carène : ailes rouges et noires à leur extrémité.

Fabr. *ibid.* p. 56, 37.
Geof. Ins. 1, 393, 4.
Sch. Icon. pl. 27, fig. 10.

Dans les lieux arides et sablonneux.

3. G. Bleuatre. (*G. cœrulescens.*)

Corcelet un peu relevé en carène : ailes d'un vert-bleuâtre, avec une bande noire.

Fabr. *ib.* p. 59, 50.
Sch. Icon. pl. 27, fig. 6, 7.
Geoff. Ins. 1, 392, 2.

4. G. Verdatre. (*G. virudulus.*)

Corcelet marqué d'une croix : corps vert en-dessus : bords des élytres verts.

Fabr. *ibid.* p. 61, 59.
Sch. Icon. pl. 141, fig. 2, 3.

Dans les lieux stériles.

5. G. Ensanglanté. (*G. grossus.*)

Cuisses couleur de sang : élytres verdâtres : antennes cylindriques.

Fab. *ib.* p. 61, 60.
Geof. Ins. 1, 393, pl. 8, fig. 2.

Dans les lieux arides et sablonneux.

6. G. Roux. (*G. rufus.*)

Brun : abdomen roux : antennes renflées à leur extrémité.

FABR. *ibid.* p. 62, 63.
SCH. Icon. pl. 136, fig. 4, 5.

Dans les lieux arides et sablonneux.

7. G. Bigutté. (*G. biguttulus.*)

Corcelet relevé en carène : élytres nébuleuses, avec un **point** oblong, blanc à son extrémité.

FAB. *ib.* p. 61, 58.
SCH. Icon. pl. 190, fig. 1, 2.

Dans les champs stériles.

FIN DU PREMIER VOLUME.

APPENDIX.

On achevait l'impression de cet ouvrage lorsque le deuxième volume du *Systema Eleuteratorum*, de Fabricius, nous est parvenu. Comme nous avions déjà adopté la plupart des genres qu'il contient, et que Paykull et quelques autres entomologistes avoient publiés avant lui, il en résulte que nous n'aurons qu'un très-petit nombre de changemens et de corrections à indiquer.

I. Nous avions observé, p. 148, que le genre cistèle nécessitait une réforme. M. Fabricius l'a en effet partagé en trois genres : il a adopté le genre atope de Paykull et partagé en deux son genre cistèle, dont il a démembré un nouveau genre sous le nom d'*allécule*. Voici les caractères qu'il assigne à ces trois genres et les espèces qu'ils contiennent :

ATOPE (atopa). *Palpes*, quatre, égaux, filiformes; *mâchoire* unidentée; *languette* membraneuse, bifide, à divisions linéaires, écartées; *antennes* filiformes.

1. A. cervine. — 2. A. cendrée. (*Voy.* p. 149 de ce volume.)

CISTÈLE (cistela). *Palpes* inégaux, filiformes;

mâchoires bifides; *languette* membraneuse, arrondie, entière; *antennes* filiformes.

1. C. céramboïde. (Oliv., Ins. 54, pl. 1, fig. 4).
2. C. leptuvoïde. (Panz. Fn. Germ. 5, pl. 11). 3. C. sulphureuse. (Oliv. Ins. 54, pl. 1, fig. 6). 4. C. murine. 5. C. flavipède. Fabricius regarde comme une espèce différente sa *cistela humeralis*, et rapporte cette dernière à la *cistela axillaris* de Paykull. Je n'ai pas encore trouvé cet insecte dans nos environs. (*Voy.* la pag. 146 à 148 de ce volume).

ALLÉCULE (alleculla). *Palpes*, quatre, inégaux, les antérieurs en forme de hache, les postérieurs en massue; *lèvre* échancrée; *antennes* sétacées.

1. A. morio. (Oliv. Ins. 54, pl. 1, fig. 7. *Cistela morio*, p. 148, n°. 4 de ce volume.)

Obs. Les cistèles ont quatre articles aux tarses postérieurs et cinq aux tarses antérieurs; les atopes ont cinq articles à tous les tarses, et les allécules ont seulement quatre articles à tous les tarses.

II. M. Fabricius n'a pas adopté le genre *hallominus* de Paykull. Il en a formé une section dans le genre dircée, sous le nom de *sauteuses*; et notre hallomine biponctuée est pour lui *dircea humeralis*; notre hallomine brillante est sa *dircea micans* (*Voy.* p. 172 de ce volume et p. 89 du Syst. Eleuter. t. 2). Son genre dircée est le nôtre et celui de Paykull.

III. La deuxième famille à antennes filiformes de

notre genre cucuje, se trouve partagée en deux genres par M. Fabricius, les genres Pytho et Bronte.

Pytho (pytho). *Palpes*, six, plus gros à leur extrémité; *languette* courte, membraneuse, carrée, échancrée; *antennes* filiformes; *tarses* antérieurs à cinq articles, postérieurs à quatre.

1. P. châtain (cucuje noirâtre, Faun. Par. p. 166, 5).
2. P. bleu (*P. cœruleus*). Fab., Syst. Eleuter. t. 2, p. 95, 1. Degeer, Ins. 5, pl. 2, fig. 13.

Bronte (brontes). *Palpes*, quatre, égaux, filiformes; *machoire* bifide; *antennes* alongées, filiformes, à dernier article plus long, courbe; *tarses* à quatre articles.

1. B. flavipède (cucuje flavipède, p. 166, 3 de ce volume). 2. B. testacé (cucuje testacé, p. 166, 5 de ce volume).

Obs. Je crois que dans le genre pytho, comme dans le genre chrysomèle et quelques autres, M. Fabricius a pris un lobe alongé des mâchoires pour un palpe, et que ces insectes n'ont réellement que quatre palpes. Latreille avait publié ces deux derniers genres avant M. Fabricius.

IV. Plusieurs petits buprestes se trouvent compris par M. Fabricius dans un nouveau genre, sous le nom de *trachys*.

Trachys (trachys). *Palpes*, quatre, très-courts, égaux; *machoire* bifide, *antennes* moniliformes, *tarses* à cinq articles.

1. T. Menu (bupreste menu, p. 190 8, de ce volume.)

V. M. Fabricius a formé sous le nom de clyte (*clytus*) un nouveau genre de tous les callides à corps cylindriqu.

CLYTE (clytus). *Palpes*, quatre, courts, plus gros à leur extrémité; *machoires* bifides; *languette* courte, tronquée, entière; *antennes* sétacées.

Les espèces de notre Faune qui sont comprises dans ce genre, sont les callides, 1. Arqué, p. 215, n°. 111. — 2. Bélier, p. 214, n°. 10. — 3. Plébéien, p. 215, n°. 13. — 4. Marseillais, p. 215, n°. 14. — 5. Usé, p. 15, n°. 12. — 6. Quatre-points, p. 216, n°. 15. — 7. Mystique, p. 216, n°. 16. — 8. de l'Aune, p. 216, n°.17. Ce genre me paraît très-naturel.

VI. M. Fabricius a démembré du genre *bostrichus* un nouveau genre sous le nom d'*hylesinus*; mais il n'en a pas déterminé les caractères avec assez de précision.

HYLÉSIN (hylesinus). *Antennes* en massue solide, pointues, insérées sur un rostre très-court.

Le bostriche scolyte, p. 228, n°. 3, est la seule espèce de notre Faune qui entre dans ce genre.

VII. Nous avions déjà indiqué une partie des genres que M. Fabricius a démembrés du genre nombreux des charançons, à l'exemple de Clairville. Nous allons en donner les caractères plus au long, et nous y joindrons la liste de toutes les espèces qui se trouvent dans notre Faune.

CALANDRE (calandra). *Mandibules* larges, voûtées, tronquées; *antennes* en massue tronquée, à dernier article spongieux, rétractile.

Espèces. 1. C. des grains, p. 244, n°. 22. — 2. C. raccourci, p. 245, n°. 25.

RHYNCHÈNE (rhynchœnus). *Palpes* filiformes; *machoire* cylindrique, unidentée; *antennes* en massue, à premier article très-long, inséré vers l'extrémité d'un rostre alongé.

Espèces. 1. R. DE LA JACÉE (*R. jaceœ*).

Noir, avec des points cendrés; élytres avec un point distinct à leur base.

FAB. Syst. Eleut. p. 441, 10.
GEOFF. Ins. 1, 281, 8.
PANZ. Fn. Germ. 18, pl. 2.

2. R. colon, p. 243, n°. 20. — 3. R. de l'artichaut, p. 244, 24. — 4. R. pericarpe, p. 246, n°. 28. — 5. R. du sapin, p. 240, n°. 8. — 6. R. du peuplier, p. 247, n^d. 34. — 7. R. du sisymbrium, p. 245, 27. — 8. R. du cerisier, p. 239, 3. — 9. R. des noix, p. 241, n°. 12. — 10. R. des fruits, p. 239, n°. 5. — 11. R. de la scrophulaire, p. 241, n°. 13. — 12. R. de la patience, p. 238, 1. — 13. R. des pommes, p. 240, 6. — 14. R. tordeur, p. 239, 2. — 15. R. du verbascum, p. 242, n°. 15. — 16. R. didime, p. 242, n°. 14. — 17. R. violet, p. 239, n°. 4. — 18. R. germain, p. 240, 9. — 19. R. viminale, p. 242, 16. — 20. R. du saule, p. 2431, 18. — 21. R. bandé, p. 246, n°. 30. — 22. R. du vélar, p. 246, n°. 29. — 23. R. de la salicaire, p. 246, 31. — 24. R. quadri-maculé, p. 244, n°. 23,

— 25. R. acridule, p. 243, 19. — 26. R. du prunier, p. 245, n°. 26. — 27. R. cinq-points, p. 240, n°. 7. — 28. R. de l'aune, p. 243, 17.

On voit que ce genre est très-nombreux, puisqu'il renferme plus de la moitié de nos charançons.

Cossone (cossonus). *Mandibules* courbes, très-pointues; *antennes* en massue solide, d'un seul article.

Espèce. 1. Le charançon linéaire, p. 247, n°. 33, est la seule espèce de notre Faune que ce genre contienne.

Lixe (lixus). *Palpes*, quatre, égaux, très-courts, à dernier article en alêne; *machoire* cornée, aigue, entière; *antennes* en massue, à dernier article très-long, insérées sur un rostre épais.

Espèce. 1. R. paraplectique, p. 244, n°. 21.

Charançon (curculio). *Palpes*, quatre, très courts, à dernier article très-long, en alêne; *machoire* courte, dilatée à son extrémité, tronquée; *antennes* rompues, insérées sur un rostre court.

Espèces. 1. C. ovale, p. 248, n°. 35. — 2. C. de la livèche, p. 248, n°. 36. — 3. C. noir, p. 248, n°. 37. — 4. C. du poirier, p. 248, n°. 38. — 5. C. argenté, p. 249, n°. 39. — 6. C. blanc, p. 249, 42. — 7. C. sulcirostre, p. 250, n°. 43. — 8. C. vert, p. 250, n°. 45. — 9. C. brillant, p. 250, n°. 46. — 10. C. nébuleux, p. 250, n°. 44. — 11. C. rayé, p. 251. — 12. C. picipède, p. 249, 41. — 13. C. oblong, p. 249, 40.

VIII. Nous ajouterons ici un genre déjà publié par Paykull et Latreille, mais que nous n'avons eu occasion de connaître que depuis peu.

CATOPS. (*Catops.*)

Palpes, quatre, inégaux, en alêne.
Lèvre membraneuse, bifide, divisions courtes, pointues.
Antennes grossissant à leur extrémité.

1. C. Rougeatre. (*C. rufescens.*)

Noir; élytres et pattes grises.

Fab. Syst. Eleuter. t. 2, p. 563.

Sous les écorces d'arbre.

2. C. Soyeux. (*C. sericeus.*)

Soyeux, noirâtre; pattes fauves.

Fab. *ib.* p. 564, 2.
Herbst. Col. 4, 196, 6.

Sous les écorces d'arbre.

Obs. Ce genre suit immédiatement le genre lycte, p. 170 de ce volume.

IX. Je n'ai jamais trouvé dans les environs de Paris la cérocôme de Schæffer; mais comme Geoffroy a cru devoir insérer ce genre dans son ouvrage, je ne crois pas inutile d'en donner les caractères.

CÉROCOME. (*Cerocoma.*)
Palpes égaux, filiformes.
Mâchoire linéaire, entière.
Languette membraneuse, bifide.
Antennes moniliformes, irrégulières.
1. C. DE SCHAEFFER. (*C. schaefferi.*)
Verte; antennes et pattes jaunes.
FAB. Syst. Éleuter. t. 2, p. 74.
SCHÆFF. Icon. p. 53, fig. 8 et 9.

Obs. Ce genre vient immédiatement après le genre dasyte, p. 160 de ce volume.

X. Je n'ai pas fait mention du *casque* ou *galea*, dans la récapitulation des organes de la bouche, aux pages xxix et xxx du Discours sur les Insectes. Je ne considère cette partie que comme un palpe antérieur, inarticulé, ou une division extérieure de la mâchoire. Ceux qui ne partagent pas mon avis à cet égard, ajouteront à la page xxxj, après la définition des palpes, un douzième paragraphe ainsi conçu :

12. *Le Casque* (galea). Pièce inarticulée, membraneuse ou même résiculeuse, sans faisceaux de poils au bout supérieur qui recouvre la mâchoire de tous les ulonates et de plusieurs synistates, tels que les termès, les psocus, les forbicènes.

XI. Dans ce que j'ai dit sur l'extrême multiplication des insectes, j'ai oublié de mentionner l'exemple le plus étonnant, qui est celui des pucerons; suivant Réaumur et Bonnet, ils sont susceptibles de produire à la cinquième génération 5,904,900,000 individus.

Pl. I. *Discours sur les Insectes.*

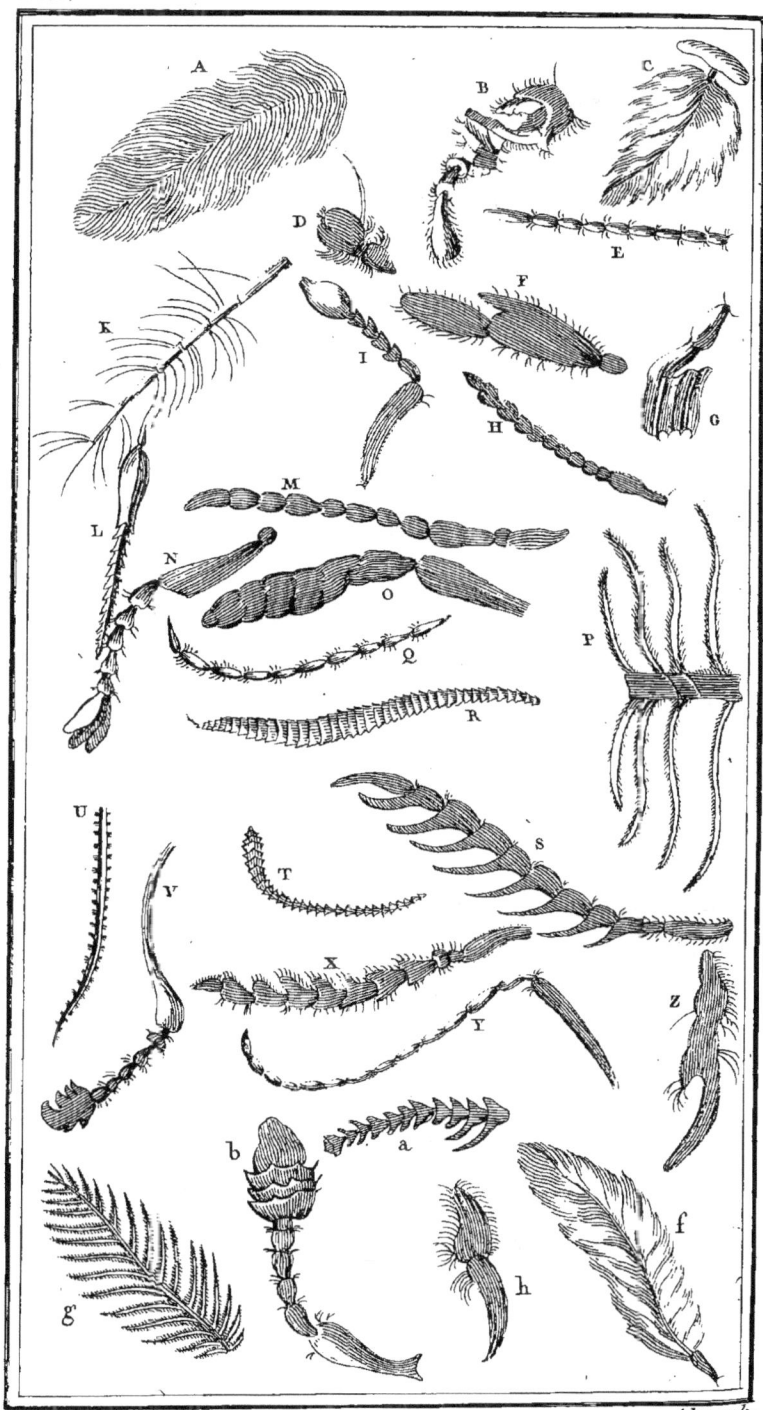

Adam sculp.

EXPLICATION
DES PLANCHES.

(Tous les détails sont représentés grossis à la loupe.)

PLANCHE I.

A. ANTENNE plumeuse du cousin mâle.

B. Antenne irrégulière, roulée, du cérocôme de Schæffer.

C. Antenne en panache.

D. Antenne à poil isolé, latéral, d'une mouche.

E. Antenne filiforme d'un taupin.

F. Antenne palmée.

G. Antenne à massue, solide, dentée, irrégulière, d'un paussus.

H. Antenne moniliforme ou à collier, à article en cœur, d'une chrysomèle.

I. Antenne ensiforme d'un criquet.

298 EXPLICATION

M. Antenne moniliforme, à articles ronds, d'un ténébrion.

Q. Antenne sétacée d'un capricorne.

R. Antenne prismatique d'un sphinx.

S. Antenne en peigne d'un taupin mâle.

T. Antenne grossissant vers son extrémité, et terminée en massue, d'un papillon.

U. Antenne prismatique d'un sphinx.

V. Antenne brisée, en massue, d'un seul article, dentelée des deux côtés.

X. Antenne en scie d'un taupin.

Y. Antenne brisée d'une grande fourmi.

Z. Antenne dentée, échancrée, pointue, d'un taon.

h. Antenne échancrée, pointue en croissant, d'un taon.

a. Antenne cylindrique de l'hispe épineuse.

b. Antenne en masse perfoliée d'un nécrophore.

g. Antenne barbue d'une phalène géomètre.

p. Deux articles de cette antenne plus grossie.

f. Antenne à poil isolé, plumeux, du sirphe transparent.

PLANCHE II.

FIG. 1. Le carabe doré. Fig. A, la lèvre inférieure, la languette et un palpe postérieur : *a, a*, la lèvre : *b, b*, la languette : *e*, palpe postérieur : *c*, lippe ou lèvre supérieure : B, mâchoire : *a*, ongle ou croche

Discours sur les Insectes. Pl. II.

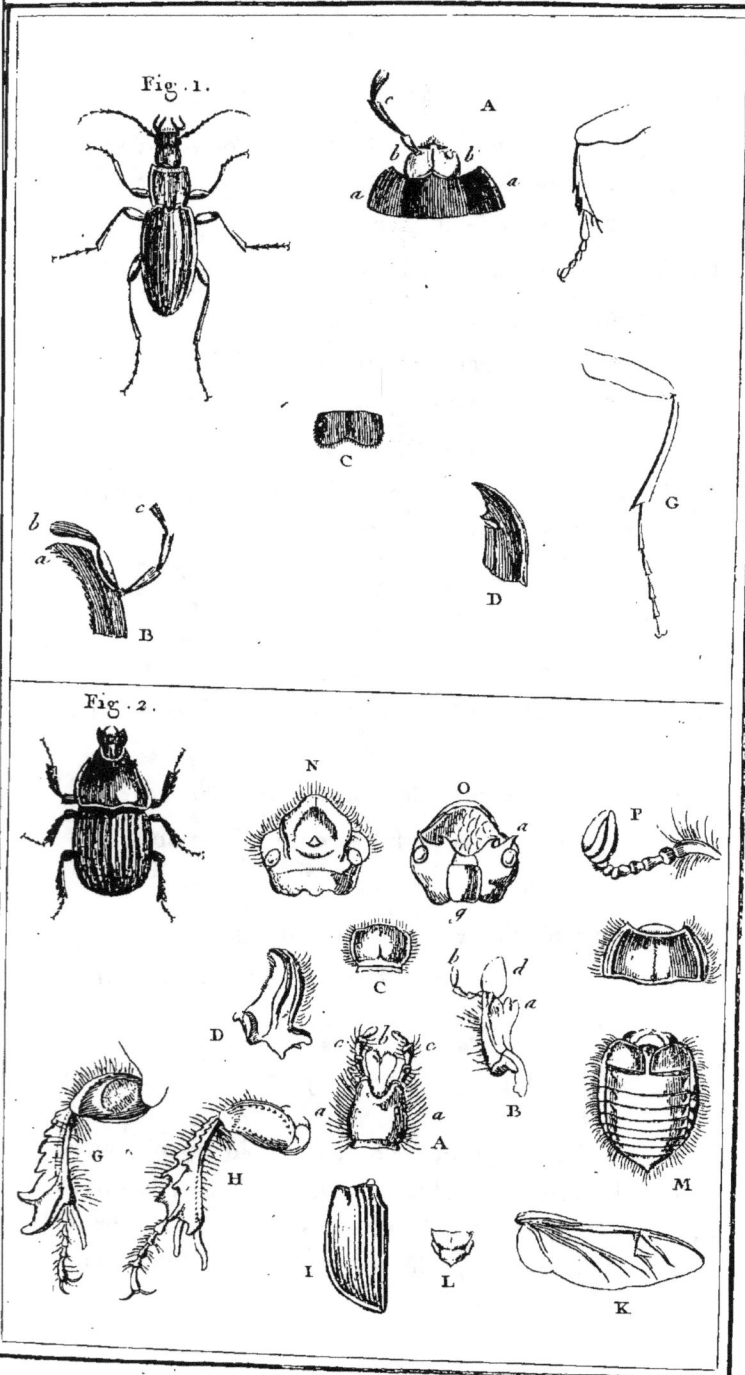

Adam sculp.

Pl. III. *Discours sur les Insectes.*

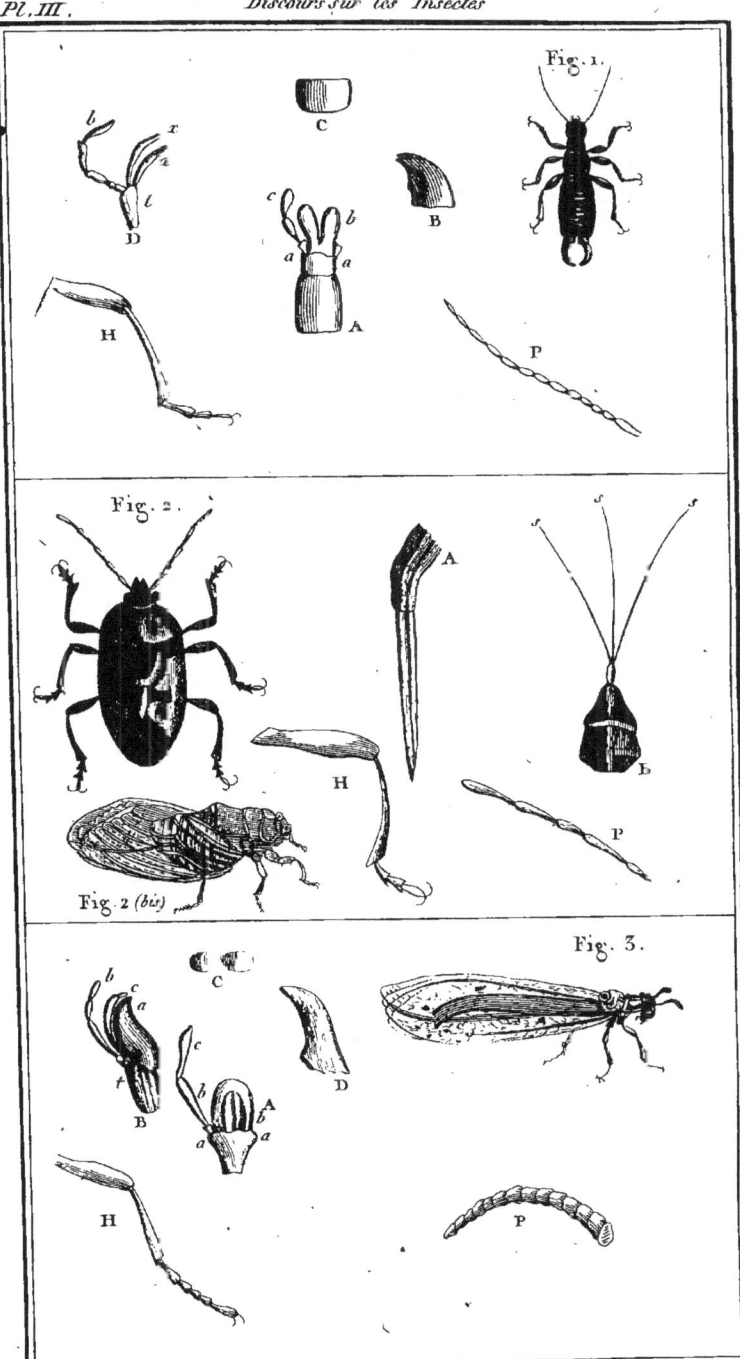

Adam Sculp.

cilié : *b*, palpe antérieur : *c*, palpe intermédiaire : D, mandibule : G et H, pattes antérieures et postérieures, où l'on distingue la cuisse, la jambe et les tarses.

FIG. 2. Le scarabée stercoraire. A, la lèvre, la languette et les palpes postérieurs : *a*, *a*, la lèvre : *c*, *c*, les palpes postérieurs : *b*, la languette : B, mâchoire : *a*, dent de la mâchoire : *d*, lobe terminal : *b*, palpe antérieur : C, la lippe : N, devant de la tête vu en-dessus, présentant le chaperon et les yeux : O, tête vue en-dessous : *a*, lèvre inférieure : *g*, la gorge : D, la mandibule : G, pattes antérieures : H, pattes postérieures : P, antenne : I, une élytre détachée : K, une aîle : L, le chaperon : M, l'abdomen : Q, disque du corcelet en-dessus.

PLANCHE III.

FIG. 1. Le perce-oreille. A, la lèvre, la languette et un palpe postérieur : *a*, *a*, lèvre inférieure : *b*, la languette : *c*, palpe postérieur : C, lippe : D, la mâchoire : *t*, tige de la mâchoire : *a*, lobe terminal : *x*, le casque : *b*, palpe antérieur : B, une mandibule : P, l'antenne : H, une patte.

FIG. 2. La punaise ornée. A, son bec : P, une de ses antennes.

FIG. 2. (*bis*). La cigale hématode. B, origine du bec : *s*, *s*, *s*, soies du suçoir : H, une de ses pattes.

FIG. 3. Le myrméléon formivore : A, la lèvre, la languette et un palpe postérieur : *a*, *a*, la lèvre : *b*, *b*, la languette : *c*, un palpe postérieur : B, mâchoire et palpes : *t*, tige de la mâchoire à son extrémité : *c*, palpe antérieur : *b*, palpe intermédiaire : P, antenne : H, patte.

PLANCHE IV.

FIG. 1. L'abeille mellifère neutre. A, les mâchoires, la lèvre, les palpes et la languette : *a*, lèvre : *t, t*, tige des mâchoires, *f, f*, les deux pièces qui terminent les mâchoires : *d, d*, palpes antérieurs : *c, c*, palpes postérieurs : *s, s*, les deux articles qui terminent les palpes postérieurs : *b*, la languette : *q, q*, les deux petites divisions latérales en forme d'écailles : D, mandibule grossie : P, antenne : G, pattes postérieures, avec le premier article strié ou en-dessous.

FIG. 2. La guêpe vulgaire neutre. L, la lèvre inférieure, la languette et un palpe : *a*, la lèvre : *b*, la languette : *q, q*, divisions latérales : *c*, un palpe postérieur : B, la mâchoire, *t*, sa tige *a* l'extrémité : *d*, un palpe antérieur : R, une antenne : H, une patte. Les tarses ne sont pas bien indiqués ; ils sont comme dans tous les piézates au nombre de cinq. C, lippe.

BAS DE LA PLANCHE IV.

FIG. 1. La lispe purgative, ou mouche bleue de la viande. A, trompe étendue de la lispe : B, détail de sa trompe : *a, a*, sa tige : *b, b*, extrémité labiée : *s, s*, soies qui composent le suçoir : H, patte.

FIG. 2. Cousin commun mâle. *c*, sa trompe : *b, b*, ses palpes : *a, a*, ses antennes : C, détail de sa trompe : *a, a*, tige de la trompe ; *b*, extrémité cornée pointue : *c*, suçoir formé par l'assemblage des soies réunies : *s*, une soie détachée.

Discours sur les Insectes. Pl. IV.

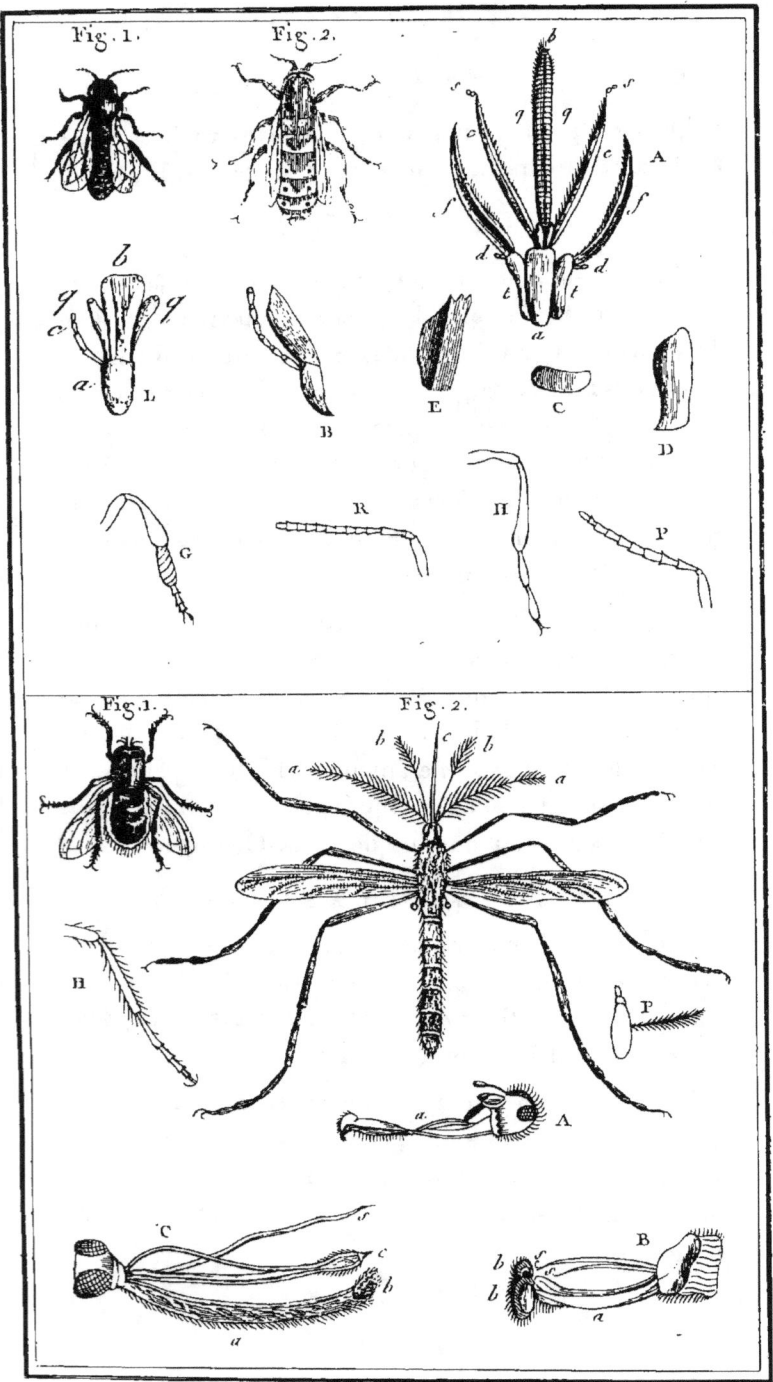

Classes des Insectes.

ELEUTERATES.

Fig. 1.

ULONATES.

Fig. 2.

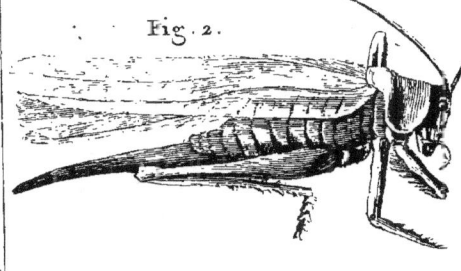
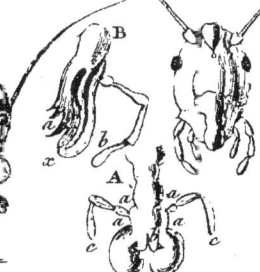

SYNISTATES.

Fig. 3.

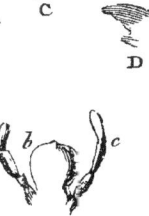

PIEZATES.

Fig. 4.

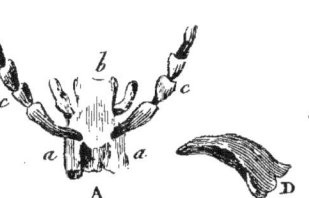

Adam sculp.

PLANCHE V.

Fig. 1. Aphodie fossoyeur. A, la lèvre : b, b, les deux divisions de la languette : c, c, palpes postérieurs : C, côté intérieur de la lèvre : b, b, la languette : B, mâchoire : a, dent antérieure : d, lobe terminal : b, palpe antérieur : D, lèvre supérieure : E, mandibule.

Fig. 2. Sauterelle à sabre droit. A, lèvre inférieur : b, languette : c, c, palpes postérieurs : B, la mâchoire : a, dents de la mâchoire : x, le casque : b, palpe antérieur.

Fig. 3. Un hémerobe. A, lèvre inférieure : b, la languette : c, c, palpes postérieurs : B, B, les mâchoires : a, dent interne : d, lobe terminal : t, la tige : b, palpe antérieur : C, lippe ou lèvre supérieure : D, les mandibules.

Fig. 4. Ichneumon triponctué. A, lèvre inférieure : b, la languette, avec ses deux divisions latérales : c, c, palpes postérieurs : B, la mâchoire : a, dent interne : d, lobe terminal : b, palpe antérieur.

PLANCHE VI.

FIG. 1. Une Æshne. A, lèvre inférieure : *b*, la languette : *c*, *c*, palpes postérieurs : B, la mâchoire : *a*, dents de la mâchoire : *b*, un palpe inarticulé : D, tête vue en devant : *i*, *i*, les mandibules.

FIG. 2. Un scolopendre. Mâchoires et palpes antérieurs : C, palpes postérieurs, yeux, antennes et chaperon.

FIG. 3. Araignée scalaire. D, tête et mandibule : A, mâchoire : *m*, avec la lèvre inférieure : *c*, palpe antérieur : B, mâchoire : *m*, sans la lèvre : *c*, palpe antérieur.

FIG. 4. Aselle : F, tête et antenne de l'aselle : D, mandibule de l'aselle.

B, Mâchoires et lèvre du cloporte : *f*, *f*, les mâchoires : *a*, *a*, la lèvre : C, la lippe ou lèvre supérieure du cloporte : E, mandibule du cloporte : H, patte du cloporte : P, grande antenne du cloporte : Q, petite antenne du cloporte.

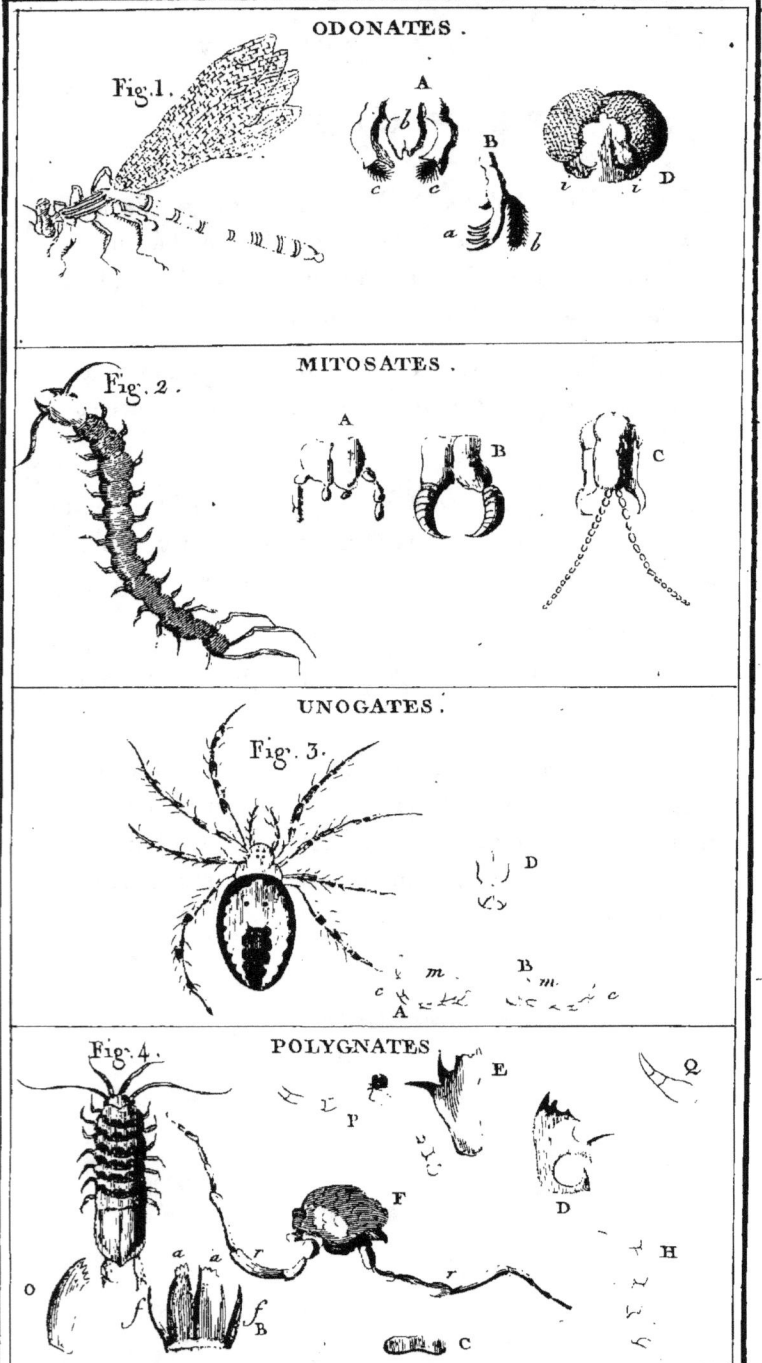

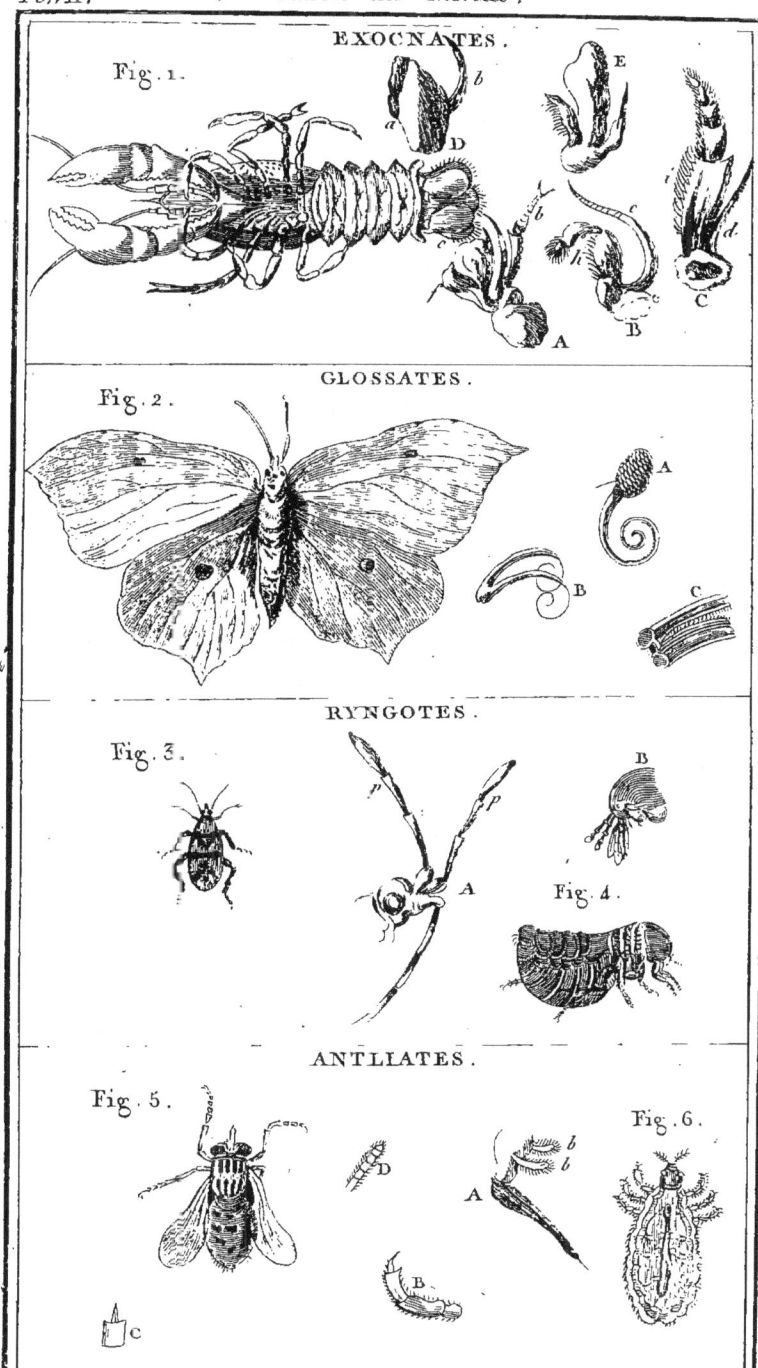

Pl. VII. Classes des Insectes.

PLANCHE VII.

Fig. 1. Ecrevisse vue en-dessous. D, mandibule: *b*, palpe antérieur ou mandibulaire : B, C, palpes : E, maxillettes : A, maxillette, palpes et lèvre : *b*, un palpe postérieur : *f*, maxillette : *c*, la lèvre inférieure.

Fig. 2. Papillon citron. A, la langue roulée en spirale. B, divisions de la langue : C, portion de la langue grossie.

Fig. 3. La ligée équestre : A, tête de la ligée avec son bec.

Fig. 4. La puce. B, tête de la puce, avec les antennes, le bec et les deux pièces écailleuses qui l'accompagnent.

Fig. 5. Stomoxe. A, trompe cornée : *b*, *b*, palpes.

Fig. 6. Le pou. C, trompe du pou : D, antenne du même : B, pattes du même.

F I N.

www.ingramcontent.com/pod-product-compliance
Lightning Source LLC
Chambersburg PA
CBHW070540230426
43665CB00014B/1754